HEYNE
BÜCHER

MIEP GIES

MEINE ZEIT MIT ANNE FRANK

*Der Bericht jener Frau,
die Anne Frank und ihre Familie
in ihrem Versteck versorgte,
sie lange Zeit vor der Deportation
bewahrte —
und sie doch nicht retten konnte.*

In Zusammenarbeit
mit Alison Leslie Gold

WILHELM HEYNE VERLAG
MÜNCHEN

HEYNE ALLGEMEINE REIHE
Nr. 01/8170

Titel der Originalausgabe
ANNE FRANK REMEMBERED
Aus dem Amerikanischen
übersetzt von Liselotte Julius

10. Auflage

Wilhelm Heyne Verlag GmbH & Co. KG, München
Printed in Germany 1997
Umschlagfoto: Süddeutscher Verlag, Bilderdienst, München
Umschlaggestaltung: Atelier Ingrid Schütz, München
Gesamtherstellung: Presse-Druck Augsburg

ISBN 3-453-04573-4

Inhalt

8. Mai 1944

Es scheint, daß Miep ihre «Untertaucher» niemals vergißt.

ANNE FRANK

Vorbemerkung

Eine Heldin bin ich nicht. Ich stehe am Ende der langen, langen Reihe von guten Holländern, die damals das gleiche taten wie ich – oder mehr, viel mehr. Jene finsteren, schrecklichen Zeiten liegen Jahrzehnte zurück, aber für uns, die Zeugen der Vergangenheit, bleiben sie gegenwärtig. Es vergeht kein Tag, an dem ich nicht daran denke, was damals geschah.

Mehr als zwanzigtausend Holländer verhalfen in jenen Jahren Juden und anderen, die untertauchen mußten, zu einem Versteck. Ich war bereit, meinen Teil beizutragen, soweit ich es vermochte. Ebenso mein Mann. Doch es war nicht genug.

An mir ist nichts Besonderes. Im Rampenlicht wollte ich nie stehen. Ich tat nur, worum ich gebeten wurde und was jeweils notwendig erschien. Als man mir zuredete, meine Lebensgeschichte zu erzählen, mußte ich an Anne Frank denken, an den Platz, den sie in der Zeitgeschichte einnimmt, an ihr Schicksal, das Millionen von Menschen bewegt und nachhaltige Bedeutung für sie gewonnen hat. Wie ich höre, hebt sich noch immer allabendlich irgendwo auf der Welt der Vorhang für das Theaterstück, das nach Annes Tagebuch entstanden ist. Nimmt man die hohen Auflagen von *Het Achterhuis* – so heißt *Das Tagebuch der Anne Frank* auf holländisch – und die zahlreichen Übersetzungen hinzu, so muß ihre Stimme bis in die entlegensten Winkel der Erde gedrungen sein.

Alison Leslie Gold meinte, daß meine Erinnerungen an Anne Frank, ihre Familie und an die unaufhaltsam hereinbrechende Katastrophe den Menschen von heute etwas zu sagen hätten. Von allen Beteiligten sind nur noch zwei am Leben: mein Mann und ich. Ich schreibe alles so nieder, wie ich es in Erinnerung habe. Der Originalfassung von Annes Tagebuch folgend, habe ich einige der von ihr erdachten Namen beibehalten. Unter ihren Papieren fand sich eine Liste dieser Pseudonyme. Offenbar wollte sie die Identität der handelnden Personen verschleiern, falls nach dem Krieg irgend etwas über ihre Erlebnisse im Versteck veröffentlicht werden sollte. Meinen in Holland sehr gebräuchlichen Kosenamen Miep änderte sie nicht; aus dem Vornamen meines Mannes, Jan, machte sie dagegen «Henk». Und aus unserem Familiennamen Gies wurde «van Santen».

Bei der Erstveröffentlichung des Tagebuchs (1947) entschied sich Otto Frank, außer für die Mitglieder seiner Familie die von Anne gewählten Namen zu übernehmen. Auch ich wollte die Übereinstimmung mit Annes Tagebuch sowie die Privatsphäre wahren und habe deshalb die Namen benutzt, die von Anne oder, für einige der bei ihr nicht erwähnten Personen, von mir selbst erfunden wurden. Von dieser Regel bin ich nur in einem Fall abgewichen: Ich habe diesmal meinen richtigen Nachnamen verwendet. Eine Aufschlüsselung der wahren Identität aller handelnden Personen befindet sich im niederländischen Staatsarchiv.

Manches liegt mehr als fünfzig Jahre zurück, so daß viele Einzelheiten der in diesem Buch aufgezeichneten Ereignisse schon fast in Vergessenheit geraten sind. Ich habe Gespräche und Begebenheiten so wahrheitsgemäß wie möglich nach dem Gedächtnis rekonstruiert. Es ist mir nicht leichtgefallen, all diese Erinnerungen wieder heraufzubeschwören. Auch die Zeit, die darüber hingegangen ist, hat es nicht leichter gemacht.

Meine Geschichte handelt von ganz gewöhnlichen Menschen in außergewöhnlich dunklen Zeiten – Zeiten, von denen ich nur inständig hoffen kann, daß sie sich nie wiederholen mögen. Niemals. Es ist an uns, den einfachen Menschen in aller Welt, dafür zu sorgen, daß dies nicht geschieht.

Erster Teil

Emigranten

I

Im Jahre 1933 lebte ich bei meinen Adoptiveltern, der Familie Nieuwenhuis, in der Gaaspstraat 23, wo ich mit meiner Adoptivschwester Catherina ein kleines, gemütliches Dachzimmer teilte. Unsere ruhige Wohngegend im Süden Amsterdams hieß allgemein das Flußviertel; die Straßen waren nach Flüssen benannt, deren Unterlauf durch die Niederlande führt und in die Nordsee mündet – zum Beispiel Rhein, Maas, Jeker. Die Amstel schlängelte sich sozusagen durch unseren Hinterhof.

Dieser Stadtteil war in den zwanziger und frühen dreißiger Jahren entstanden, als große, fortschrittliche Genossenschaften mit Hilfe staatlicher Darlehen Wohnanlagen für ihre Mitglieder errichteten. Daß man uns gewöhnliche Arbeitskräfte derart fürsorglich behandelte, machte uns stolz: komfortable Wohnungen, moderne sanitäre Einrichtungen, hinter jedem Block Grünflächen mit vielen Bäumen. Solche Wohnanlagen wurden sonst ausschließlich von Privatfirmen erstellt.

Als ruhig konnte man unser Viertel genaugenommen nicht bezeichnen. Fast ständig tobten Kinder lachend und schreiend draußen herum; wenn sie Spielgefährten brauchten, pfiffen sie sie gellend herbei. Jeder Freundeskreis hatte einen bestimmten Pfiff – mit diesem durchdringenden Signal klappte die Verständigung mühelos. Sie hingen aneinander wie die Kletten, preschten in kleinen Rudeln zum Schwimmbecken im Amstelpark und verkürzten sich den Schulweg mit lautem Singen. Der Begriff Freundestreue war holländischen Kindern von klein auf geläufig, und wie ihre Eltern reagierten auch sie prompt, wenn einem Freund ein Unrecht geschah.

Mit seinem langgestreckten fünfstöckigen Wohnblock glich die Gaaspstraat vielen anderen Straßen. Das Backsteingebäude hatte viele Eingänge mit orangefarbenen Schrägdächern darüber und steilen Treppenstufen bis zur Haustür. Vor den Fenstern mit den weiß lackierten Holzrahmen hingen an der Vorder- und Rückfront duftige weiße Spitzengardinen, in jeder Wohnung anders drapiert. Nirgendwo fehlten Blumen oder Grünpflanzen.

Unser Hinterhof war mit Ulmen bestanden. Gegenüber der Straßenfront lag ein kleiner Rasenspielplatz und dahinter eine katholische Kirche, deren Glockengeläut den Tagesablauf markierte und die Vögel aufflattern ließ – Tauben, die auf den Dächern gehalten wurden, Spatzen und Möwen. Jede Menge Möwen.

Die Grenze unseres Viertels bildete im Osten die Amstel, auf der Fährboote hin- und herpendelten, und im Norden der stattliche Zuideramstellaan Boulevard, über den die Straßenbahnlinie 8 fuhr und der beiderseits von schnurgeraden Pappelreihen gesäumt wurde. Der Zuideramstellaan stieß auf die Scheldestraat, eine der Einkaufsstraßen der Gegend mit vielen Läden, Cafés und leuchtend bunten Blumenständen.

Mein Geburtsort war jedoch nicht Amsterdam, sondern Wien, wo ich 1909 zur Welt kam. Zu Beginn des Ersten Weltkriegs war ich fünf. Wir Kinder hatten keine Ahnung vom Kriegsausbruch, bis wir eines Tages unten auf der Straße Soldaten vorbeimarschieren hörten. Ich weiß noch, daß ich sehr aufgeregt war und allein nach draußen rannte, um mir alles anzuschauen: Uniformen, Ausrüstung und die Leute am Straßenrand, die ganz begeistert schienen. Um besser sehen zu können, lief ich mitten zwischen die Marschkolonnen und Pferdegespanne. Ein Feuerwehrmann packte mich und trug mich auf dem Arm nach Hause.

Unterwegs verrenkte ich mir fast den Hals, damit mir nur nichts von dem entging, was sich da abspielte.

Die alten, ziemlich verwahrlosten Wiener Mietshäuser waren um Innenhöfe herumgebaut und in zahlreiche Arbeiterwohnungen unterteilt. In einer dieser dunklen Behausungen lebten wir. Der Feuerwehrmann übergab mich meiner Mutter, die mich ausschimpfte und mir verbot, noch einmal auf die Straße zu laufen: «Da sind Soldaten. Das ist gefährlich. Daß du mir ja nicht wieder hinausgehst!»

Ich verstand das zwar nicht, hielt mich aber daran. Alle Erwachsenen benahmen sich in diesen Tagen so merkwürdig. Ich war noch zu klein und erinnere mich daher nur dunkel an jene Zeit, aber immerhin daran, daß zwei Onkel, die bei uns wohnten, einrücken mußten und daß viel Wesens darum gemacht wurde.

Beide Onkel kamen unversehrt zurück, einer hatte inzwischen geheiratet. Sie zogen nicht mehr zu uns, so daß ich bei Kriegsende nur noch mit Mutter, Vater und Großmutter zusammenwohnte.

Ich war nicht die Kräftigste und infolge der verheerenden Lebensmittelknappheit während des Krieges unterernährt und krank. Ohnehin klein geraten, schien ich immer noch weniger zu werden, anstatt normal zu wachsen. Meine Beine glichen Stöcken, die Knie stachen spitz hervor. Die Zähne waren locker und bröckelig. Als ich zehn war, bekam ich eine Schwester. Jetzt reichte es erst recht nicht, uns alle satt zu kriegen. Mein Zustand verschlimmerte sich so, daß meinen Eltern nahegelegt wurde, schleunigst etwas zu unternehmen, um mich am Leben zu erhalten.

Die geeignete Lösung schien ein Hilfsprogramm für hungernde österreichische Kinder zu bieten, das ausländische Arbeiter organisiert hatten: Ich sollte zusammen mit anderen österreichischen Arbeiterkindern in die Niederlande – so hieß dieses ferne Land – verschickt und dort hochgepäppelt werden.

Es war Dezember 1920, ein typischer strenger Wiener Winter; warm eingepackt in alles, was meine Eltern finden konnten, wurde ich zum Bahnhof gebracht, einem zugigen Kuppelbau. Dort warteten wir endlose, zermürbende Stunden, gemeinsam mit zahlreichen anderen erholungsbedürftigen Kindern. Ärzte begutachteten meinen ausgemergelten Körper von Kopf bis Fuß, um zu prüfen, ob ich überhaupt reisefähig sei. Ich war zwar elf, sah aber wesentlich jünger aus. Mein langes, feines dunkelblondes Haar wurde von einem Baumwolltuch zusammengehalten, das zu einer großen, bauschigen Schleife gebunden war. Um den Hals hängte man mir ein Schild mit einem fremden Namen darauf, dem Namen von Leuten, die ich noch nie gesehen hatte.

Im Zug wimmelte es von Kindern, alle ebenfalls mit Schildern um den Hals. Auf einmal setzte sich der Zug in Bewegung, die Gesichter meiner Eltern entschwanden. Wir waren durchweg verschüchtert und voller Angst vor dem, was uns erwartete. Manche weinten. Die meisten waren kaum jemals aus ihren Straßen und bestimmt noch nie aus Wien herausgekommen. Ich fühlte mich zu elend, um sonderlich auf meine Umgebung zu achten, spürte jedoch bald, wie mich das Rütteln des Zuges einschläferte. Ich schlief und wachte zwischendurch nur kurz auf. Die Fahrt ging weiter, immer weiter.

Es war stockfinstere Nacht, als der Zug endgültig hielt. Wir wurden wachgerüttelt und auf den Bahnsteig geführt. Auf dem Schild neben der dampfenden Lokomotive stand: LEIDEN.

Leute, die in einer fremden, unverständlichen Sprache auf uns einredeten, brachten uns in einen riesigen, hohen Saal und setzten uns auf gradlehnige Holzstühle – alle Kinder nebeneinander aufgereiht. Meine Füße reichten nicht auf den Boden. Ich war sehr, sehr müde und schlapp.

Den erschöpften, entkräfteten Kindern gegenüber stand eine Gruppe Erwachsene, die plötzlich im Pulk auf uns zustrebten, an unseren Schildern herumfingerten und die Namen ablasen. Wir wagten uns nicht zu wehren gegen die schattenhaften Gestalten, die tastenden Hände.

Ein Mann, nicht gerade hochgewachsen, aber sehr kräftig

wirkend, entzifferte meinen Anhänger, sagte energisch: «Ja», nahm mich bei der Hand, half mir von dem Stuhl herunter und führte mich nach draußen. Ich hatte keine Angst und ging bereitwillig mit.

Wir durchquerten eine Stadt, vorbei an Häusern, die ganz anders aussahen als die in Wien. Es war eine klare Nacht, der Mond schien hell, so daß man alles deutlich erkennen konnte. Ich spähte aufmerksam umher, um mir ja nichts entgehen zu lassen.

Unser Weg führte aus der Stadt hinaus. Keine Häuser mehr, nur noch Bäume. Der Mann pfiff jetzt vor sich hin. Ich wurde wütend. Bestimmt ein Bauer, der seinem Hund pfeift, dachte ich. Vor großen Hunden hatte ich schreckliche Angst.

Doch wir gingen weiter, ohne daß ein Hund angelaufen kam, und auf einmal tauchten wieder Häuser auf. Wir gelangten zu einer Tür. Sie öffnete sich, und im Eingang stand eine Frau mit kantigem Gesicht und sanften Augen. Hinter ihr erblickte ich auf einem Treppenabsatz mehrere Kinder, die sich die Hälse nach mir verrenkten. Die Frau nahm mich bei der Hand, führte mich in ein Zimmer und reichte mir ein Glas schäumender Milch. Dann gingen wir die Treppe hinauf.

Die Kinder waren spurlos verschwunden. Die Frau brachte mich in einen kleinen Raum, in dem zwei Betten standen. In dem einen lag ein Mädchen, das etwa so alt war wie ich. Die Frau schälte mich aus den vielen Kleidungsstükken heraus und steckte mich zwischen die Decken in das zweite Bett. Wärme hüllte mich ein. Die Augen fielen mir zu, und ich schlief auf der Stelle ein.

Am nächsten Morgen erschien die Frau wieder, zog mir saubere Sachen an und führte mich nach unten. Um den großen Tisch saßen der stämmige Mann, das Mädchen aus dem Bett neben meinem und vier Jungen verschiedener Altersstufen. Wieder musterten mich neugierig all die Augen, die in der vergangenen Nacht zu mir heruntergestarrt hatten. Ich verstand kein Wort von dem, was gesprochen wurde, und umgekehrt verstand mich niemand, bis der älteste Junge, der schon das Lehrerseminar besuchte, mit Hilfe von ein paar Brocken Deutsch einfache Dinge für mich zu übersetzen begann. Er wurde mein Dolmetscher.

Ungeachtet der Verständigungsschwierigkeiten waren alle Kinder freundlich zu mir, und in meinem erschöpften Zustand spielte Freundlichkeit für mich eine überaus wichtige Rolle. Sie war ebenso Medizin wie das Brot, die Marmelade, die gute holländische Milch, die Butter und der Käse, die mollige Zimmertemperatur. Und nicht zu vergessen die köstlichen kleinen «Hagelkörner» aus Schokolade und die sogenannten «Mäuschen», ebenfalls aus Schokolade; man brachte mir bei, sie über dick bestrichenes Butterbrot zu streuen – Genüsse, die ich mir nie hätte träumen lassen.

Nach ein paar Wochen kam ich allmählich wieder etwas zu Kräften. Die Kinder waren in der Schule, auch der Älteste, mein Dolmetscher. Alle waren der Meinung, ein Kind lerne holländisch am schnellsten auf einer holländischen Schule. Also nahm mich der Mann wieder an der Hand und ging mit mir zur örtlichen Schule, wo er sich lange mit dem Direktor unterhielt. Der sagte: «Sie kann zu uns kommen.»

In Wien hatte ich die fünfte Klasse besucht, hier in Leiden wurde ich jedoch in die dritte zurückgestuft. Als der Direktor mich in das Klassenzimmer brachte und den Kindern auf holländisch erklärte, wer ich sei, wollten mir alle sofort helfen. So viele Hände streckten sich mir entgegen, daß ich nicht wußte, welche ich zuerst ergreifen sollte. Alle Kinder wollten mich in ihre Obhut nehmen. Es gibt eine Geschichte von einem kleinen Kind in einer Holzwiege, die von der Flut weggeschwemmt wird und im Strudel zu versinken droht, bis eine Katze aufspringt und ständig von einer Seite auf die andere hüpft. Dadurch hält sie die Wiege über Wasser, bis sie wieder auf festem Grund landet und das Kind in Sicherheit ist. Ich glich diesem Kind, und all die Holländer in meinem Leben spielten die Rolle der Katze.

Ende Januar konnte ich ein paar Worte Holländisch verstehen und sprechen.

Im Frühjahr war ich Klassenbeste.

Mein Aufenthalt in Holland sollte zunächst nur drei Monate dauern, doch ich muß wohl, als sie beinahe herum waren, immer noch so schwach gewesen sein, daß die Ärzte ihn um weitere drei Monate verlängerten, und danach ein weiteres Mal. Meine Integration ging schnell vonstatten. Bald gehörte ich ganz zur Familie. Die Jungen sprachen nur noch von ihren «zwei Schwestern».

Der Mann, den ich als meinen Adoptivvater anzusehen begann, war Vorarbeiter bei einer Kohlenfirma in Leiden. Trotz ihrer bescheidenen Verhältnisse und der fünf eigenen Kinder vertraten er und seine Frau den Standpunkt: Wo sieben satt werden, reicht es auch für acht. Und so brachten sie das kleine, ausgehungerte sechste Kind aus Wien allmählich wieder auf die Beine. Anfangs nannten sie mich bei meinem richtigen Namen – Hermine; aber als das Eis zu schmelzen begann, fanden sie ihn zu pompös und riefen mich fortan mit dem liebevollen holländischen Kosenamen – Miep.

Die holländische Lebensweise machte ich mir ganz von selbst zu eigen. *Gezellig,* daß heißt soviel wie gemütlich, und Gemütlichkeit war oberstes Gebot. Ich lernte radfahren, meine Klappschnitten auf beiden Seiten mit Butter zu bestreichen. Diese Menschen brachten mir die Liebe zur klassischen Musik bei, sie entwickelten mein politisches Bewußtsein und hielten mich an, allabendlich Zeitung zu lesen und dann darüber zu diskutieren.

Auf einem für Holland typischen Gebiet versagte ich allerdings kläglich. Als im Winter die Grachten zufroren, zogen uns die Eltern Nieuwenhuis warm an und nahmen uns zum Schlittschuhlaufen mit. Auf dem Eis herrschte ein fröhliches Treiben: Buden, die heiße Schokolade und Anismilch feilboten; ganze Familien, die zusammen Schlittschuh liefen, einer hinter dem anderen, die Arme um eine lange Stange gehakt, an der sie sich allesamt herumschwangen; dazu der weite, helle Horizont, die rötliche Wintersonne.

Sie schnallten mir Holzschlittschuhe mit gebogenen Kufen an den Stiefeln fest und schubsten mich auf die Eisfläche. Als sie meine Panik bemerkten, stießen sie einen Holzstuhl hinterher, den ich vor mir her schieben sollte. Man muß mir angesehen haben, wie jämmerlich mir zumute war, und half mir rasch wieder ans Ufer. Durchfroren und unglücklich bemühte ich mich, die verknoteten, nassen Lederriemen zu lösen. Je mehr ich mich anstrengte, desto klammer wurden meine Finger. Und die Knoten rührten sich nicht. In wachsender Wut und Verzweiflung schwor ich mir: Ich gehe nie wieder auch nur in die Nähe einer Eisfläche.

Dieses Gelübde habe ich gehalten.

Als ich dreizehn war, übersiedelte die ganze Familie nach Amsterdam, in jenes Viertel, in dem alle Straßen nach Flüssen benannt sind. Obwohl es weit draußen lag und an die Amstel angrenzte, mit grünem Weideland und grasenden schwarzweißen Kühen, wirkte es doch städtisch. Ich liebte das Stadtleben. Besonders entzückten mich die elektrischen Straßenbahnen, die Grachten und Brücken und Schleusen, die vielen Vögel und Katzen, die dahinflitzenden Fahrräder, die bunten Blumenstände und Heringsbuden, die Antiquitätengeschäfte, die Giebelhäuser an den Grachten, die Konzerthallen, die Kinos und die politischen Clubs.

Als Sechzehnjährige fuhr ich mit der Familie Nieuwenhuis nach Wien, um meine Angehörigen zu besuchen. Ich war überrascht von der Schönheit Wiens, fühlte mich jedoch als Fremde unter Fremden. Meine Angst wuchs, je näher der Termin für die Abreise rückte, aber meine richtige Mutter sprach ganz offen mit meinen Adoptiveltern: «Es ist besser, wenn Hermine mit Ihnen nach Amsterdam zurückkehrt. Sie ist eine Holländerin geworden. Ich glaube, wenn sie jetzt in Wien bliebe, wäre sie nicht glücklich.» Mein Problem schien gelöst, ich atmete auf.

Ich wollte meine Angehörigen nicht kränken, deren Einwilligung ich als Minderjährige ja brauchte. Doch ich wollte unbedingt in die Niederlande zurück. Dort war ich mit meinem Denken und Fühlen nun verwurzelt.

In den folgenden Jahren setzte auch der innere Reifeprozeß ein. Mein Selbstvertrauen festigte sich, ich begann mich mit

Philosophie zu beschäftigen, las Spinoza und Henri Bergson. Ich schrieb meine geheimsten Gedanken nieder, füllte ein Heft nach dem anderen. Dies alles geschah im verborgenen; was ich schrieb, war nur für mich bestimmt, nicht für die Diskussion mit anderen. Ich empfand ein starkes Bedürfnis, das Leben zu begreifen.

Dann legte sich die Leidenschaft, alles, worüber ich nachdachte, zu Papier zu bringen, ebenso jäh, wie sie mich erfaßt hatte. Die Vorstellung, daß jemand zufällig auf die Niederschrift meiner geheimsten Gedanken stoßen könnte, verursachte mir plötzlich Beklemmungen. Mit einem Ruck zerriß ich meine sämtlichen Aufzeichnungen und warf sie weg, ohne jemals wieder ähnliches zu verfassen. Mit achtzehn verließ ich die Schule und nahm eine Stellung in einem Büro an. Obwohl ich mir die innere Unabhängigkeit, die ich gewonnen hatte, bewahrte, fand ich jetzt auch wieder Geschmack an den äußeren Freuden des Lebens.

Im Jahre 1931, mit zweiundzwanzig, fuhr ich abermals nach Wien zu meinen Eltern. Inzwischen war ich ja erwachsen und reiste allein. Seitdem ich berufstätig war, hatte ich regelmäßig mit ihnen korrespondiert und Geld geschickt, sooft ich konnte. Der Besuch verlief harmonisch, doch eine mögliche Rückkehr nach Österreich wurde diesmal mit keiner Silbe erwähnt. Ich war jetzt Holländerin, durch und durch; die kleine unterernährte elfjährige Wienerin mit dem Schild um den Hals und der Haarschleife hatte sich in eine kräftige, selbständige Holländerin verwandelt.

Bei meinen Besuchen in Wien hatte keiner von uns daran gedacht, meinen Paß ändern zu lassen, so daß ich auf dem Papier nach wie vor österreichische Staatsbürgerin war. Doch als ich mich von meinen Eltern und meiner Schwester verabschiedete, wußte ich genau, wohin ich gehörte. Ich würde weiterhin schreiben und Geld schicken, ich würde sie immer wieder besuchen und später dann auch meine Kinder mitnehmen – aber meine Heimat hieß Holland. Für immer.

2

1933 war für mich ein schweres Jahr. In der Textilfirma, meiner ersten und bis dahin einzigen Stellung, hatte man mir, zusammen mit einer Kollegin, vor einigen Monaten gekündigt. Schlechte Zeiten, hohe Arbeitslosigkeit, insbesondere unter jungen Leuten, kaum Stellenangebote. Doch ich, eine Frau von vierundzwanzig Jahren mit ausgeprägtem Unabhängigkeitsdrang, brannte darauf, endlich wieder zu arbeiten.

Ein paar Stockwerke unter uns wohnte eine ältere Frau namens Blik, die gelegentlich bei meiner Adoptivmutter Kaffee trank. Sie war Vertreterin, damals ein ziemlich ungewöhnlicher Beruf für eine Frau, auch wenn viele Holländerinnen eine Tätigkeit außer Haus ausübten. Frau Blik war meist die ganze Woche – das heißt, bis Samstag – auf dem Land unterwegs, wo sie Bäuerinnen und Frauenvereinen ihre Haushaltsartikel vorführte und verkaufte.

Jeden Samstag kehrte sie mit leerem Musterkoffer zurück und meldete sich bei den Unternehmen, für die sie arbeitete, um ihr Vorführmaterial wieder zu komplettieren und ihre Aufträge abzuliefern. Eines Samstags hörte sie in einer ihrer Firmen, daß man für eine erkrankte Kontoristin vorübergehend eine Aushilfskraft suchte.

Noch am gleichen Nachmittag schleppte sie sich zu unserer Wohnung hinauf und klopfte. Meine Adoptivmutter rief mich aus der Küche herein und erzählte mir begeistert von der freien Aushilfsstellung. Frau Blik gab mir einen Zettel und sagte: «Geh gleich am Montag in aller Frühe hin.»

Ich bedankte mich, ganz aufgeregt bei der Aussicht, wieder arbeiten und damit meine Unabhängigkeit wiedergewinnen zu können – das heißt, falls ich früh genug dort wäre und wirklich eingestellt würde. Wo war das Büro? Ich sah mir den Zettel an. Kein Problem – mit dem Rad knapp zwanzig Minuten. Vielleicht sogar nur fünfzehn. Ich fuhr den Weg oft – und ich fuhr schnell. Auf dem Zettel stand:

OTTO FRANK
N. Z. Voorburgwal 120–126

Am Montag trug ich frühmorgens mein schweres schwarzes, gebraucht gekauftes Fahrrad die steile Vortreppe hinunter, wobei ich aufpaßte, Rock und Bluse, beides frisch gewaschen und gebügelt, nicht zu beschmutzen. Ich hatte viel übrig für schick geschnittene Kleider. Aus Sparsamkeit waren sie selbstgenäht, aber kaum von denen zu unterscheiden, die man in der Auslage eleganter Modegeschäfte sah. Auch mein Haar trug ich modisch, zu einem lockeren Knoten aufgesteckt, und einige meiner Freunde behaupteten im Spaß, die Ähnlichkeit mit Norma Shearer, der amerikanischen Filmdiva, sei unverkennbar. Ich war klein, nur etwas über einen Meter fünfzig groß, hatte blaue Augen, dichtes dunkelblondes Haar. Ich bemühte mich, durch Schuhe mit möglichst hohen Absätzen einen Ausgleich zu schaffen und größer zu erscheinen.

Ich radelte in Richtung Norden und ließ unsere ruhige Gegend bald hinter mir. Mein Rock umflatterte mich, als ich mich im gewohnten halsbrecherischen Tempo mühelos durch den Berufsverkehr schlängelte, in dem Arbeiter ebenfalls per Rad ins Zentrum von Amsterdam strampelten.

Als ich das riesige Warenhaus «De Bijenkorf» passierte, warf ich rasch einen Blick in die Schaufenster und orientierte mich über die neueste Mode, bevor ich den weiträumigen, belebten, von Tauben umschwirrten Dam überquerte, auf dem die Straßenbahnen zur Centraal Station fuhren. Dann sauste ich vorbei am Schloß und an der alten Nieuwe Kerk, in der zuletzt Königin Wilhelmina gekrönt worden war, die schon seit 1890 auf dem Thron saß – das heißt, bereits mit zehn Jahren, aber bis zu ihrer Volljährigkeit unter der Regentschaft der Königinmutter Emma.

Ich bog in den belebten N.Z. Voorburgwal ein, eine krumme, von Trambahnen und Fußgängern verstopfte Straße, gesäumt von Giebelhäusern, zumeist aus dem siebzehnten und achtzehnten Jahrhundert. Als ich den Block, den ich suchte, gefunden hatte, schob ich mein Rad die letzten paar Schritte.

Das Gebäude vor mir war das modernste in der Straße, eigentlich ein Hochhaus. Das Sandsteinportal war mit einer runden Markise überdacht. Die neunstöckige, durch gelbgraues Mauerwerk unterteilte Glasfassade ragte in den wolkenverhangenen Himmel auf. In großen schwarzen Lettern prangte der Name des ungewöhnlichen Gebäudes an der Fassade: GEBOUW CANDIDA. Ich schob mein Rad in den Ständer und strich mir das Haar zurecht.

Die Firma Travies und Co. unterhielt nur ein kleines Büro aus zwei Räumen. Ein etwa sechzehnjähriger Junge ließ mich ein. Er trug Arbeitskleidung und war in der offenbar als Versandabteilung dienenden Ecke des Raumes mit Auspacken und Sortieren von irgendwelchen Artikeln beschäftigt. Das nicht sonderlich helle Büro enthielt außerdem einen hölzernen Schreibtisch, auf dem sich eine schwarze Schreibmaschine und ein schwarzes Telefon befanden. Er heiße Willem, sagte der Junge, und er sei Expedient und Bote der Firma. Er wirkte freundlich und aufgeschlossen, doch bevor ich diese ersten Eindrücke vertiefen konnte, rief mich aus einem hinteren Raum eine leise Stimme mit starkem Akzent.

Ein hochgewachsener, schlanker Mann, zurückhaltend und kultiviert, stellte sich lächelnd vor, ich tat das gleiche. Und dann begann das übliche Einstellungsgespräch. Seine dunklen Augen hielten meinen Blick fest; ich spürte sofort seine gütige, sanfte Wesensart, die allerdings durch Reserviertheit und leichte Nervosität im Auftreten eine gewisse Starre bekam. Er war von einem wohlgeordneten Schreibtisch aufgestanden; und es befand sich noch ein zweiter in seinem Büro. Er entschuldigte sich für sein schlechtes Holländisch, erst kürzlich sei er aus Frankfurt am Main übersiedelt und habe bisher noch nicht einmal seine Frau und die Kinder nachholen können.

Um es ihm zu erleichtern, sprach ich Deutsch. Seine Augen leuchteten dankbar auf, als er in seine Muttersprache überwechseln konnte. Er hieß Otto Frank, meiner Schätzung nach war er in den Vierzigern, er hatte einen Schnurrbart, und wenn er, was häufig geschah, lächelte, kamen unregelmäßige Zähne zum Vorschein.

Ich mußte einen günstigen Eindruck auf ihn gemacht haben, denn er sagte: «Bevor Sie anfangen können, müssen Sie mit mir in die Küche kommen.» Meine Wangen brannten. Kriegte ich also die Stellung? Was er in der Küche wollte, ahnte ich nicht – vielleicht eine Tasse Kaffee? Ich folgte ihm und lernte auf dem Weg zur Küche Herrn Kraler kennen, mit dem Otto Frank das Büro teilte. Später erfuhr ich, daß Victor Kraler genau wie ich aus Österreich stammte.

In der Küche suchte Otto Frank Tüten mit Obst, Zucker und anderen Zutaten zusammen, wobei er auf seine ruhige, kultivierte Art pausenlos redete. Der Hauptsitz von Travies und Co. befand sich offenbar in Köln. Das Unternehmen war auf Konservierungsmittel für den Hausgebrauch spezialisiert, darunter das sogenannte Opekta, das Otto Frank jetzt holländischen Hausfrauen verkaufte. Es wurde aus Äpfeln hergestellt – «aus Apfelbutzen», witzelte Herr Frank – und aus Deutschland importiert. Die Hausfrau gab es zusammen mit Zucker und verschiedenen anderen Zutaten ihren frischen Früchten bei, und nach etwa zehn Minuten war ihre selbstgemachte Marmelade fertig.

Er reichte mir ein Blatt Papier. «Hier ist das Rezept. Und jetzt kochen Sie Marmelade!» Damit ließ er mich allein in der Küche zurück. Da saß ich schön in der Patsche. Herr Frank konnte natürlich nicht wissen, daß ich noch bei meinen

Adoptiveltern lebte und mit Küche und Kochen kaum etwas zu tun hatte. Gut, ich war die beste Kaffeeköchin der Familie, aber Marmelade? Ich brachte all die Fragen, die mir durch den Kopf schwirrten, zum Schweigen und vertiefte mich in das Rezept. Wie nicht anders erwartet, beschrieb es ein mir völlig fremdes Verfahren. Ich ermahnte mich: Alles, was du dir in den Kopf setzt, kannst du auch schaffen! Also machte ich mich ans Werk und richtete mich einfach nach den Anweisungen.

Ich kochte Marmelade.

Die folgenden zwei Wochen verbrachte ich die meiste Zeit in der kleinen Küche und produzierte ein Glas Marmelade nach dem anderen. Jeden Tag kam Herr Frank mit einem großen Beutel voll verschiedener Früchte an und legte ihn auf die Theke. Für jede Obstsorte gab es ein anderes Rezept. Ich hatte es sehr schnell raus und war am dritten oder vierten Tag zu einer Art Expertin geworden. Meine Marmeladen gerieten stets perfekt: reine, klare Farbe, feste Konsistenz, würziges Aroma. Gläser mit köstlicher Konfitüre stapelten sich.

Otto Frank schlug vor, Willem und ich sollten ein paar nach Hause mitnehmen, was wir auch taten. Einige Gläser behielt er für sein Frühstück zurück. Er logierte vorerst in einer kleinen Pension im Zentrum, bis er seine Familie nach Amsterdam holen konnte. Er sprach selten über sie, erwähnte nur, daß sie sich derzeit bei seiner Schwiegermutter im grenznahen Aachen aufhielt – seine Frau Edith und die zwei kleinen Töchter, Margot Betti, die ältere, und Anneliese Marie, das Nesthäkchen, das er Anne nannte. Außerdem gab es noch seine alte Mutter und andere Verwandte, die jetzt in Basel lebten.

Mir war klar, daß dieser Mann, der nur für seine Familie da war, sich einsam fühlen mußte. Selbstverständlich verlor er selbst kein Wort darüber. Das Thema wäre zu persönlich gewesen.

Ich nannte ihn Herr Frank und er mich Fräulein Santrouschitz, denn Mitteleuropäer unserer Generation pflegten sich nicht mit Vornamen anzureden. Doch ich fühlte mich ihm gegenüber bald so frei und ungezwungen, daß ich die Förmlichkeit außer acht ließ und ihn bat, mich Miep zu nennen, was er auch akzeptierte.

Als wir unsere gemeinsame Leidenschaft für Politik entdeckten, entwickelte sich schnell eine persönlichere Beziehung. Wir standen auf der gleichen Seite. Ich war zwar zur Toleranz erzogen worden, aber meine abgrundtiefe Verachtung gegenüber dem fanatischen Adolf Hitler, der kürzlich in Deutschland an die Macht gekommen war, grenzte wohl schon an Haß. Otto Frank empfand genauso, als Jude freilich aus viel überzeugenderen Gründen. Schließlich hatte er Deutschland wegen Hitlers judenfeindlicher Politik verlassen.

Obwohl die antisemitische Hetzkampagne in Deutschland vorerst beendet schien, hatte sie Verbitterung und Empörung in mir hinterlassen. Dabei hatte ich den Juden nie besondere Beachtung geschenkt, weder so noch so. In Amsterdam gehörten sie einfach zum täglichen Leben, es gab nichts Ungewöhnliches an ihnen.

Otto Frank war froh, in Holland zu sein, und bald würde seine Familie ebenfalls hier leben. Unsere kleinen Diskussionen fanden auf deutsch statt; wir waren uns einig, daß es vollkommen richtig war, Hitler-Deutschland den Rücken zu kehren, um im Schutz unserer Wahlheimat ein sicheres Dasein zu führen.

Die Tage vergingen, und nichts schien darauf hinzudeuten, daß die Kranke, für die ich eingesprungen war, zurückkehrte. Gegen Ende meiner zweiten Woche in der Küche erschien Frank eines Morgens mit leeren Händen. Er bedeutete mir, die Schürze abzubinden, mit der ich meine Sachen vor Obstflecken geschützt hatte.

«Kommen Sie mit, Miep!» forderte er mich auf und ging ins Vorzimmer.

Dort dirigierte er mich zu dem Schreibtisch am Fenster und erklärte: «Hier ist jetzt Ihr Platz. Ich nenne den Schreibtisch die Reklamations- und Informationsstelle. Den Grund werden Sie bald kennenlernen.»

Ich ließ mich in der Zimmerecke nieder, wo ich noch ein bißchen Aussicht auf die Straße mit ihrem bunten Leben und Treiben hatte. Die Bezeichnung für meinen Arbeitsplatz begriff ich schnell: Nachdem ich zur Sachverständigen für Marmeladezubereitung geworden war, bestand meine Aufgabe darin, mit unseren Kundinnen, den Hausfrauen, direkt zu verhandeln, ihre Fragen anzuhören und sie zu beraten.

Wir verkauften für die Marmeladeherstellung ein Kuvert mit vier Päckchen Opekta, die auf der Rückseite verschiedene Rezepte enthielten; ferner orange-blaue Aufkleber zur Beschriftung der Gläser sowie Zellophanvierecke, die man anfeuchten, fest auf das Glas aufdrücken und mit einem Gummiring abdichten mußte. Frau Blik, unsere Kundenbesucherin, verkaufte unser Erzeugnis von Tür zu Tür in ganz Holland, und wir lieferten unser kleines Sortiment direkt an Läden und Drogerien.

Viele Hausfrauen kannten unser Verfahren schon, richteten sich beim Marmeladeeinkochen aber nicht genau nach dem Rezept, sondern wollten ihm die gewohnte eigene Note geben. Also änderten sie die Gebrauchsanweisung ab – hier eine Prise mehr, dort eine Spur weniger. Und plötzlich hatten sie dann statt Marmelade entweder feste Klumpen oder eine wässerige Brühe.

Holländische Hausfrauen gehen mit dem Wirtschaftsgeld sehr sparsam um, und zwar aus materiellen wie auch aus prinzipiellen Gründen. Der echte Holländer ist ein regelrechter Pfennigfuchser, er mißbilligt jede Verschwendung. Nachdem diese Kundinnen nun ihr gutes Geld für unser Produkt vermeintlich hinausgeworfen hatten, machten sie ihrem Zorn telefonisch Luft und beschwerten sich, daß das Zeug nichts tauge. Meine Aufgabe war es, höflich zuzuhören und herauszufinden, wo der Fehler lag, der ihre Marmelade mißraten ließ. Ich besänftigte sie also zunächst und bat dann um eine möglichst genaue Schilderung, um ihnen erklären zu können, was sie verkehrt gemacht hatten und wie sie den Schaden beheben sollten. Danach hatte Travies und Co. in den meisten Fällen eine zufriedene, treue Kundin gewonnen.

Victor Kraler, Otto Franks Büropartner, war stämmig, gutaussehend, dunkelhaarig, korrekt, etwa dreiunddreißig Jahre alt. Stets ernst, formell und höflich, ging er eifrig seiner Arbeit nach, schickte Willem auf Botengänge und kontrollierte, ob er alles richtig erledigt hatte. Mit mir hatte er nur wenig zu tun; ich gehörte offensichtlich in Franks Zuständigkeitsbereich und war froh darüber, da ich mich ihm gegenüber so frei und ungezwungen fühlen konnte.

Er muß mit mir zufrieden gewesen sein, denn er betraute mich auch mit anderen Aufgaben, wie Buchhaltung und Korrepondenz. Das Geschäft ging flau, belebte sich jedoch dank Franks Neuerungen und Frau Bliks Verkaufstalent.

Eines Tages erzählte mir Frank freudestrahlend, er habe in Süd-Amsterdam eine Wohnung gemietet, in meinem Viertel also, wo sich bereits viele deutsche Emigranten niedergelassen hatten. Seine Familie war endlich aus Deutschland herausgekommen; ich sah ihm an, wie glücklich er darüber war.

Bald danach teilte er mir mit, die erkrankte Bürokraft, Fräulein Heel, sei wieder gesund und arbeitsfähig. Ich bemühte mich, meine Niedergeschlagenheit nicht zu zeigen, nickte nur und dachte: Das mußte ja so kommen.

«Aber», fuhr er fort, «wir würden es sehr begrüßen, Sie als festangestellte Bürokraft zu behalten. Wären Sie damit einverstanden, Miep?»

Mein Herz tat einen Freudensprung. «Ja, natürlich, Herr Frank.»

«Das Geschäft läuft besser», erklärte er. «Es wird für Sie beide genug zu tun geben. Wir besorgen noch einen Schreibtisch für Sie und alles, was sonst dazugehört. Schnellstens!»

Eines Morgens erkundigte sich Otto Frank, ob wir in der Küche Kaffee und Milch vorrätig hätten. Offenbar erwartete er Besuch. Ich war in meine Arbeit vertieft, als ich die Haustür knarren hörte. Herrn Franks Besucher, dachte ich, und blickte zum Eingang. Herein kam eine gutangezogene Dreißigerin, klassische Eleganz, rundes Gesicht, das dunkle Haar zum Knoten aufgesteckt. Neben ihr trippelte ein winziges dunkelhaariges Mädchen in schneeweißem Pelzmantel.

Otto Frank kam heraus, um die Gäste zu begrüßen. Da ich am nächsten saß, führte er sie zuerst zu mir. «Miep», sagte er auf deutsch, «ich möchte Sie mit meiner Frau bekannt machen, Edith Frank-Holländer. Edith, das ist Fräulein Santrouschitz.» Frau Frank begrüßte mich mit der freundlichen Zurückhaltung, die in kultivierten, gutsituierten Kreisen üblich ist. «Und das ist meine jüngere Tochter Anne», fügte Otto Frank lächelnd hinzu.

Das kleine Mädchen im flaumigen weißen Pelz blickte zu mir hoch und machte dann einen Knicks. «Sie müssen Deutsch mit ihr sprechen», erklärte Frank. «Sie ist erst vier und kann leider noch nicht Holländisch.»

Ich sah, wie die kleine Anne sich schüchtern an ihre Mutter klammerte. Doch ihre graugrünen, leuchtenden, wachen großen Augen, die das zarte Gesicht beherrschten, nahmen alles ringsum begierig auf.

«Ich bin Miep», sagte ich zu beiden, «ich hole mal Kaffee.» Ich rannte in die Küche, um einen Imbiß vorzubereiten.

Als ich das Tablett ins Büro brachte, hatte Frank inzwischen seine Frau und Tochter mit Kraler und Willem bekannt gemacht. Anne ließ Willem nicht aus den Augen. Sie war zwar noch immer auf der Hut, schien aber doch allmählich aufzutauen und bekundete lebhaftes Interesse an allen möglichen Dingen, die für uns Erwachsene nichts als alltägliche Gebrauchsgegenstände waren: Versandkartons, Packpapier, die Bindfadenrolle, Rechungsblöcke.

Anne trank ein Glas Milch bei mir, während ihre Eltern den Kaffee in Franks Büro mitnahmen. Wir gingen zu meinem Schreibtisch. Gebannt betrachtete Anne meine blanke schwarze Schreibmaschine. Ich legte ihre kleinen Finger auf die Tasten und drückte sie herunter. Ihre Augen strahlten, als die Typenhebel hochschnellten und schwarze Buchstaben auf die eingespannte Rechnung druckten. Dann lenkte ich ihre Aufmerksamkeit auf das Fenster. Da draußen herrschte genau das bunte Treiben, das meiner Meinung nach jedem Kind gefallen mußte. Ich hatte recht. Die Aussicht – Straßenbahnen, Fahrräder, Fußgänger – fesselte sie.

Während ich Anne beobachtete, dachte ich bei mir: Ein Kind wie dieses hätte ich auch gern eines Tages. Ruhig, folgsam, aufnahmefähig. Sie trank den letzten Schluck Milch und blickte zu mir hoch. Sie brauchte nichts zu sagen: ihre Augen verrieten mir, was sie wollte. Ich nahm das leere Glas und schenkte es wieder voll.

Je besser unsere Kundinnen lernten, Marmelade genau nach Rezept zuzubereiten, desto weniger hatte ich mit «Reklamation und Information» zu tun. Dafür nahm die Arbeit in der Buchhaltung, die Korrespondenz und Rechnungstellung ständig zu, als sich das Geschäft belebte. Willem war ein netter Kollege, fast wie ein gutmütiger jüngerer Bruder. Wir kamen ausgezeichnet miteinander aus.

Jeden Morgen packte ich mein Mittagessen ein und radelte ins Büro. Mein Weg führte an der Montessori-Schule vorbei, in der Otto Frank die kleine Anne und die zwei Jahre ältere Margot angemeldet hatte. Ein moderner Ziegelbau, vor dem Scharen von übermütigen Kindern herumtobten. Die Franks waren inzwischen ins Flußviertel umgezogen, ganz in meine Nähe. Der große braune Ziegelwohnblock am Merwedeplein glich unserem in der Gaaspstraat aufs Haar.

Täglich ließen sich mehr Emigranten aus Deutschland, meistens Juden, in unserer Gegend nieder, und es wurde zum geflügelten Wort: «In der Straßenbahnlinie 8 spricht der Schaffner auch Holländisch.» Viele dieser Flüchtlinge waren wohlhabender als die einheimischen Arbeiter und erregten Aufsehen, wenn sie sich, mit Pelzen oder sonstigen Luxusartikeln ausstaffiert, auf der Straße zeigten.

Ich bin nie zu Fuß gegangen, wenn ich fahren konnte, und so flitzte ich immer auf meinem Gebrauchtrad zur Arbeit. Ich war stets pünktlich um 8 Uhr 30 dort, noch vor Otto Frank, Victor Kraler oder sogar Willem. Als erstes sah die Geschäftsordnung vor, für alle Kaffee zu kochen. Das war meine Aufgabe. Es machte mir Freude, guten, starken Kaffee aufzubrühen und dafür zu sorgen, daß jeder seine Tasse bekam. Danach machten wir uns gestärkt an die Arbeit.

Eines Tages wurde ein neuer Schreibtisch angeliefert und meinem gegenüber aufgestellt. Und dann erschien eine junge Frau, etwa in meinem Alter, blond, unscheinbar, ein bißchen mollig, und beanspruchte ihren angestammten Platz. Es war Fräulein Heel, deren Krankheit sich so lange hingezogen hatte. Ich setzte mich an den neuen Schreibtisch. Wir teilten uns das Vorzimmer jetzt zu dritt: Fräulein Heel, Willem und ich.

Wir beide kamen nicht besonders miteinander aus. Wenn wir uns unterhielten, über dies und jenes, fing sie gleich an, langatmige Vorträge zu halten. Ob Musik, Buchhaltung oder sonst irgendein Gebiet, sie gab sich als Autorität und wollte stets das letzte Wort behalten. Ein Fräulein Neunmalklug, wie es im Buche steht.

Sie begann Reden zu schwingen über die neue politische Partei, der sie beigetreten war: die niederländische Version von Hitlers NSDAP, die sich NSB nannte. Jetzt gab es also auch in Holland eine Nazi-Partei. Je öfter sie ihr Dogma, das rassistische Vorurteile gegenüber Juden beinhaltete, Willem und mir verkündete, desto gereizter wurde ich.

Schließlich konnte ich mich nicht mehr bremsen. «Hören Sie», sagte ich und blickte ihr dabei fest in die Augen, «Sie wissen doch, daß Herr Frank, unser Chef, ebenfalls Jude ist?»

Sie senkte auf ihre herablassende Art den Kopf und entgegnete: «Ja, das ist mir bekannt. Aber Herr Frank ist eine Ausnahme, er ist ein Gentleman.»

Ich fuhr sie scharf an: «Ihrer Meinung nach wären also in der Regel nur Christen Gentlemen?»

Mein Sarkasmus ließ sie verstummen. Sie zeigte mir die kalte Schulter. Wir sprachen nicht mehr miteinander; die bis dahin so gemütliche Atmosphäre im Büro wurde gespannt und frostig. Keiner mochte in ihrer Gegenwart von Politik reden. Ich fragte mich, was Frank von ihren offenkundigen Verbindungen zu den Nazis hielt und ob er sie wohl entlassen würde. Ein Gefühl der Spannung lastete auf dem Büro, als ob wir alle den nächsten Blitzschlag erwarteten.

Doch die Arbeit war nicht das einzige in meinem Leben.

Ich unternahm damals ziemlich viel. Vor allem tanzte ich leidenschaftlich gern und war, wie viele junge Holländerinnen, Mitglied in einem Tanzclub. Als eine der ersten in Amsterdam lernte ich Charleston, Twostep und Slowfox. Einmal wöchentlich ging ich mit meinen Freundinnen in die Stadhouderskade, wo wir im Club die Tänze mit einem Lehrer und miteinander bei Klaviermusik übten.

Samstag und Sonntag veranstaltete der Club öffentliche Tanzabende. Dann tanzten wir mit jungen Männern zu Schallplatten wie «When You Wore a Tulip», «My Blue Heaven» und «I Can't Give You Anything but Love, Baby». Ich war so temperamentvoll und mit solcher Begeisterung dabei, daß ich nie Mauerblümchen spielen mußte. Die jungen Männer rissen sich geradezu darum, mit mir über das Parkett zu wirbeln und mich später nach Hause zu begleiten.

Ich zählte zu meinem engeren Bekanntenkreis verschiedene attraktive junge Männer, darunter einen hochgewachsenen, gutangezogenen, ein paar Jahre älteren Holländer, der mir außerordentlich gefiel. Er hieß Henk Gies. Ich hatte ihn vor Jahren in der Textilfirma kennengelernt, wo wir beide arbeiteten. Wir hatten uns damals angefreundet und waren in Verbindung geblieben, obwohl unsere Wege sich trennten, als ich zu Travies und Co. ging und Henk als Fürsorger zum Sozialamt der Stadt Amsterdam. Ich fand Henk mit seinem dichten, glänzenden blonden Haar, den warmen, lebensprühenden Augen überaus attraktiv.

Er wohnte ebenfalls im Flußviertel und war im alten Süd-Amsterdam aufgewachsen, in der Nähe der Amstel, wo es Bauernhöfe gab und Kühe und Schafe auf den Wiesen grasten. Jetzt bewohnte er ein möbliertes Zimmer bei einer Familie in der Rijnstraat, einer Geschäftsstraße mit vielen Läden und dunklen, üppigen Ulmen.

Otto Franks erfinderische Neuerungen brachten für Travies und Co. einen weiteren Aufschwung. Sein Holländisch hatte sich erheblich verbessert; wir hockten stundenlang zusammen und entwarfen für unsere Produkte Anzeigen, die ich dann in den Hausfrauenzeitschriften einrücken ließ.

Bei Victor Kraler erntete ich nicht immer soviel Anerkennung wie bei Otto Frank. Er, stets ernst, korrekt, das dunkle Haar immer auf die gleiche Weise zurückgekämmt, wollte die Dinge auf seine Art erledigt wissen und nicht anders. Einmal gab Herr Frank mir einen Brief: «Bitte beantworten Sie ihn, Miep.»

Ich tat das, ging mit meiner Antwort in das Büro der beiden und zeigte sie Frank. Er las das Schreiben durch und sagte: «Gut.» Kraler sah es sich ebenfalls an, war aber entgegengesetzter Meinung: «Nein, das machen wir anders.»

Ich hielt den Mund. Ich wußte, wie man einen solchen Brief abfassen mußte. Kraler wollte nur nicht wahrhaben, daß ich als Frau sehr wohl zu unterscheiden vermochte, ob ein Schreiben sich an einen Geschäftsmann oder an eine Hausfrau richtete. Er war verheiratet, aber kinderlos und hielt im Geschäftsleben am hergebrachten Stil fest. Frank war viel fortschrittlicher eingestellt. Abgesehen von seinem Konservativismus war Kraler jedoch keineswegs unsympathisch. Den Angestellten gegenüber zeigte er sich fair und im übrigen sehr zurückhaltend.

Fräulein Heel erschien einige Tage nicht zur Arbeit. Sie schickte Kraler eine Nachricht und bald danach einen Brief ihres Arztes. Der Inhalt: «Infolge einer psychischen Erkrankung ist Fräulein Heel nicht imstande, die ihr obliegenden Aufgaben bei Travies und Co. weiterhin zu erfüllen.» Gespannt warteten wir ein paar Tage ab, und als nichts weiter geschah, nahmen wir an, daß wir sie endgültig vom Halse hatten. Otto Frank witzelte: «...die einfachste Art, einen Nazi loszuwerden.»

Wir pflichteten ihm bei. Keiner von uns erkundigte sich jemals, ob es ihr besser ging oder nicht. Wir hofften, sie nie mehr wiederzusehen.

Anne Frank in ihrer Schulklasse, 1935.

Anne um 1937 vor dem Bürohaus ihres Vaters, Singel 400, Amsterdam.

Otto Frank und seine »rechte Hand« Miep Gies, 1937.

Das Büro an der Prinsengracht 263: Victor Kraler, Elli Vossen und Miep Gies. Im Hintergrund zwei weitere Mitarbeiterinnen.

Im Jahre 1937 zog die Firma zum Singel 400 um, wo sie in einem alten Giebelhaus mehrere Stockwerke und einen Arbeitsraum im Parterre gemietet hatte. Unser neues Domizil befand sich unmittelbar neben dem berühmten Blumenmarkt über der Singelgracht, einem der bezauberndsten Wasserwege Amsterdams. Ganz in der Nähe war zu meinem Entzücken die Leidsestraat, eine elegante Einkaufsstraße, und der Spui, wo unzählige Studenten in den vielen Buchläden schmökerten; und noch eine weitere Einkaufsstraße, die Kalverstraat. Mit meinem kleinen Gehalt mußte ich zwar sparsam umgehen, aber es kostete mich ja nichts, herumzustöbern und die exklusiven Geschäfte zu bewundern. Nichts machte mir mehr Spaß, als an einem sonnigen Tag nach Tisch einen Schaufensterbummel zu unternehmen und sämtliche Modeneuheiten zu begutachten.

Gelegentlich gingen Henk Gies und ich in der Mittagspause gemeinsam ein bißchen spazieren. Dabei war uns Herr Frank mehrmals begegnet, und er hatte sich meinen ständigen Begleiter wohl recht genau angesehen. Die beiden waren von ähnlicher Statur – sehr groß, hager –, aber Henk war noch etwas größer, sein dichtes blondes Haar wellte sich über der Stirn, während der Ansatz von Franks dünnem Haar sich bereits lichtete. Auch im Wesen ähnelten sie sich: Beide machten wenig Worte, hatten hohe Wertmaßstäbe und einen mit Ironie gepaarten Sinn für Humor.

Eines Tages lud mich Otto Frank zum Abendessen ein. «Und bringen Sie Herrn Gies mit», fügte er hinzu. Ich fühlte mich geehrt, von meinem Chef nach Hause eingeladen zu sein und dort gemeinsam mit seiner Familie zu essen.

In einem solchen Fall gehörte es sich, Punkt 6 Uhr zu erscheinen und den Besuch nicht über Gebühr auszudehnen. Bei der Förmlichkeit unserer Beziehung wäre es unpassend gewesen, nach dem Essen allzu lange zu verweilen.

Henk und ich trafen pünktlich bei den Franks ein. Otto Frank war zwar noch korrekt in Jackett und Krawatte, wirkte aber in der entspannten häuslichen Atmosphäre wesentlich gelöster. Seine Frau begrüßte uns auf ihre reservierte Art. Das dunkle, glänzende Haar war in der Mitte gescheitelt und zu einem lockeren Nackenknoten aufgesteckt. Sie hatte dunkle Augen, ein breites Gesicht und eine breite Stirn. Die Wangen waren fleischig; durch etliche Pfunde Übergewicht wirkte die Figur massig und matronenhaft. Obwohl sie Fortschritte im Holländischen machte, sprach sie immer noch mit starkem Akzent, viel mehr als ihr Mann. Wir unterhielten uns auf deutsch, das Henk ebenfalls fließend beherrschte. Ich erinnerte mich daran, wie schwerfällig mir das Holländische anfangs, vor vielen Jahren, vorgekommen war. Für die Franks in ihrem Alter mußte das noch viel mehr gelten.

Edith Frank vermißte Deutschland sehr, weit mehr als ihr Mann. Im Gespräch kam sie immer wieder wehmütig auf ihr Leben in Frankfurt zurück, auf bestimmte, eindeutig bessere deutsche Süßigkeiten, auf die Qualität deutscher Konfektion. Ihre alte Mutter, Frau Holländer, war zu ihnen gezogen, aber häufig krank und bettlägerig.

Das Mobiliar hatten sie aus Frankfurt mitgebracht, darunter viele Antiquitäten, meist aus polierten, dunklen Hölzern; prachtvolle Stücke. Besonders bewunderte ich einen eleganten hohen Sekretär, eine französische Arbeit aus dem 19. Jahrhundert; zwischen zwei Fenstern war er aufgestellt. Er habe zu ihrer Mitgift gehört, erwähnte Frau Frank. Im Hintergrund tickte leise eine mächtige alte Standuhr. Sie stammte aus Frankfurt. Als wir sie bewunderten, erklärte uns Herr Frank, man müsse sie bloß ungefähr alle drei Wochen aufziehen, und sie gehe auf die Minute genau.

Mein Blick fiel auf eine hübsche Kohlezeichnung, die schön gerahmt an der Wand hing: eine große Katze, die ihre beiden, eng an sie gekuschelten Jungen säugt. Die Franks waren Katzenliebhaber. Und so stolzierte auch ein freundlicher Kater besitzergreifend durch den Raum. Das Tier gehöre seinen Töchtern, erklärte Frank. Überall gab es Anzeichen, daß sich hier alles um die Kinder drehte: Zeichnungen, Spielzeug.

In letzter Zeit galten unsere Gedanken häufig dem blutigen Bürgerkrieg in Spanien. General Franco, der spanische Faschistenführer, hatte die Internationalen Brigaden, Freiwillige aus vielen Teilen Europas sowie aus dem fernen Amerika und Australien, fast vollständig geschlagen. Hitler und Mussolini machten kein Hehl aus ihrer Sympathie und Hilfeleistung für Franco. Wir, lauter überzeugte Antifaschisten, sprachen erregt über die neuesten Nachrichten aus Spanien und senkten enttäuscht, hoffnungslos die Köpfe, denn es schien, als sei der tapfere Widerstand so gut wie gebrochen.

Nachdem wir uns zu Tisch gesetzt hatten, wurden Margot und Anne hereingerufen. Anne kam angerannt. Sie war jetzt acht, immer noch ein wenig dünn und zart, aber die graugrünen Augen mit den grünen Sprenkeln sprühten vor Leben. Sie lagen sehr tief, so daß sie halb geschlossen und dunkel umschattet erschienen. Die Nase hatte sie von ihrer Mutter, den Mund vom Vater, doch mit leichtem Überbiß und einer Kerbe am Kinn.

Es war unsere erste Begegnung mit Margot, einer bildhübschen Zehnjährigen; sie hatte ebenfalls dunkles, glänzendes Haar, das beide gleich lang trugen: bis knapp über das Ohr, Seitenscheitel, Spange. Margot hatte dunkle Augen. Uns gegenüber verhielt sie sich schüchtern und still. Beide benahmen sich äußerst brav und wohlerzogen. Wenn Margot lächelte, wurde ihr Gesicht noch hübscher. Sie und Anne sprachen schon perfekt Holländisch.

Margot schien Mamas Liebling zu sein, Anne dagegen Papas.

Beide Mädchen waren im vergangenen Jahr häufig krank gewesen – Masern und alle möglichen Kinderkrankheiten. Sie mußten viele Tage dem Unterricht fernbleiben. Zu meiner Freude konnte ich während des Abendessens beobachten, daß beide, trotz ihrer zarten Konstitution, einen gesunden Appetit entwickelten.

Nach Tisch verabschiedeten sie sich, wünschten uns eine gute Nacht und gingen in ihre Zimmer zurück, um Schularbeiten zu machen. Mein Blick fiel auf Annes dünne Beine, die in weißen Söckchen und winzigen Pumps steckten. Die Söckchen waren heruntergerutscht und schlotterten um ihre mageren Knöchel – ein komischer, rührender Anblick. Eine Welle von Zärtlichkeit durchströmte mich. Ich verkniff mir ein Lächeln und den Wunsch, mich hinunterzubeugen und Anne die Söckchen hochzuziehen.

Wir plauderten noch ein Weilchen mit den Franks, aber nach der zweiten Tasse Kaffee bedankten wir uns und brachen auf.

Dies war die erste von mehreren Einladungen zum Abendessen bei den Franks. Trotz unserer förmlichen Beziehung erfuhr ich mit der Zeit mehr über sie, vor allem, weil Edith Frank gern in Erinnerungen kramte – an ihre glückliche Kindheit in Aachen, an ihre Hochzeit mit Otto Frank im Jahre 1925 und an ihr gemeinsames Leben in Frankfurt. Er war dort aufgewachsen. Seine Familie gehörte seit dem 17. Jahrhundert zu den alteingesessenen Geschäfts- und Finanzkreisen des jüdischen Großbürgertums. Er hatte eine erstklassige Erziehung genossen, sich als Soldat im Ersten Weltkrieg ausgezeichnet und es bis zum Leutnant gebracht.

Nach dem Krieg betätigte er sich kaufmännisch in seiner Heimatstadt. Der Mann seiner Schwester war in Basel bei einer Firma der Nahrungsmittelbranche beschäftigt, die ihren Stammsitz in Köln und eine Tochtergesellschaft in Amsterdam hatte, eben Travies und Compagnie. Als Otto Frank Deutschland verlassen wollte, schlug sein Schwager vor, daß die holländische Filiale ihn einstellen und mit der Ankurbelung des Geschäfts beauftragen solle. Und so geschah es.

Es war ein Beschluß, der sich als recht vorteilhaft erwies – für Travies und Co. wie für Otto Frank.

3

Henk Gies und ich verbrachten immer mehr Zeit miteinander. Langsam entdeckten wir viele Gemeinsamkeiten – so etwa die Vorliebe für Mozart. Und dann erst die Freude, als wir feststellten, daß wir beide ein bestimmtes Konzert für Flöte und Harfe besonders ins Herz geschlossen hatten!

Wenn Henk und ich zusammen unterwegs waren, fing ich gelegentlich anerkennende Blicke auf, die uns folgten. Wir waren beide stolz darauf, gut gekleidet zu sein. Henk wirkte immer hochelegant. Nie sah man ihn ohne Krawatte. Seine blauen Augen blitzten vor Lebensfreude. Zwischen uns bestand eine magnetische Anziehungskraft, die auch jeder Beobachter spüren mußte.

Wir gingen oft ins Kino. Es wurde rasch zur Regel, daß wir jeden Samstagabend das Tip Top im alten Judenviertel besuchten. Dort spielten sie amerikanische, englische und deutsche Filme, dazu die Wochenschau und eine Serie, die so spannend war, daß wir es kaum erwarten konnten, am folgenden Samstag die nächste Episode zu sehen.

Wie jedes andere junge Paar in Holland unternahmen auch wir Radtouren. Auf *einem* Fahrrad, versteht sich! Henk fuhr, und ich saß seitlich hinter ihm, mit angezogenen Beinen, im Wind flatterndem Rock, nach außen gestemmtem Rücken, um das Gleichgewicht zu halten. Die Arme hatte ich um Henks Taille geschlungen.

Genau wie wir bestieg ganz Amsterdam an jedem warmen, sonnigen Tag das verläßliche schwarze Fahrrad. Familien kamen mit ein bis zwei Rädern zurecht: Ein kleiner Sitz hinten auf dem Gepäckträger und einer vor dem Fahrer reichten für zwei Kinder. Beide Eltern konnten also vier Sprößlinge befördern, die für ein eigenes Fahrrad noch zu klein waren. Sobald sie alt genug waren, bekamen sie ein gebrauchtes und folgten dann Mutter oder Vater wie die Entenküken in einer Reihe durch Straßen mit Kopfsteinpflaster, über die Brücken der Grachten.

Henk Gies und ich waren ganz versessen auf den Sonntagsmarkt im alten Judenviertel bei der prachtvollen spanisch-portugiesischen Synagoge, direkt jenseits der Amstel. Die Amsterdamer hatten eine Vorliebe für dieses einmalige Viertel mit den vielen Häusern aus dem achtzehnten und neunzehnten Jahrhundert und kamen von überallher, um das riesige Marktgelände zu durchstreifen: von Schubkarren gesäumt, voller Geschäftigkeit und Farbe, sehr geräuschvoll, überquellend von fremdartigen Süßigkeiten und Sonderangeboten. Ich war oft mit meiner Adoptivfamilie am Sonntagvormittag hingegangen, ebenso Henk als Junge, und so fühlten wir uns gleich wieder heimisch.

In diesem Viertel lebten die weniger begüterten Amsterdamer Juden. Sie waren vor langer Zeit aus östlichen Ländern zugewandert; dann waren in den letzten Jahren die jüdischen Emigranten aus Deutschland dazugekommen. Manchmal konnte man Jiddisch und Deutsch hören. Mittlerweile waren die niederländischen Einwanderungsbestimmungen jedoch verschärft worden. Es wurde Juden und anderen Flüchtlingen zunehmend erschwert, nach Holland und ebenso in andere westliche Länder zu emigrieren.

Der Asylantenstrom war nahezu versiegt. Wir fragten uns, wohin die unerwünschten Emigranten sich wenden sollten. Insbesondere galten unsere sorgenvollen Gedanken den deutschen Juden, denen Hitler einen Verbleib in Deutschland immer mehr erschwerte. Wer sollte sie aufnehmen?

Eines Tages fuhr Willem, unser Bürobote, mit dem Lieferdreirad der Firma zu schnell über den Singel. Es war herrliches Wetter. Möwen kreisten über der Gracht; von ferne ertönte Leierkastenmusik. Willem holperte über das Kopfsteinpflaster, wurde aus der Kurve geschleudert und sauste kopfüber ins trübe Wasser der Singelgracht, direkt vor dem Büro.

Otto Frank und ich stürzten auf die Straße und fischten Willem samt Lieferdreirad aus der Gracht, wobei wir uns das Lachen nicht verkneifen konnten. Frank schickte den Jungen im Taxi nach Hause, wir gingen zurück ins Büro und lachten noch tagelang über den Zwischenfall.

Das Lachen verging uns schlagartig an jenem 13. März 1938, als alles um Franks Radio versammelt stand und der dramatischen Stimme lauschte, die Hitlers triumphalen Einzug in die Stadt seiner Jugend verkündete. Der Sprecher schilderte die Atmosphäre – Blumen, Fahnen, fanatisch jubelnde Massen.

In Wien hatte Hitler ein unstetes Dasein als verkrachte Existenz gefristet. Auch ich hatte dort gelebt. Ich litt innerlich Qualen. Ich stellte mir den hysterischen Freudentaumel des österreichischen Plebs vor, der ihm zujubelte. Mein österreichischer Paß fiel mir ein. Ich bereute zutiefst, daß ich mir nicht die Zeit genommen hatte, die Angelegenheit ins reine zu bringen.

Wir alle waren wie gelähmt, als wir von der Haßorgie hörten, bei der die Nazis die Wiener Juden die öffentlichen Bedürfnisanstalten säubern und die Straßen schrubben ließen, während sie sich deren gesamtes Hab und Gut aneigneten.

Kurz danach machte ich meinen jährlichen Gang zur Ausländerabteilung der Polizei am O. Z. Achterburgwal 181. Jahr um Jahr war ich dort erschienen, um meinen Paß abstempeln und meine Aufenthaltsgenehmigung verlängern zu lassen. In jenem Jahr 1938 wurde ich zu meinem Schrekken und Entsetzen zum deutschen Konsulat weitergeschickt, wo man mir meinen österreichischen Paß abnahm und mir dafür einen deutschen, mit einem schwarzen Hakenkreuz neben meinem Foto, aushändigte. Auf dem Papier hatte ich jetzt die deutsche Staatsangehörigkeit. Doch das war Unsinn, in meinem Innern war ich durch und durch Holländerin.

Mehrere Wochen nach meinem Besuch bei der Fremdenpolizei und auf dem deutschen Konsulat saß ich mit meiner Adoptivfamilie in der Gaaspstraat zusammen. Wir hatten gerade zu Abend gegessen, und ich entspannte mich bei der Zeitungslektüre und einer zweiten Tasse Kaffee. Es klopfte an der Tür, ich wurde herausgerufen.

Vor mir stand eine hochblonde, etwa gleichaltrige junge Frau, die mich zuckersüß anlächelte. Ob sie wohl bitte mit mir sprechen könne?

Ich ließ sie eintreten und erkundigte mich, was sie zu mir geführt habe. Mit einem Wortschwall erklärte sie mir, daß sie meinen Namen und meine Adresse im deutschen Konsulat bekommen habe. Daß sie, ebenso wie ich, deutsche Staatsangehörige sei. Zweck ihres Besuches war, mich zum Eintritt in den hiesigen Ableger der NS-Frauenschaft aufzufordern. Die Ideale dieses «Vereins» seien die unseres «Führers», Adolf Hitler, und Frauenorganisationen wie die «unsere» entstünden jetzt überall in Europa.

Sie erklärte weiterhin, *wenn* – nicht etwa «falls« – ich einträte, bekäme ich ein Mitgliedsabzeichen und könne von da ab an den Versammlungen teilnehmen. Bald würde «unsere» Frauenorganisation eine Reise ins deutsche Vaterland geschenkt bekommen, wo wir Seite an Seite mit unseren arischen Volksgenossinnen an Aktionen teilnehmen sollten. In dieser Tonart ging es weiter, als ob ich bereits zu den Mitgliedern gehörte.

Der zuckersüße Gesichtsausdrück verschwand blitzartig, als ich ablehnte.

«Aber wieso denn?» erkundigte sie sich entgeistert.

«Wie kann ich einer solchen Organisation beitreten?» fragte ich eisig. «Bei alledem, was man den Juden in Deutschland antut!»

Ihre Augen verengten sich und starrten mich unverwandt an, als wollten sie sich jeden einzelnen Zug einprägen. Es verschaffte mir tiefe Genugtuung, diesen kleinen Nazi-Augen meine ganze Verachtung zu zeigen. Sollte sie mich doch ruhig genau mustern und mit eigenen Augen feststellen, daß es «arische» Frauen gab, die sich nicht blindlings von den Nazis vereinnahmen ließen.

Ich wünschte ihr eine gute Nacht und schloß die Tür hinter ihr.

Die Kälte hatte noch nicht eingesetzt – es nieselte oder goß, der Himmel war ständig grau in grau. In jenem November war einer unserer Abende bei der Familie Frank besonders überschattet von den bedrückenden Nachrichten der letzten Zeit. Kurz zuvor, vom 9. zum 10. November, hatte die berüchtigte «Kristallnacht» stattgefunden.

In dieser Nacht waren in Deutschland jüdische Büros, Läden und Wohnungen zu Tausenden demoliert und in Brand gesteckt worden. Synagogen wurden zerstört und mit ihnen unzählige Kultgegenstände und Thorarollen; jüdische Männer wurden zusammengeschlagen, erschossen, Frauen mißhandelt, vergewaltigt, wehrlose Kinder drangsaliert. In einem Inferno aus blindwütigem Wandalismus hatte man die Juden zu Tausenden zusammengetrieben und mit unbekanntem Ziel deportiert.

Später erfuhren wir, daß man eben diese Juden als die Urheber der Gewalttaten bezichtigte und ihnen eine Geldbuße in Milliardenhöhe auferlegte.

Zu viert erörterten wir diese jüngsten Schreckensnachrichten. Edith Frank machte ihrer Erbitterung über das barbarische Geschehen, das sich so nah und doch so fern abgespielt hatte, besonders wortstark Luft.

Otto Frank, wie immer ein bißchen nervös, schüttelte unentwegt den Kopf; er äußerte die Hoffnung, vielleicht habe der krankhafte Judenhaß, einem heftigen Fieberanfall vergleichbar, damit seinen Höhepunkt erreicht, und die gräßlichen Ausschreitungen würden sich legen. Das gäbe dann anständigen Menschen Gelegenheit zur Besinnung, sie würden erkennen, daß sie irregeleitet und verblendet waren, als sie solchen brutalen Sadisten Vorschub leisteten. Immerhin blickte Deutschland auf eine stolze kulturelle Tradition zurück. Erinnerten sich die Menschen denn nicht daran, daß die Juden ja schon vor Jahrtausenden mit den Römern nach Germanien gekommen waren?

Als Margot und Anne zu Tisch gerufen wurden, ließen wir das grausige Thema fallen. Wir bemühten uns, über angenehme, erfreuliche Dinge zu sprechen, die sich für die Ohren unschuldiger, leicht zu beeindruckender Kinder besser eigneten.

Seit unserem letzten Abendessen in der Frankschen Wohnung waren einige Monate vergangen. Wir konnten deutlich sehen, wie sehr sich Margot und Anne verändert hatten. Mit ihren neun Jahren entwickelte die kleine Anne eine beachtliche Persönlichkeit. Ihre Wangen glühten, während sie mit ihrer hohen, atemlosen Stimme redete wie ein Wasserfall. Margot reifte zum jungen Mädchen heran und wurde immer hübscher. Sie blieb von beiden die mehr in sich gekehrte und saß still, kerzengerade da, die Hände im Schoß gefaltet. Beide hatten vorzügliche Tischmanieren.

Wir erfuhren, daß Anne gern in Schüleraufführungen mitspielte. Wenn sie von ihren Klassenkameradinnen erzählte, hörte es sich an, als sei jede ihre beste und einzige Freundin. Offensichtlich war sie am liebsten mit Gleichaltrigen zusammen. Sie schilderte ihre Besuche bei all diesen Freundinnen und deren Gegenbesuche. Gemeinsam unternahmen sie Ausflüge in die Umgebung von Amsterdam und übernachteten dann bei irgendeiner Freundin. Anne ging leidenschaftlich gern ins Kino, genau wie Henk und ich. Wir unterhielten uns über die Filme, die wir alle gesehen hatten, und über unsere Lieblingsstars.

Margot hatte bemerkenswert gute Noten in der Schule. Sie wurde zur Musterschülerin, der das stundenlange anstrengende Lernen, ohne das sie ihren Platz unter den Besten nicht halten konnte, offenbar gar nichts ausmachte. Anne war ebenfalls eine gute Schülerin, entwickelte aber zugleich einen rastlosen Geselligkeitstrieb.

Edith Frank zog ihre beiden Töchter sehr hübsch an. Sie trugen stets frisch gestärkte und gebügelte Baumwollkleidchen, oft mit handgestickten weißen Leinenkragen. Ihr dunkles Haar war immer frisch gewaschen und glänzend. Genau so werde ich meine Kinder später einmal pflegen, dachte ich.

Wir genossen die köstlichen Desserts, die Frau Frank zum Abendessen servierte. Ich teilte die Vorliebe der Kinder für Süßigkeiten und konnte nie nein sagen zu einer zweiten Portion, womit man mich ständig aufzog. Otto Frank hatte wohl die Rolle des Geschichtenerzählers in der Familie. Bevor Margot und Anne zu ihren Schularbeiten zurückkehrten, versprach er, später noch auf eine Geschichte zu ihnen zu kommen. Das ließ Annes Gesicht jedesmal aufleuchten.

Um diese Zeit trat ein weiterer Emigrant in die Firma ein: ein alter Geschäftsfreund von Otto Frank, der bei Travies und Co. als Berater und Experte für Gewürze arbeiten sollte. Er hieß Herman van Daan, hatte als gebürtiger Holländer viele Jahre in Deutschland gelebt und war mit einer deutschen Jüdin verheiratet. Nach der Machtergreifung Hitlers hatte er mit seiner Familie Deutschland verlassen. Die Gewürzabteilung der Firma nannte sich Pectacon.

Auf seinem Gebiet war van Daan unschlagbar; er brauchte nur einmal daran zu schnuppern und konnte dann jedes Gewürz beim Namen nennen. Ein Mittvierziger, groß, massig, gut angezogen, leicht gebückter Gang, männliches, offenes Gesicht, spärlicher Haarwuchs, im Mundwinkel ständig eine Zigarette. Für einen Scherz fand Herman van Daan immer Zeit. Kurz, er war ein angenehmer, umgänglicher Typ, der sich mühelos in unseren Betrieb einfügte. Bevor er zu arbeiten anfing, mußte er einen starken Kaffee und eine Zigarette haben. Wenn er und Frank die Köpfe zusammensteckten, brüteten sie jedesmal eine erfolgreiche Idee aus für den Vertrieb unserer Produkte und die Erschließung neuer Käuferschichten.

Die Franks begannen, regelmäßig an einem bestimmten Samstagnachmittag Gäste zu Kaffee und Kuchen bei sich zu versammeln. Henk und ich wurden manchmal dazu eingeladen. Außer uns waren es meist sieben bis acht Gäste, lauter Deutsche, vorwiegend jüdische Emigranten aus Hitler-Deutschland.

Nicht alle hatten sich vorher gekannt und doch vieles gemeinsam. Otto Frank hielt es für eine gute Idee, sie mit Holländern zusammenzubringen, die sich für ihr Schicksal interessierten, für die Gründe ihrer Emigration und für ihr Ergehen hierzulande. Er stellte Henk Gies und mich immer als «unsere holländischen Freunde» vor.

Van Daan, in Begleitung seiner hübschen, ein wenig koketten Frau Petronella, war oft dabei. Das Ehepaar Lewin zählte ebenfalls zu den häufigen Gästen; auch sie Deutsche, Frau Lewin war allerdings Christin. Für ihn als Apotheker war es schwer, in Amsterdam Beschäftigung zu finden. Die Lewins wie die van Daans hatten sich gleichfalls in unserem Flußviertel niedergelassen.

Ein weiterer regelmäßiger Gast war ein Zahnarzt namens Albert Dussel. Ein attraktiver, charmanter Mann, der Ähnlichkeit mit Maurice Chevalier hatte. Dussel kam in Begleitung seiner atemberaubend schönen Frau Lotte, einer Nichtjüdin, mit der er erst kürzlich aus Deutschland emigriert war.

Ich mochte Dr. Dussel, einen überaus anziehenden Menschen. Als ich hörte, daß ihn mein Zahnarzt in seine Praxis in der Amstellaan aufgenommen hatte und daß er später eine eigene zu eröffnen gedachte, beschloß ich, mich in seine Behandlung zu begeben. Meine Erwartungen wurden nicht enttäuscht, er erwies sich als ausgezeichneter Zahnarzt.

Bei diesen samstäglichen Zusammenkünften saßen wir alle um den großen, runden, dunkel gebeizten Eichentisch im Wohnzimmer, der gedeckt war mit Kaffeegeschirr, Frau Franks wunderschönem blankpolierten Silber und einem köstlichen selbstgebackenen Kuchen. Alles redete durcheinander. Jeder war bis ins kleinste über die neusten Weltereignisse im Bilde, insbesondere über die mit Deutschland zusammenhängenden. Als Hitler im März 1939 die Tschechoslowakei besetzte, machten wir unserer Empörung in lautstarken

Diskussionen Luft. Daß das Sudetenland im September 1938 annektiert wurde, um «den Frieden zu erhalten», war eine Sache; bei dieser Invasion aber handelte es sich um einen schieren Gewaltakt.

Im Verlauf der samstäglichen Runde erschienen jedesmal irgendwann die beiden Frank-Töchter im Wohnzimmer. Dann verstummte das Gespräch der Erwachsenen schlagartig, während die Mädchen jeden der Gäste begrüßten. Anne lächelte unbefangen – ein ansteckendes Lächeln, das ihr Gesicht aufstrahlen ließ. Margot schien sich zu einer richtigen Schönheit zu entwickeln, mit einer makellosen Haut und den Anfängen einer formvollendeten Figur. Sie bekamen ein Stück Kuchen und mampften, nebeneinander stehend; Anne reichte Margot kaum bis zur Nasenspitze. Es blieb ziemlich ruhig im Zimmer, bis die Mädchen sich verabschiedet und die Tür hinter sich zugemacht hatten. Dann setzte sofort wieder lautes Stimmengewirr ein.

Das Gespräch kam unweigerlich auf das Leben in Deutschland zurück, bevor man aus der Heimat fliehen mußte. So schwierig die Verhältnisse jetzt auch für sie waren, Klagen gab es von unseren deutschen Freunden so gut wie nie zu hören. Vor allem die Kinder sollten nicht spüren, daß die Erwachsenen harte Zeiten durchzustehen hatten. Das entsprach weitgehend holländischen Verhaltensweisen. Alle diese Menschen hatten sich in mühevoller Arbeit eine neue Existenz aufgebaut. Keiner von ihnen hätte es sich träumen lassen, einmal aus dem Land, in dem sie verwurzelt waren, fliehen und in vorgerücktem Alter von vorn anfangen zu müssen. Zum Glück waren sie nach Holland entkommen, wo ihnen eine Heimstatt geboten wurde, die sich an Freiheit und Toleranz mit jeder anderen messen konnte.

Zigarettenrauch kräuselte sich im Raum. Die Diskussionen wurden nie so richtig beendet, sondern sie versiegten allmählich, wenn die Zeit zum Abendessen nahte. Henk und ich waren unter den ersten, die sich verabschiedeten und die zwei Stockwerke zum Merwedeplein hinunterstiegen. Manchmal stießen wir fast mit Margot und Anne zusammen, die auf ihren stabilen schwarzen Rädern angesaust kamen, mit von der frischen Luft rosig angehauchten Wangen. Sie lehnten ihre Fahrräder an das Geländer der Vortreppe und rannten nach oben. Henk und ich überquerten eilends die Rasenfläche und strebten heimwärts.

4

Anfang 1939, insbesondere nach der Okkupation der Tschechoslowakei, wuchsen unsere Besorgnisse, Hitler betreffend. Während des Frühjahrs und Sommers herrschte eine gespannte, nervöse Stimmung. Holland hielt seine Truppen in Alarmbereitschaft. Manche ließ das Weltgeschehen völlig gleichgültig, sie kümmerten sich um nichts als ihr sonntägliches Kartenspiel, während andere die prekäre internationale Lage geradezu körperlich empfanden – als hätten sie sich einen Splitter eingezogen, der sich nicht entfernen ließ und ständig schmerzte. Wir lebten intensiver.

Im Spätsommer proklamierte Königin Wilhelmina offiziell die strikte Neutralität der Niederlande.

Die allgemeine Spannung bewog Henk und mich, unsere persönliche Situation zu überdenken. Zwischen uns war eine tiefe Beziehung entstanden. Auf eine formelle Bindung hatten wir uns beide bisher jedoch nicht eingelassen, unserer bescheidenen Einkommen wegen. Wir besaßen so gut wie gar keine Ersparnisse, nichts, womit wir einen Hausstand gründen konnten. Minderbemittelte Paare wie wir hatten oft sehr lange Verlobungszeiten.

Nun beschlossen wir, alle Bedenken in den Wind zu schlagen. Die Zeit verging, wir wurden beide nicht jünger. Ich hatte die Dreißig überschritten, Henk wurde demnächst vierunddreißig. Sobald wir eine Wohnung fänden, wollten wir heiraten. Also machten wir uns an die schier unlösbare Aufgabe, eine sofort beziehbare Bleibe für uns zu suchen.

Die Jagd nach Wohnungen oder Räumen zur Untermiete – nach jeder Art vernünftiger Behausung – führte Henk und mich kreuz und quer durch Amsterdam. Es war einfach nichts zu bekommen. Henk, von Natur aus geduldiger als ich, ließ sich die Enttäuschung nie anmerken, in mir dagegen erwachte die angeborene Hartnäckigkeit und Unrast. Je mehr Fehlschläge mich trafen, desto entschlossener wurde ich. Falls es irgendwo in der Stadt eine geeignete Wohnung für uns geben sollte, würde ich sie ausfindig machen, das schwor ich mir. Es kümmerte mich nicht, wie oft ich deswegen mit dem Fahrrad bei eisigem Wind und nächtlichem Schneetreiben oder in der Morgenkälte vor Arbeitsbeginn unterwegs war. Leider machte es die Sache aber auch nicht leichter.

Zur Tradition Amsterdams gehörte es von jeher, denjenigen Obdach zu gewähren, die der einen oder anderen Art von Tyrannei entflohen waren. Trotz der strengeren Einwanderungsgesetze war die Stadt jetzt mit Flüchtlingen überfüllt, politischen wie religiösen. In jede Dachkammer, jeden unbenutzten Kellerraum wurde noch jemand hineingezwängt. Familien nahmen Untermieter auf, die dann ihrerseits noch weitere Personen bei sich einquartierten. Der vorhandene Wohnraum reichte für die Bevölkerung längst nicht mehr aus. Die Kapazität war erschöpft. Es gab absolut keinen Platz mehr.

Während wir unsere erfolglose Wohnungssuche fortsetzten, trat schließlich das ein, was wir alle befürchtet hatten. Am 1. September 1939 fiel Hitlers Wehrmacht in Polen ein. Am 3. September erklärten England und Frankreich Deutschland den Krieg. Und Holland lag genau in der Mitte.

Doch nach der Niederwerfung Polens im sogenannten Blitzkrieg passierte nicht mehr viel. Wir begannen vom «Sitzkrieg» zu reden. Als wir dann am 8. November von dem Attentat auf Hitler erfuhren, schöpften wir nach langer Zeit erstmals wieder Hoffnung. Sicher, der Versuch war gescheitert, aber nach so vielen Jahren gab es zum ersten Mal einen Hinweis darauf, daß immer noch «gute» Deutsche existierten. Wenn einige vorhanden waren, könnten es auch mehr werden. Wenn *ein* Attentatsversuch auf Hitler möglich war, könnte ein weiterer folgen. Und der könnte dann gelingen. Durfte ich zu hoffen anfangen?

Ich wollte Hitler beseitigt sehen, wie auch immer. Als ich dann über die in mir gärenden Empfindungen nachdachte, erkannte ich, wie sehr ich mich verändert hatte. Ich war dazu erzogen worden, niemals und niemanden zu hassen. Mord war ein furchtbares Verbrechen. Und da stand ich nun – haßerfüllt und voller Mordgedanken.

Ein eisiger Winter setzte ein. Die Grachten froren zu und waren bald von Schlittschuhläufern bevölkert. Es begann früh zu schneien. Am 30. November griff die Rote Armee Finnland an. Doch als 1940 anbrach und damit ein neues Jahrzehnt, blieb das Radio merkwürdig ruhig. Anscheinend ereignete sich nicht viel. Ich fragte mich, was das neue Jahr wohl bringen mochte. Henk und ich hatten abermals den festen Entschluß gefaßt, eine Bleibe zu finden, so daß wir im kommenden Jahr ein gemeinsames Leben führen konnten. Und vielleicht würden wir dann sogar eine eigene Familie gründen.

Bei Travies und Co. florierte das Geschäft. Van Daans Gewürzhandel blühte und benötigte mehr Arbeitskräfte. Uns wurde klar, daß wir am Singel 400 zu wenig Platz hatten. Im Januar 1940 eröffnete uns Otto Frank, er habe neue Büros gefunden, die auch bei weiterem Wachstum der Firma reichlich Reserveraum boten. Das Gebäude, ein schmales Giebelhaus aus rotem Backstein, schon im 17. Jahrhundert erbaut, lag, nicht weit von unserem bisherigen Standort entfernt, an der Prinsengracht, die sich wie so viele andere Grachten im Bogen durch das alte Amsterdam zieht.

In jenem Teil der Stadt gab es viele alte Häuser dieser Art. Durch den Umzug grenzten wir jetzt an ein Arbeiterviertel, unter dem Namen Jordaan bekannt, was sich aus dem französischen *jardin,* also Garten, herleitet. Sämtliche Straßen trugen dort Blumennamen. Unser neues Büro lag in einer

Straße mit Werkstätten, Lagerhäusern und anderen Kleinbetrieben wie dem unseren.

Das verschachtelte Gebäude Prinsengracht 263 hatte im Erdgeschoß gegenüber der Gracht drei Türen. Die erste führte über eine steile alte Holztreppe hinauf in die Speicherräume, zu deren näherer Besichtigung keinerlei Anlaß bestand und für die wir auch im Augenblick keine Verwendung hatten. Durch die zweite Tür gelangte man über ein paar Stufen zu einem Absatz, wo sich zwei Milchglastüren befanden, die rechte mit der Aufschrift KONTOR führte in meinen Arbeitsraum, der Platz für weitere Mitarbeiter bot. Durch die Tür auf der linken Seite des Treppenabsatzes kam man in einen Verbindungsgang, von dem aus man rechts in das Büro von Kraler und van Daan gelangte. Am Ende dieses Ganges waren wiederum vier Stufen und ein kurzer Absatz, von dem aus eine Tür in das Büro von Otto Frank führte. Durch die dritte Vordertür kam man direkt in die Lagerräume.

Zu unserer Begrüßung hatte sich ein großer schwarzweißer Kater mit leicht ramponiertem Gesicht eingefunden. Er musterte mich lange und aufmerksam. Ich fixierte ihn ebenso scharf und holte rasch etwas Milch. Es war mir gräßlich, an die fetten Amsterdamer Ratten zu denken, die sich gewiß auch in diesem alten, feuchten, verschachtelten Gebäude versteckt hielten. Der Kater würde als unser Büro-Maskottchen fungieren und zugleich die Rattenplage eindämmen.

In der Firma hatte ein Personalwechsel stattgefunden. Willem war ausgeschieden und durch zwei Arbeiter ersetzt worden, einen älteren Mann und einen Lehrling.

Bald darauf ließ mich Frank in sein Büro kommen und stellte mir ein junges Mädchen vor, mit dem er ein Einstellungsgespräch geführt hatte. Sie war braunblond, ein gutes Stück größer als ich und Brillenträgerin. Ich merkte auf Anhieb, daß sie furchtbar schüchtern war. Frank hatte die einundzwanzigjährige Elli Vossen gerade als Stenotypistin engagiert.

Ich nahm Elli unter meine Fittiche und plazierte sie an dem Schreibtisch mir gegenüber. Frank mochte sie und ich ebenso. Elli und ich bildeten von Anfang an ein gutes Team, und wir freundeten uns an. Wir aßen zusammen zu Mittag, gingen miteinander spazieren und redeten dabei über dies und jenes. Sie war die älteste von sechs Schwestern und einem Bruder.

Kurz nach unserem Umzug nahm Otto Frank einen weiteren Herrn in die Firma auf. Er hieß Jo Koophuis, hatte im Laufe der Jahre verschiedentlich geschäftlich mit Frank zu tun gehabt und gehörte zu seinen persönlichen Freunden. Koophuis war im mittleren Alter, von zerbrechlicher Statur, bleichgesichtig, er hatte große, dicke Brillengläser, eine sehr schmale Nase, überhaupt feine Züge. Ein ruhiger Mensch, der einem sofort Vertrauen und Zuneigung einflößte. Meine Beziehung zu ihm gestaltete sich bald sehr herzlich.

Jo Koophuis, Elli Vossen und ich teilten uns das Vorzimmer. Kraler und van Daan saßen in dem hinten gelegenen Büro. Bei den Männern hatten sich zwei Arbeitsteams herausgebildet: Koophuis und Frank spezialisierten sich auf Opekta und Finanzen, van Daan und Kraler befaßten sich mit Gewürzen, vor allem den zur Wurstherstellung benötigten.

Ab und zu wurden weibliche Bürokräfte eingestellt, die mit Elli und mir zusammenarbeiteten, meist nette junge Mädchen, die ihr Tagewerk erledigten und gingen. Ich war zur Bürochefin avanciert und hatte dafür zu sorgen, daß die uns obliegenden Aufgaben erfüllt wurden, daß wir alles exakt ausführten und daß immer Ordnung und Sauberkeit herrschten. Darauf konnte sich Otto Frank verlassen.

Im Februar 1940 wurde Margot Frank vierzehn, einen Tag nach meinem einunddreißigsten Geburtstag. Bei dem Abendessen im Hause Frank wurde uns in jenem Winter klar, daß wir kein Kind mehr, sondern eine junge Dame vor uns hatten. Ihre Figur hatte sich erheblich gerundet. Die ernsten dunklen Augen wurden jetzt von dicken Brillengläsern verdeckt; ihr Interesse galt ausschließlich Büchern, niemals irgendwelchem oberflächlichen Kram. Ungeachtet der Brille wurde Margot mit ihrer weichen, zarten Haut zunehmend hübscher.

Anne war in jenem kalten Winter noch nicht ganz elf. Sie blickte zweifellos zu ihrer älteren Schwester auf. Was Margot sagte oder tat, nahmen Annes scharfe Augen und ihr rascher Verstand begierig auf. Anne hatte ein echtes schauspielerisches Talent entwickelt. Sie konnte alles und jeden nachahmen, und zwar sehr gut: das Miauen der Katze, die Stimme ihrer Freundin, den strengen Ton ihres Lehrers. Wir mußten über ihre kleinen Darbietungen lachen, weil sie mit ihrer Stimme sehr geschickt umzugehen wußte. Anne genoß es, ein aufmerksames Publikum zu haben und zu sehen, wie wir auf ihre Imitationen und Späße reagierten.

Auch sie hatte sich verändert. Ihre dünnen Beine schienen immer länger aus den Kleidern herauszuwachsen, die Arme desgleichen. Offenbar hatte der vorpubertäre Wachstumsschub eingesetzt, so daß die Gliedmaßen plötzlich im Verhältnis zum übrigen Körper überlang wirkten. Als Nesthäkchen verlangte Anne nach wie vor ihre zusätzlichen Streicheleinheiten.

Während des vergangen Jahres hatte Anne weniger gekränkelt, während Margot unverändert an allerlei Beschwerden litt – Magenschmerzen und dergleichen. Die Kinder sprachen nun ständig holländisch, völlig akzentfrei, und auch Frau Frank machte Fortschritte. Manchmal wechselten wir bei unseren Besuchen vom Deutschen ins Holländische, um ihr Gelegenheit zum Üben zu geben, und halfen ihr behutsam weiter, stets bemüht, ihr die Freude an der Sache zu erhalten. Für sie war die Sprachbarriere am schwersten zu überwinden, was wohl daran lag, daß sie so viel zu Hause saß. Ihrem Mann, der dauernd unterwegs und unter Menschen war, fiel es wesentlich leichter, und die Kinder hatten es spielend geschafft.

Der Frühling 1940 kam mit Macht. Der Boden taute, die Blumenstände waren voll kräftiger frischer Tulpen, Osterglokken, Narzissen . So sehr wir auch jeden Cent umdrehten, ein paar ließen sich immer für eine Handvoll Schnittblumen erübrigen. Die weiche, seidige Luft und die länger werdenden Tage gaben uns allen ein Gefühl der Hoffnung, was die Lage in Europa betraf. Vielleicht, wer weiß?

Henk und ich verbrachten jede freie Minute zusammen. Als der Frühling seine ganze Pracht entfaltete, wurde auch Henk in meinen Augen zunehmend attraktiver und bezaubernder. Seine Witze erschienen lustiger, sein Arm legte sich fester um meine Schulter.

Am 6. April erreichte uns die Nachricht von einem neuerlichen Attentatsversuch auf Hitler. Ich hätte am liebsten vor Freude laut aufgejauchzt. Diesmal wäre der Anschlag um ein Haar geglückt. Vielleicht würden ihn die «guten» Deutschen beim dritten Mal nicht verfehlen.

Doch dann marschierte Hitler in das kleine Dänemark ein und ebenso mühelos in Norwegen. Bei beiden Invasionen war kaum ein Schuß gefallen. Jedermann in Holland empfand die gleiche Angst. Wir warteten auf den nächsten Schritt. Zum Glück blieben wir noch verschont. Und so konnten wir uns weiter am Frühling erfreuen.

5

An einem Donnerstag im Mai schlich ich mich durch unser gemeinsames Schlafzimmer und kroch in mein Bett, das gegenüber dem meiner Schwester Catherina stand. Die Nacht war ungewöhnlich mild. Unser üblicher spätabendlicher Schwatz hatte mit gegenseitigen vorwurfsvollen Ermahnungen geendet, daß wir ja beide am nächsten Morgen früh aufstehen und zur Arbeit müßten.

Mitten in der Nacht schreckte ich aus tiefstem Schlaf auf durch ein Geräusch, das sich wie ein anhaltendes Brummen anhörte. Ich dachte mir nichts weiter dabei und vergrub mich noch fester in die Kissen; doch dann mischte sich ein fernes, dumpfes Donnergrollen in das Brummen. Beides ließ mich unbeeindruckt, bis ich plötzlich merkte, daß mich jemand wachrüttelte – meine Schwester Catherina. Unten versuchte irgendwer, im Radio einen störungsfreien Sender hereinzubekommen. Mein Herz begann stürmisch zu klopfen.

Wir stürzten hinunter zur Familie und suchten herauszukriegen, was eigentlich los war. Die Rundfunkmeldungen klangen verwirrend. Waren es deutsche Flugzeuge, die da über uns brummten? Und wenn ja, wo mochten sie in westlicher Richtung hinfliegen? Die Leute rannten auf die Straße, um irgendwen zu finden, der Genaueres wußte. Manche waren auch aufs Dach geklettert. Die fernen Detonationen kamen aus der Flughafengegend.

Es dämmerte; die allgemeine Verwirrung hielt an. Niemand legte sich wieder schlafen. Wir waren viel zu aufgeregt.

Es hieß, daß deutsche Soldaten in holländischen Uniformen mit dem Fallschirm abgesprungen seien. Außerdem kämen Fahrräder, Waffen und Munition vom Himmel heruntergesegelt. Dergleichen hatte man noch nie gesehen oder gehört.

Wir drehten schier durch. Ein Gerücht jagte das andere. Schließlich sprach Königin Wilhelmina im Radio und teilte uns mit bewegter Stimme mit, daß die Deutschen unser geliebtes Holland angegriffen hätten. Wir waren überfallen worden, setzten uns jedoch zur Wehr.

Es war Freitag, der 10. Mai 1940. Keiner wußte so recht, was er tun sollte. Die meisten gingen zur Arbeit wie an jedem anderen Tag. So auch ich.

Im Büro herrschten Verzweiflung und Entsetzen. Otto Frank war kreidebleich. Wir scharten uns um das Rundfunkgerät in seinem Büro und hörten den ganzen Tag über Nachrichten. Anscheinend kämpfte unsere tapfere holländische Armee weiter, obwohl zahlenmäßig unterlegen, und leistete erbitterten Widerstand. Es war nicht der Moment für Diskussionen. Stumm erledigten wir unsere Arbeit. Es blieb nichts weiter übrig, als abzuwarten.

Um die Mittagszeit kam Henk angestürzt. Wir umarmten uns ganz fest und wagten nicht, uns auszumalen, was geschehen könnte. Tagsüber heulten mehrmals die Sirenen. Fliegeralarm. Wir warteten gehorsam bis zur Entwarnung, da es in unserem Viertel keine Luftschutzkeller gab. Es fielen jedoch keine Bomben, und ich sah weder Kampfhandlungen noch Uniformen.

Weitere Gerüchte machten die Runde: Deutsche Soldaten, als Krankenschwestern, Bauern, Nonnen und Fischer verkleidet, sprängen mit dem Fallschirm ab. Über Funk wurden in regelmäßigen Abständen Anweisungen verbreitet, in den Häusern zu bleiben, alle alkoholischen Getränke wegzuschütten – eine vorbeugende Maßnahme zum Schutz der Frauen, falls die Deutschen kommen sollten. Die Menschen stürmten die Geschäfte und hamsterten, was sie nur kriegen konnten.

Ab 20 Uhr bestand Ausgangsverbot. Man riet uns, die

Fensterscheiben zu verkleben, zum Schutz gegen herumfliegende Glassplitter. Außerdem sollten wir Verdunkelungspapier kaufen, was ich auch tat.

Die ganze Zeit hatte ich das Ohr am Radio. Die Nachrichten blieben widerspruchsvoll. Hielten unsere holländischen Truppen den Angriff auf? Traf das Gerücht zu, die holländische Regierung habe ein Schiff nach Ijmuiden entsandt, das Juden nach England bringen sollte? Stimmte es, daß zahlreiche Juden Selbstmord begangen und andere Schiffe erworben hatten und damit nach England unterwegs waren?

Dieses Durcheinander dauerte mehrere Tage, über das Wochenende hinweg. Jede kleinste Information verbreitete sich mit Windeseile. Wir hörten, daß die schweren Kämpfe um Amersfoort anhielten, daß die Bauern angewiesen worden waren, ihre Höfe zu räumen, und die Kühe auf den Weiden zurückgelassen hatten, wo sie brüllten, weil sie nicht gemolken wurden und ihre Euter barsten.

Dann die schlimmste Nachricht: Die Königin mit ihrer Familie und die Regierung waren bei Nacht auf einem Schiff nach England geflüchtet. Sie hatten das gesamte Gold aus der Schatzkammer mitgenommen. Tiefste Niedergeschlagenheit erfaßte uns. Die Monarchisten weinten vor Scham und fühlten sich im Stich gelassen. Dann hieß es, Prinz Bernhard, der Mann von Kronprinzessin Juliana, sei inkognito nach Holland zurückgekehrt und wieder bei den Truppen in Seeland.

So plötzlich, wie es begonnen hatte, war es auch zu Ende. Am 14. Mai um 7 Uhr abends teilte General Winkelman über Rundfunk mit, deutsche Luftangriffe hätten Rotterdam dem Erdboden gleichgemacht; die Deiche seien durchstochen und ganze Landesteile überschwemmt worden; die Deutschen hätten gedroht, Utrecht und Amsterdam ebenso zu bombardieren, wenn wir den Widerstand fortsetzten. Um weitere Verluste an Menschenleben und Sachwerten zu vermeiden, habe Holland kapituliert, erklärte der General. Er forderte uns auf, Ruhe zu bewahren und weitere Anweisungen abzuwarten.

Wie die erbärmlichsten Räuber hatten uns die Deutschen bei Nacht überfallen. Nun waren wir auf einmal nicht mehr unser eigener Herr. Eine gespenstische Kerkeratmosphäre breitete sich aus. Es blieb uns keine andere Wahl, als auf das Kommende zu warten. Doch die ganze Zeit über schwelte im Innern der Zorn. Wir waren nicht mehr frei – Schlimmeres konnte uns nicht widerfahren.

Manche verbrannten antinazistische Zeitungen und englische Bücher und Lexika. Andere begannen sich über ihre Freunde und Nachbarn Gedanken zu machen. Plötzlich wurde es wichtig zu wissen, wer mit den Nazis sympathisiert hatte und wer ein Spion sein könnte. Und was hatten wir alles geäußert in Gegenwart dieser Leute, denen wir jetzt mißtrauten?

Da und dort sahen wir nun deutsche Uniformen in den Straßen. Die Wehrmacht marschierte durch Amsterdam – Stahlhelm, Knobelbecher, Siegerblick. Eine dichte Menschenmenge hatte sich zusammengerottet, als die Deutschen ihre große Siegesparade veranstalteten und mit Panzern und Kraftfahrzeugen durch die Frühlingssonne über die Berlagebrücke zum Dam rollten.

Die Holländer sahen zu, die meisten Gesichter maskenhaft starr, undurchdringlich, reglos. Holländische Nazis krochen aus ihren Rattenlöchern hervor, jubelten, winkten, grüßten freudestrahlend. Manche, wie Henk und ich, wandten sich ab, schauten nicht hin. Für uns existierten nur zwei Seiten: diejenigen, die «recht» hatten, die loyalen Holländer, die sich kompromißlos den Nazis widersetzten, und diejenigen, die «unrecht» hatten, die kollaborierten oder sympathisierten. Dazwischen gab es nichts.

Das Leben ging fast normal weiter. Bei Travies und Co. blühte unverändert das Geschäft. Wir arbeiteten den ganzen Tag still vor uns hin. Viermal in jeder Stunde hallten Glokkenklänge durch das Gebäude, von der Westerkerk unten in der Straße, einem Backsteinbau mit einem prächtigen hohen Turm. Angeblich waren Rembrandts Gebeine dort beigesetzt. Die Glocken hatten einen starken Widerhall, der nur durch die vielen Ulmen, mit denen die Straße entlang der Gracht bepflanzt war, etwas gedämpft wurde.

Nach unserem Umzug in die Prinsengracht hatte ich das Glockengeläut zuerst alle fünfzehn Minuten wahrgenommen. Ich unterbrach meine Arbeit, schaute kurz aus dem Fenster und beobachtete die Seemöwen, die in die Gracht hinabstießen, um etwas Eßbares zu ergattern. Danach wandte ich mich wieder meinem Schreibtisch zu. Doch schon nach wenigen Wochen registrierte ich das Glockenläuten überhaupt nicht mehr, so sehr war es zu einem Bestandteil der Umgebung geworden.

Eines Tages nahm mich Otto Frank beiseite und teilte mir hocherfreut mit, er habe in einer Anzeige gelesen, daß in unserem Viertel, in der Hunzestraat 25, Zimmer zu vermieten seien. Ob das nichts für uns wäre?

Am nächsten Morgen traf ich mich vor Bürobeginn mit Frank, und wir gingen gemeinsam zu einem der typischen Backsteinhäuser, das allen anderen in der Hunzestraat aufs Haar glich, einer ruhigen Straße, nur zwei Blocks von der Frankschen Wohnung am Merwedeplein entfernt. Die Zimmer waren im Erdgeschoß. Frank läutete, und wir warteten. Eine Frau öffnete – klein, mollig, dunkelhaarig, hübsch. Sie hieß Samson. Frank übernahm die Vorstellung, wir gaben uns die Hand. Kein Zweifel, Frau Samson war Jüdin. Sie zeigte uns die Zimmer und erzählte uns, warum sie plötzlich frei geworden seien. Sie war überhaupt sehr gesprächig.

Es stellte sich heraus, daß Frau Samson eine verheiratete Tochter hatte, die in Hilversum, wenige Kilometer südöstlich von Amsterdam, wohnte. Am Tag des deutschen Überfalls hatten die Tochter, der Schwiegersohn und die Kinder versucht, nach England zu fliehen, und waren wie so viele andere in die Hafenstadt Ijmuiden geeilt.

Als Frau Samsons Mann, ein Fotograf, Spezialist für Aufnahmen von Schulklassen, an jenem Abend davon erfuhr, geriet er außer sich. Er wollte sie unbedingt in Ijmuiden ausfindig machen und sich von ihnen verabschieden.

Er hatte keine Ahnung, daß seine Tochter mit ihrer Familie nach Hilversum zurückkehren mußte, weil sie auf keines der überfüllten Schiffe gelangen konnten. Bei der Suche nach ihnen war Samson auf ein Schiff geraten und schaffte es nicht mehr, wieder von Bord zu gehen. Seine Frau wurde dann irgendwie benachrichtigt, daß er unfreiwillig nach England unterwegs war.

Nun saß sie allein in der Wohnung und wußte nicht, ob sie ihren Mann jemals wiedersehen würde. Sie fürchtete sich vor dem Alleinsein und suchte deshalb Untermieter.

Ich versicherte ihr, daß wir die Zimmer gern nehmen würden. Henk und ich würden sofort einziehen. Erleichtert meinte sie, in diesen Zeiten junge, kräftige Leute um sich zu haben, sei zweifellos ein Vorteil.

Henk und ich zogen also bei Frau Samson ein. Anfangs sagten wir ihr, daß wir verheiratet wären, doch sobald wir sie besser kennenlernten, erzählten wir ihr die Wahrheit. Wir seien zwar noch kein Ehepaar, hofften aber, bald eines zu werden. In Ausnahmezeiten wie diesen galten eben die normalen Maßstäbe nicht mehr.

Tagsüber hörten wir die deutschen Flugzeuge über uns hinwegbrausen. Die Nachrichten meldeten, daß Luxemburg und Belgien fast ebenso schnell wie die Niederlande besetzt worden seien; daß die Deutschen erfolgreich in Frankreich eingedrungen waren und die Kämpfe weitergingen; daß ein Mann namens Winston Churchill anstelle von Neville Chamberlain britischer Premierminister geworden war.

In Belgien hatte König Leopold III. vor den Nazis kapituliert und befand sich jetzt in ihrer Gewalt. Allmählich dämmerte uns, daß Königin Wilhelminas Entscheidung, sich nach England abzusetzen, anstatt sich den Deutschen auszuliefern, wohl die richtige war. Über die BBC richtete sie bewegende Worte an uns und erklärte, sie werde die Freie Niederländische Regierung von Großbritannien aus so lange führen, bis die Deutschen besiegt seien. Sie ermahnte uns, Ruhe zu bewahren und nicht den Mut zu verlieren, den Nazis Widerstand entgegenzusetzen, wo immer wir konnten; und darauf zu vertrauen, daß wir eines Tages wieder ein freies Volk sein würden.

Ende Mai wurde Arthur Seyß-Inquart, ein gebürtiger Österreicher, der nach der deutschen Annexion «Reichsstatthalter der Ostmark» gewesen war, von Hitler zum «Reichskommissar für die Niederlande» ernannt. Seyß-Inquart war ein untersetzter, völlig durchschnittlicher Mensch, der funkelnde Brillengläser trug und hinkte. Natürlich verachteten wir ihn von der ersten Minute an.

Im Juni wehte die Hakenkreuzfahne auf dem Pariser Eiffelturm. Die deutsche Wehrmacht hatte Europa gleich einer Sturmflut überrollt. Nichts schien sie aufhalten zu können. Hitlers Truppen besetzten den größten Teil Europas, von den arktischen Regionen Norwegens bis zu den Weinbaugebieten Frankreichs, von den entlegensten östlichen Randzonen Polens und der Tschechoslowakei bis zu unserem Flachland an der Nordseeküste. Wie sollte England allein sich gegen eine solche Übermacht behaupten? Churchill versicherte mit Donnerstimme im Radio, es könne und werde gelingen. Die Briten waren unsere einzige Hoffnung.

Der Sommer kam, das Leben in Amsterdam ging nach wie vor fast normal weiter. Oft hatte es den Anschein, als habe sich nichts geändert; denn die Kastanien blühten wie eh und je, und es blieb bis abends um zehn hell. Henk und ich richteten uns allmählich mit unserer spärlichen Habe in zwei möblierten Zimmern mit Küchen- und Badezimmerbenutzung häuslich ein.

Zum ersten Mal kochte ich komplette Mahlzeiten. Ich merkte, daß ich Talent dafür hatte. Henk war glücklich und ich ebenfalls. Alles schien fast unverändert – bis mein Auge auf einen deutschen Soldaten fiel, der in einem Straßencafé saß, oder auf einen deutschen Polizisten, einen von den sogenannten «Grünen», wie man die deutsche Polizei wegen ihrer Uniformen kurz nannte. Dann war die Wirklichkeit wieder da, die Fremdherrschaft. Ich setzte meine undurchdringliche Miene auf und ging meiner Wege.

Die Deutschen versuchten, uns durch Nettigkeit zu ködern. Ich ließ mich nicht täuschen von ihrer Freundlichkeit, von ihrem erfolgssicheren Auftreten. Ich vermied einfach jedweden Kontakt. Das war nicht so schwierig, denn es befanden sich offenbar nicht sehr viele Soldaten in der Stadt.

Im Radio erklang jetzt den ganzen Tag nur noch deutsche Musik. In den Kinos liefen ausschließlich deutsche Filme, also gingen wir natürlich nicht mehr hin. Es war gesetzlich verboten, BBC zu hören, was keinerlei Wirkung auf uns hatte, da alle Hoffnung und Ermutigung von diesem «Feindsender» kamen.

Ende Juli begannen die abendlichen Sendungen von Radio Oranje, der Stimme der Niederländischen Exilregierung in London. Sie wirkten wie Balsam. Da die Zeitungen nichts anderes mehr druckten als deutsche Nachrichten, hatten wir keine Ahnung, was in der Außenwelt vorging, und waren hungrig nach Informationen. Also versammelten wir uns allabendlich um das Rundfunkgerät und hörten Radio Oranje, trotz des Verbotes.

Ungeachtet ihrer ständigen Angst wurden unsere holländischen Juden bisher genauso behandelt wie alle anderen. Im August mußten sich die jüdischen Emigranten aus Deutschland im Ausländeramt zur Registrierung melden, was sie auch taten. Doch es geschah ihnen nichts. Sie waren registriert worden, das war alles.

Die Kinos zeigten einen antisemitischen «Dokumentarfilm» mit dem Titel «Der Ewige Jude», aber da wir nicht mehr ins Kino gingen, sahen ihn weder Henk noch ich. Bücher, die den Deutschen nicht paßten, wurden aus unseren Bibliotheken und Buchhandlungen entfernt. Dem Vernehmen nach ließen sie auch die Schulbücher ihrer Weltanschauung entsprechend abändern.

Im August fing Hitler an, Bombergeschwader über den Kanal nach England zu schicken. Eine Welle nach der anderen. Täglich klang uns das ständige Brummen der Flugzeuge, die über Holland hinwegflogen, von fern in den Ohren. Manchmal hörten wir die Royal Air Force in östlicher Richtung fliegen, was unsere Herzen höher schlagen ließ. Die

BBC sprach von Bombenangriffen auf Berlin. Hoffnung regte sich. Dann berichtete der deutsche Sender vom brennenden London und daß die Briten kurz vor der Kapitulation stünden. Wir bebten vor Wut und verzagten.

Im September begann Hitlers Luftwaffe schwere Nachtangriffe zu fliegen. Das Donnern dieser Vorboten des Todes bildete die Geräuschkulisse meines Schlafs. Der Anordnung entsprechend, dichtete ich nachts unsere Fenster mit Verdunklungspapier ab. Kein Mondstrahl konnte hereindringen, es war stockfinster, die Luft zum Ersticken.

Tausende von Holländern arbeiteten in deutschen Fabriken jenseits der Grenze, andere waren bei deutschen Firmen in Belgien und Frankreich beschäftigt. Überall tauchten grellbunte Plakate auf, die holländische Arbeiter aufforderten, nach Deutschland zu kommen; sie zeigten stets idealisierte «arische» Gesichter mit rosigen Wangen.

Die widerwärtigen holländischen Nazis, die sogenannten NSBer, schlossen sich den deutschen an. Zur Belohnung erhielten sie alle möglichen Privilegien. Wir machten einen großen Bogen um dieses falsche Pack. Nicht immer wußten wir, wer auf der «rechten» Seite stand, wer auf der «unrechten». Deshalb sprachen wir mit keinem über den Krieg, bei dem wir nicht hundertprozentig sicher waren. Beim Einkaufen fand ich jetzt manchmal die Regale halb leer vor. Die Deutschen hatten angefangen, unsere Lebensmittel zur Versorgung der eigenen Bevölkerung ins Reich zu schaffen.

Im Herbst 1940 wuchs die Verzweiflung der Juden. Holländische Juden im öffentlichen Dienst und in anderen staatlichen Positionen, Lehrer, Hochschulprofessoren, aber auch Briefträger, mußten laut Anordnung den Dienst quittieren, was einen Aufschrei der Empörung auslöste. Andere, wie Henk, mußten eine «Arier-Erklärung» unterzeichnen, ein verklausuliertes Schriftstück, das im wesentlichen besagte: «Ich bin kein Jude.» Wir waren entrüstet über diese Verordnungen, verletzt, wütend und beschämt, weil man so viele achtbare, qualifizierte Menschen auf derart schändliche Weise davonjagte.

Bei Travies und Co. änderte sich durch all dies nichts, bis auf die Umbenennung unseres Bürokaters in Moffie – unser Spottname für die Deutschen. Moffen – das war ein Keks, der die Form eines kleinen, fetten Schweines hatte. Unser Kater war berüchtigt für seine Raubzüge in der Nachbarschaft, er war genauso ein Dieb wie die Deutschen, die unsere Lebensmittel stahlen. Also paßte Moffie vorzüglich, es traf den Kern der Sache.

Frank wie van Daan bemühten sich nach Kräften, sich nichts anmerken zu lassen, und jeder verhielt sich ihnen gegenüber so normal wie nur möglich. Laut Verordnung vom 22. Oktober 1940 mußte sich unsere Firma jedoch wie alle anderen Betriebe, deren Eigentümer Juden waren oder die einen oder mehrere jüdische Geschäftspartner hatten, registrieren lassen.

Es nahte schleichend, doch mit Anbruch des langen, dunklen Winters zog sich die Schlinge um den Hals der Juden fester zusammen. Zunächst mußten sich alle beim Amt für Bevölkerungsstatistik registrieren lassen. Die Gebühr betrug einen Gulden. Man spottete, die Deutschen täten das des Guldens wegen. Dann raunte man von Schildern, die in Den Haag, knapp fünfundvierzig Kilometer von Amsterdam, an Parkbänken und in öffentlichen Lokalitäten auftauchten, mit der Inschrift: FÜR JUDEN VERBOTEN und JUDEN UNERWÜNSCHT. Konnte das tatsächlich in den Niederlanden geschehen?

Die Antwort wurde klar, als es in Amsterdam zu antisemitischen Kundgebungen kam. Im alten Judenviertel nahe dem Marktplatz brachen heftige Straßenkämpfe zwischen Juden und Nazis aus. Die Deutschen benutzten das als Vorwand, zogen rund um das Viertel die Brücken hoch, postierten Soldaten und riegelten alles mit Verbotsschildern ab. Am 12. Februar 1941 berichtete die holländische Nazi-Zeitung, Juden mit scharf zugeschliffenen Zähnen hätten deutschen Soldaten die Gurgel durchgebissen und ihnen das Blut ausgesaugt wie Vampire. Die eiskalte Menschenverachtung, die aus diesen Zwecklügen sprach, entsetzte uns.

Dann kam es in unserem eigenen Viertel in Süd-Amsterdam zu mehreren gewalttätigen Auseinandersetzungen zwischen Juden und Nazis. Eine spielte sich bei Koko's ab, der beliebten Eisdiele in der Rijnstraat. Angeblich hatten dort ein paar Juden einem deutschen Soldaten Salmiakgeist über den Kopf geschüttet.

Im Februar wurden im alten Judenviertel vierhundert Geiseln genommen. Dann machten Gerüchte die Runde über die entwürdigenden Prozeduren, zu denen man sie gezwungen hatte. So mußten sie zum Beispiel vor den Soldaten auf den Knien herumrutschen. Danach wurden sie mit Gewehrkolben zusammengetrieben und auf Lastwagen abtransportiert. Man deportierte sie in einen Ort namens Mauthausen, in ein Konzentrationslager. Sehr bald kam die Nachricht von ihrem «plötzlichen Tod». Sie wären an Herzschlag oder Tuberkulose gestorben, teilte man den Familien mit. Kein Mensch glaubte an die Lügen von all den plötzlichen und unerwarteten Todesfällen.

Die Holländer geraten nicht so schnell in Wut, aber wenn sie schließlich genug haben, dann schäumen sie. Um das volle Ausmaß der Empörung zu zeigen, die wir Holländer über die Behandlung der Juden empfanden, riefen wir für den 25. Februar zum Generalstreik auf. Wir wollten die Juden wissen lassen, daß uns alles, was ihnen widerfuhr, mit tiefster Sorge erfüllte.

Am 25. Februar brach die Hölle los. Der gesamte Verkehr und die Industrie waren lahmgelegt. Die Hafenarbeiter standen an der vordersten Streikfront, und alle anderen folgten ihrem Beispiel. Vor der deutschen Besatzung gab es in Holland zahlreiche verschiedene Parteien und politische Gruppierungen. Jetzt waren sie auf einmal allesamt nur noch eins: antideutsch.

Der Februarstreik dauerte drei wunderbare Tage. Wie ich hörte, hob sich die Stimmung der holländischen Juden beträchtlich; jeder spürte die Solidarität, die der Streik bewirkte. Gefährlich war es ja, aber auch herrlich, aktiv etwas gegen die Unterdrücker zu tun. Doch nach drei Tagen ge-

Anne Frank neben Frau Samson bei der Hochzeitsfeier von Miep und Jan Gies (rechts).

Miep und Jan (Henk) auf dem Weg zum Standesamt (16. Juli 1941).

Die Treppe zum Versteck im Hinterhaus, Prinsengracht 263, verborgen durch ein Aktenregal.

wannen die Nazis mit brutalen Vergeltungsmaßnahmen wieder die Oberhand.

Henk und ich waren geraume Zeit nicht mehr bei den Franks gewesen. Wir hatten große Angst um unsere Freunde. Ich machte mir bittere Vorwürfe. Wie konnten wir bloß so naiv sein zu glauben, ein derart skrupelloser Mensch wie Adolf Hitler würde unsere Neutralität respektieren? Wären unsere jüdischen Freunde doch nur nach Amerika oder Kanada emigriert! Besonders der Gedanke an die Franks und ihre Töchter ließ Henk und mir keine Ruhe. Zwei Brüder von Frau Frank waren rechtzeitig in die Vereinigten Staaten ausgewandert.

Als wir die Franks wiedersahen, stellten wir fest, daß sich Margots labile Gesundheit nach der Okkupation durch Angstzustände noch weiter verschlechtert hatte. Sie war ziemlich häufig krank, ließ sich jedoch durch nichts von ihrem Lernpensum abhalten. Auf ihre ruhige, freundliche Art zeigte sie ihre Ängste nicht.

Anne entwickelte sich mittlerweile zu dem am meisten extrovertierten Familienmitglied. Sie sprach offen über alles, was ihr gerade einfiel. Über sämtliche Vorgänge wußte sie genauestens Bescheid und empörte sich über das Unrecht, das dem jüdischen Volk im Übermaß angetan wurde.

Zu ihren vielfältigen Interessen, wie dem Umgang mit ihren besten Freundinnen und dem «Sammeln» von Filmstars, war ein neues hinzugekommen: Jungen. In ihre Geplauder ließ sie jetzt immer wieder Bemerkungen über bestimmte jugendliche Vertreter des anderen Geschlechts einfließen.

Es war, als ob das schreckliche Geschehen in der Außenwelt die innere Entwicklung dieses Kindes beschleunigte; als ob Anne es plötzlich eilig hätte, alles zu wissen und zu erleben. Äußerlich ein zartes, lebhaftes, knapp zwölfjähriges Mädchen, war sie nun auf einmal innerlich ihrem Alter weit voraus.

Aus heiterem Himmel bekam ich eine Vorladung, im Deutschen Konsulat zu erscheinen. Angst und böse Vorahnungen erfüllten mich.

Ich zog mich sorgfältig an und ging in Begleitung von Henk zu dem bedrohlich wirkenden Patrizierhaus am Museumsplein, nahe dem Rijksmuseum.

Als wir uns der Tür näherten, wurden wir angehalten und gefragt, was wir hier zu suchen hätten. Ich zeigte die Vorladung. Nach genauer Prüfung wies man uns den Weg – über einen langen Korridor zu einer bestimmten Tür. Ich klammerte mich fest an Henks Arm.

Bevor wir durch die halb offene Eingangstür eintreten konnten, wurden wir wiederum angehalten. Und wieder zeigte ich die Vorladung. Die lauten, barschen Stimmen, die ich drinnen hörte, bestärkten mich in der Ahnung, daß irgend etwas höchst Unangenehmes bevorstand. Meine Hand umspannte Henks Arm noch fester.

Man hieß mich eintreten. Henk wollte mitkommen, doch der Wachposten streckte den Arm vor: «Draußen warten!»

Ich ging allein hinein.

Der Beamte drinnen unterließ jede höfliche Begrüßung, als ich ihm die Vorladung gab. Er verlangte lediglich meinen Paß und musterte mich wie einen Schmutzfleck. Ich reichte ihm den Paß. Mein Herz hämmerte. Er nahm ihn und verschwand.

Das Warten schien endlos zu dauern. Die ganze Zeit über schossen mir schreckliche Gedanken durch den Kopf: daß ich meinen geliebten Henk nie wiedersehen würde; daß sie mich zum Eintritt in die holländische Nazi-Partei zwingen würden; daß meinen noch in Wien lebenden Angehörigen etwas passieren würde.

Einmal kam ein Beamter aus dem rückwärtigen Büro herein, betrachtete mich von oben bis unten und entschwand wortlos. Nach geraumer Zeit erschien ein anderer Beamter und begutachtete mich. Ich vermutete, daß sie sich mit dieser Inspektion ein genaues Bild von mir machen wollten. Die deutschen Frauen meines Alters, die seit Jahren in Holland lebten, waren meist Hausangestellte. Ich sah nicht wie ein Dienstmädchen aus. Ich wußte, daß sie an mir herumrätselten.

Schließlich kam der erste Beamte zurück, in der Hand meinen Paß. Ob es stimme, daß ich es abgelehnt hätte, in die hiesige Organisation der NS-Frauenschaft einzutreten, fragte er. Ich erinnerte mich an den Besuch der jungen Frau nach dem «Anschluß» und erwiderte: «Ja, das stimmt.»

Mit eisigem Blick überreichte er mir meinen Paß. «Ihr Paß ist ungültig gemacht worden», eröffnete er mir kühl. «Binnen drei Monaten müssen Sie nach Wien zurückkehren.»

Ich schlug den Paß auf. Die Seite, auf der die Gültigkeitsdauer vermerkt war, hatte er mit einem großen schwarzen X gestempelt. Mein Paß war dadurch tatsächlich ungültig.

In meiner Ratlosigkeit ging ich zur Ausländerabteilung der Polizei am O. Z. Achterburgwal, wo ich mich bisher alljährlich zur Registrierung gemeldet hatte. Dort hatte man mich in all den Jahren stets freundlich und zuvorkommend behandelt. Ich berichtete dem Leiter der Ausländerstelle, was auf dem Deutschen Konsulat passiert war, zeigte ihm meinen Paß und fragte, was ich nun tun solle.

Er hörte teilnehmend zu, betrachtete das große X und schüttelte bekümmert den Kopf. «Wir leben in einem besetzten Land. Wir sind machtlos und können Ihnen nicht mehr helfen.»

Er kratzte sich den Schädel und überlegte kurz. «Mein einziger Vorschlag wäre, daß Sie zum Deutschen Konsulat zurückgehen und eine Szene machen. Brechen Sie in Tränen aus und beteuern Sie, Ihre Weigerung, der NS-Frauenschaft beizutreten, sei nicht ernst gemeint gewesen.»

Mein Rücken versteifte sich. «Niemals.»

«Dann sehe ich nur noch einen Ausweg: Heiraten Sie einen Holländer!»

Genau das hätte ich vor, entgegnete ich.

Wieder schüttelte er den Kopf. «Wenn ich's mir recht überlege, benötigen Sie zur Eheschließung allerdings Ihre Geburtsurkunde aus Wien.»

Ich hätte dort noch mehrere Angehörige, erklärte ich. Vielleicht könnten die mir bei der Beschaffung behilflich sein. Abermals Kopfschütteln. Er deutete auf das Datum neben dem großen X. «Das kann gar nicht klappen. Ihnen bleiben dafür nur drei Monate. Selbst in normalen Zeiten würde es vermutlich ein Jahr oder länger dauern, so ein amtliches Dokument zu beschaffen. Und wir leben heute ja nicht in normalen Zeiten.» Das runde Holländergesicht blickte traurig drein.

Ich eilte nach Hause und schrieb sofort an meinen Onkel Anton in Wien: «Bitte schick mir meine Geburtsurkunde!», und brachte den Brief rasch zur Post.

Und nun begann das Warten.

Während ich in jenem Frühjahr auf Nachricht von meinem Onkel harrte, rückten die Deutschen unaufhaltsam weiter vor. Der Rundfunk brachte laufend Meldungen über die Siege von Generalfeldmarschall Rommel in Nordafrika, über die kurz bevorstehende vollständige Eroberung Griechenlands und Jugoslawiens, über die Ereignisse in Ungarn, Rumänien und Bulgarien. Wie andere Gleichgesinnte klammerte ich mich an die kleinste positive Nachricht, die wir im BBC-Sender oder Radio Oranje hörten – zum Beispiel über Täuschungsmanöver oder erfolgreiche Sabotageakte der im Untergrund operierenden Widerstandsgruppen, die allmählich in Holland und anderswo entstanden.

Griechenland kapitulierte Ende April 1941. In den Zeitungen erschienen Bilder von der Akropolis, über der die Hakenkreuzfahne wehte – wie ein Jahr zuvor in Frankreich.

Zur gleichen Zeit wurde eine Flut von neuen antijüdischen Gesetzen erlassen. Von Stund an war es Juden verboten, in Hotels abzusteigen, Cafés, Restaurants, Kinos, Bibliotheken, sogar öffentliche Parkanlagen aufzusuchen. Am härtesten traf es sie, daß sie ihre Radiogeräte bei der Polizei abliefern und sie zuvor gegebenenfalls auf eigene Kosten reparieren lassen mußten. Unvorstellbar, ohne Radio zu existieren, ohne diese einzige Verbindung zur Außenwelt, ohne den Rettungsanker, die Nachrichtenquelle, die Trost und Hoffnung spendete.

Endlich kam ein Brief von Onkel Anton, in dem er mir jedoch lediglich mitteilte, daß er zur Beschaffung meiner Geburtsurkunde meinen Paß benötige. «Schicke ihn mir postwendend.»

Ich hätte es wissen müssen. Völlig sinnlos – wenn ich meinen Paß nach Wien schickte, würde sich ja sofort herausstellen, daß er ungültig gemacht worden war. Ich durfte den Onkel nicht in Gefahr bringen. Und schon die bloße Tatsache seiner Verbindung zu einer Person, die sich geweigert hatte, in die NS-Frauenschaft einzutreten, konnte ihn und meine übrigen Angehörigen gefährden.

Selbstverständlich war Otto Frank über meine Schwierigkeiten im Bilde. Ungeachtet seiner eigenen Probleme hörte er sich meine Sorgen stets mitfühlend an. Jetzt berichtete ich ihm von der neuesten beunruhigenden Entwicklung, die sich durch Onkel Antons Brief ergeben hatte. Er überdachte die Situation, wir sahen uns meinen ungültigen Paß an und schüttelten ratlos die Köpfe.

Dann zog Frank eine Augenbraue hoch. «Ich habe eine Idee», verkündete er. «Warum lassen Sie nicht einfach die erste Seite fotografieren? Nur diese eine Seite, mit ihrem Foto und dem amtlichen deutschen Hakenkreuz-Stempel. Die schicken Sie Ihrem Onkel und schreiben ihm, er soll damit zum Rathaus gehen. Daraus geht ja hervor, daß Sie einen Paß besitzen. Er soll sagen, Sie könnten ihm schließlich nicht den kompletten Paß schicken, ohne den dürften Sie sich heutzutage in Holland nicht frei bewegen.»

Wir tauschten einen Verschwörerblick aus.

«Vielleicht klappt's.»

Ich machte alles so, wie Frank vorgeschlagen hatte. Viel Zeit bleib mir nicht mehr. Henk und ich warteten wie zwei Schiffbrüchige – jeder nach Kräften bemüht, dem anderen nicht zu zeigen, wie ihm zumute war. Holland zwangsweise verlassen zu müssen, das wäre für mich schlimmer gewesen als der Tod.

Während ich auf Onkel Antons Antwort lauerte, wurden täglich neue Verordnungen gegen die Juden erlassen. Jüdische Ärzte und Zahnärzte durften jetzt keine Nichtjuden mehr behandeln. Ich ignorierte das und ging weiter zu Dr. Dussel. Die Benutzung öffentlicher Schwimmbäder war Juden ebenfalls nicht mehr erlaubt. Ich fragte mich, wo Anne und Margot Frank und ihre Freunde nun im Sommer Abkühlung suchen sollten.

Laut Verordnung mußten Juden die Zeitschrift *Jewish Weekly* kaufen, in der all diese Gesetze veröffentlicht wurden. Vielleicht nahmen die Deutschen an, auf diese Weise würden wir Christen nicht erfahren, was mit den Juden geschah, doch jede neue Schikane sprach sich blitzschnell herum. Außerdem begannen kleine antideutsche Flugblätter und Zeitungen zu zirkulieren. Mochten sie auch aus dem Untergrund kommen und illegal sein, so wirkten sie doch zumindest wie ein frischer Luftzug, der die verpestete Atmosphäre aus Lügen und Verfolgung ringsum etwas entgiftete.

Ein neuer Brief von Onkel Anton traf ein. Er schrieb: «Ich war mit der Fotografie Deines Passes beim Magistrat. Dort wimmelt es von jungen Leuten, die mit ‹Heil Hitler› grüßen. Ich wurde unentwegt von einem zum anderen geschickt, von einer Stelle zur nächsten verwiesen. Schließlich bin ich verzweifelt gegangen. Aber laß die Hoffnung nicht sinken. Ich versuche es noch einmal, und wenn ich dann immer noch nichts erreiche, gehe ich zum Bürgermeister persönlich!»

Seine Worte jagten mir einen heftigen Schreck ein. Wenn Onkel Anton der Sache weiter nachging, käme alles ans Licht – das mit der NS-Frauenschaft, der ungültig gemachte Paß. Er war in Gefahr, nur weil er jemandem wie mir half. Ein Alptraum. Und schlimmer noch – die Galgenfrist für mich war nahezu abgelaufen.

Schließlich traf im Juni, als bereits alles verloren schien, ein dritter Brief des Onkels ein. Ich öffnete ihn mit angehaltenem Atem und las: «Ich war beim Magistrat, um es noch einmal zu versuchen. Diesmal wurde ich von einer älteren Frau abgefertigt. Ich erklärte ihr, ich hätte eine Nichte in Amsterdam, die einen jungen Holländer heiraten möchte und um ihre Geburtsurkunde aus Wien bittet. Darauf lächelte sie verklärt und sagte: ‹Wissen'S, in Amsterdam hab ich so oft schöne Ferientage verlebt. Das sind unvergeßliche Erinnerungen. Warten'S hier.› Sie ging hinaus und kam rasch mit Deiner Geburtsurkunde zurück. Hier ist sie also, meine liebe Nichte. Gott segne Dich und Deinen jungen Holländer. Onkel Anton.»

Aus dem Umschlag fiel meine sauber zusammengefaltete Geburtsurkunde.

Bei Travies und Co. freute sich alles mit mir. Die Stimmung stieg. Ich bedankte mich überschwenglich bei Frank. Schließlich war das seine Idee gewesen. Er winkte ab und sagte nur: «Ich bin sehr froh für Sie und Henk.» Elli umarmte mich, alle drängten sich um mich, um das Dokument zu besichtigen. Mir wurde ganz schwindlig vor Glück.

Henk und ich eilten ins Amsterdamer Rathaus, um das Datum für die Trauung festzusetzen. Unsere Hochstimmung verflog freilich rasch, als wir von der bei Eheschließungen zwischen holländischen Staatsangehörigen und Ausländern geltenden Vorschrift erfuhren: Dem Urkundsbeamten mußte der ausländische Paß vorgelegt werden. Das traf uns wie ein Keulenschlag. Mein Paß – ungültig, mit einem großen X markiert! Falls der Beamte mit den Nazis sympathisierte, hätte das meine prompte Ausweisung zur Folge.

Herzklopfend setzten wir die Trauung für den 16. Juli 1941 fest. Wir wollten das Schicksal herausfordern.

Am 16. Juli – strahlender Sonnenschein, ein Bilderbuch-Sommertag in Amsterdam. Ich trug mein bestes Schneiderkostüm und Hut, Henk einen schönen grauen Anzug. Zur Feier des Tages leisteten wir uns eine Trambahnfahrt mit der Linie 25 zum Dam. Ich konnte die ganze Zeit nur an eines denken: an das große X und den Ungültigkeitsvermerk in meinem Paß. Es war mir unmöglich, meine Nervosität zu unterdrücken, Henk ebenso.

Als sich die Straßenbahn dem belebten Platz näherte, über den, von Tauben umflattert, ein nicht abreißender Strom von

Radfahrern und Fußgängern zur Arbeit unterwegs war, stand eins für mich fest: Was auch immer geschehen mochte, ob man mich den Deutschen zur Ausweisung oder Schlimmerem übergab – nach Wien ginge ich keinesfalls zurück. Niemals. Das kam überhaupt nicht in Frage. Ich würde mich sofort verstecken, als *onderduiker* – das war die holländische Bezeichnung für jemanden, der «untertaucht», sich im Untergrund verborgen hält. Nach Österreich aber würde ich nie, niemals zurückkehren.

Frank hatte den Betrieb für den ganzen Tag geschlossen. Während Henk und ich im Rathaus warteten, bis wir aufgerufen wurden, trafen einige unserer Freunde ein, darunter meine Adoptiveltern, Frau Samson, unsere Vermieterin, Elli Vossen, das Ehepaar van Daan, sie im kurzen Schneiderkostüm, dazu ein extravaganter Filzhut.

Frau Frank war zu Hause geblieben, weil ihre Mutter und Margot krank zu Bett lagen und Pflege brauchten. Anne begleitete ihren Vater, der gut aussah im dunklen Anzug und Hut. Anne wirkte ausgesprochen erwachsen in ihrem Prinzeßkleid mit passendem bebändertem Hut dazu. Sie trug das Haar jetzt länger und hatte es sorgfältig gebürstet, damit es glänzte und locker fiel.

Alle unsere Freunde warteten voll fieberhafter Nervosität. Falls man sich vorstellen kann, wie es aussieht, wenn mehrere Menschen gleichzeitig den Atem anhalten – wir taten genau das. Jeder war sich über die heikle Situation im klaren.

Annes Blicke wanderten ängstlich zwischen Henk und mir hin und her. Sie stand dicht neben ihrem Vater und ließ dessen Hand nicht los. Vielleicht waren wir das erste verliebte Brautpaar, das sie bewußt sah. Ich merkte ihr an, daß sie Henk zum Ritter ohne Furcht und Tadel verklärte. Womöglich idealisierte sie auch mich. Für eine Zwölfjährige bedeutet eine Hochzeit den Inbegriff von Romantik, die Erfüllung eines Wunschtraumes.

Außer uns standen noch andere Gruppen wartend herum. Namen wurden aufgerufen, die Halle füllte sich immer mehr. Endlich ertönten unsere Namen. Henk und ich traten an den

Schreibtisch. Unsere Freunde schoben sich wie ein Schutzwall hinter uns heran. Der Beamte streckte die Hand aus und bat um unsere Aufgebotsbescheinigung.

Henk reichte sie ihm. Der Beamte prüfte sie, machte eine Notiz, blickte hoch: «Dürfte ich auch noch den Paß der Braut sehen?»

Eine riesige Faust griff nach meinem Herzen, preßte es zusammen. Das war der gefürchtete Augenblick. Ich wußte es. Henk wußte es. Unsere Freunde wußten es auch. Lautlose Stille.

Ich hielt meinen Paß so eisern umklammert, daß er mir an der Hand festklebte. Ich machte ihn los, reichte ihn herüber. Alle Augen hingen an dem Beamten, versuchten, aus dem undurchdringlichen Gesicht die politische Einstellung abzulesen. Er schlug den Paß auf, blätterte ihn durch. Doch seine Augen waren ständig auf Henk fixiert – nicht auf mich, nicht auf den Paß. Ohne den Blick zu senken, sagte er: «In Ordnung.»

Die Faust lockerte ihren Griff, ich hatte das Gefühl, tausend kleine Stromstöße durchzuckten meinen Körper. Weiche Knie, die Kehle wie zugeschnürt.

Mein Kopf dröhnte, als sich unsere kleine Gruppe in den nächsten Raum schob, wo die standesamtliche Trauung stattfinden sollte. Aus Geldmangel hatten wir die billigste Zeremonie gewählt. Henk und ich standen zwischen zwei weiteren Brautpaaren, die gleichzeitig getraut wurden. Der Standesbeamte sprach, an die Bräute gerichtet, den Text des üblichen Ehegelöbnisses. Doch ich hörte nichts. Nichts außer dem erregenden Rhythmus dieses Trommelwirbels, der unablässig vor meinem inneren Ohr triumphierend verkündete: «Ich bin Holländerin! Ich bin Holländerin! Ich bin Holländerin!»

Plötzlich wurden die Trommelschläge unterbrochen. Jemand zupfte mich am Ärmel – Henk. Alles sah mich erwartungsvoll an. In Henks warmen blauen Augen las ich mein Stichwort: «Ja», und stammelte: «Ja. Ja.»

Allgemeines erleichtertes Aufseufzen.

Unsere kleine Gesellschaft begab sich nach draußen. Im strahlenden Sonnenschein dieses Sommertages brach sich die Freude Bahn. Anne vergaß ihre damenhaften Allüren und hüpfte von einem Bein aufs andere. In den Augen unserer Freunde schimmerte es feucht. Allgemeine Umarmungen, Küsse, kräftiges Händeschütteln – Glückwünsche auch von wildfremden Schaulustigen, die sich um uns geschart hatten. Wir entdeckten einen Straßenfotografen und ließen Aufnahmen machen – für das Erinnerungsalbum.

Ich befand mich in einem derart euphorischen Zustand, daß ich gegen die holländische Tradition verstieß, wonach der Mann die Heiratsurkunde bei sich trägt. Vor lauter Glück hielt ich den ganzen Nachmittag über das Dokument wie in einem Schraubstock umklammert. Henk hatte meinen Traum, Holländerin zu werden, wahr gemacht. Aber nicht nur das. Henk entsprach auch vollkommen meinem Wunschbild. Ich liebte ihn aufrichtig.

Anne war beeindruckt von meinem goldenen Trauring. Sie betrachtete ihn träumerisch. Ich bin sicher, daß sie sich vorstellte, eines Tages auch einmal einen so hochgewachsenen, gutaussehenden Mann wie Henk zu heiraten. Wegen der schlechten Zeiten hatten wir statt der üblichen zwei bloß einen Ring und auch für diesen das Geld nur mit Mühe zusammengekratzt. Henk hatte darauf bestanden, daß ich ihn tragen sollte. Wir einigten uns darauf, später, wenn sich die Zeiten gebessert hätten, noch einen Ring für Henk zu kaufen. Für den Augenblick mußte der eine genügen.

Unsere Freunde zogen mich auf, weil ich die Frage des Standesbeamten, ob ich Henk heiraten wolle, überhört hatte. Ich erklärte ihnen, daß ich nur an eines denken konnte: endlich Holländerin zu sein. «Ein beachtlicher Sieg über die Moffen, findet ihr nicht?» Unsere Freunde lachten.

Die Gruppe trennte sich. Henk und ich mußten zu einem Familientreffen bei meinen Adoptiveltern. Frank eröffnete mir, am nächsten Tag wolle er für uns eine kleine Feier im Büro veranstalten.

«Das ist doch nicht nötig», erwiderte ich.

Er ließ sich nicht davon abbringen.

«Ich komme auch», verkündete Anne strahlend. Sie freute sich über den Vorwand, an einer Feier teilzunehmen.

Am folgenden Morgen verwandelte sich das Büro in ein Schlemmerlokal. Einer unserer Vertreter hatte Leberwurst, Bratenaufschnitt, Salami und Käse mitgebracht, die auf Platten verteilt wurden. Solche Fleischmengen hatten wir alle seit langem nicht mehr gesehen. «Viel zuviel zu essen», sagte ich zu Frank.

«Unsinn», entgegnete er lächelnd. Es machte ihm sichtlich Freude, in diesen dunklen Zeiten einen Anlaß zum Feiern zu haben.

Anne, im bunten Sommerkleid, war vergnügt und munter. Sie half, Fleisch- und Wurstplatten herzurichten, Brot zu schneiden, Butter zu portionieren. Die allgemeine Hochstimmung hielt unvermindert an. Weil wir so wenig gegen unsere Unterdrückung auszurichten vermochten, berauschten wir uns um so mehr an meinem Sieg.

Anne und Elli reichten unentwegt Platten herum. Wir aßen alle so viel, bis wir wie genudelt waren; und wir tranken auch, bis wir nicht mehr konnten. Wir brachten Toaste aus. Ich war tief gerührt über die Geschenke, die wir bekamen. Hübsche Sachen ließen sich nur noch schwer auftreiben, aber jeder hatte etwas gefunden. Anne überreichte mir eine silberne Platte, von ihrer Familie und den Mitarbeitern der Firma. Herr und Frau van Daan schenkten uns Weingläser mit eingeätztem Rebenmuster. Frau Samson stiftete eine Keramikdose mit silbernem Deckel und einem Knauf in Form eines Fisches.

Ich beobachtete Anne, die Henk und mich nicht aus den Augen ließ; unsere romantische Liebesgeschichte beschäftigte ihre Phantasie wohl sehr. Sie behandelte uns fast wie zwei Filmstars und nicht wie zwei ganz gewöhnliche Menschen, die schlicht und einfach geheiratet hatten.

6

Den ganzen Sommer über wurde eine Flut von antijüdischen Verordnungen veröffentlicht. Zuerst wurde am 3. Juni 1941 verfügt, daß die Kennkarten sämtlicher Personen, die bei der Volkszählung mit zwei oder mehr jüdischen Großelternteilen registriert worden waren, mit einem großen schwarzen «J» gekennzeichnet werden mußten. Jedermann in Holland, ob Jude oder Christ, hatte stets seinen Personalausweis bei sich zu tragen.

Vielleicht sei es töricht von uns Holländern, vor allem von den Juden, gewesen, bei der Volkszählung sämtliche Fragen wahrheitsgemäß zu beantworten, hieß es hinter vorgehaltener Hand. Jetzt waren wir offensichtlich die Genasführten, und die Deutschen wußten genau Bescheid über Namen und Adressen sämtlicher Juden in den Niederlanden. Wer seinen Ausweis nicht mit dem schwarzen J kennzeichnen ließ, wurde nach einem neuen Gesetz bestraft: fünf Jahre Gefängnis und Konfiszierung der gesamten Habe. Die Erinnerung an diejenigen, die nach Mauthausen verschleppt worden und dort entweder verschollen oder ums Leben gekommen waren, stand allen als warnendes Beispiel deutlich vor Augen.

Manche der antijüdischen Verordnungen waren geradezu lachhaft – so durften Juden beispielsweise keine Tauben mehr halten. Andere waren vernichtend – über Nacht wurden jüdische Bankguthaben und sonstige Vermögenswerte blockiert. Juden durften nicht mehr frei über ihre eigenen Konten und

Wertpapiere verfügen. Eine langsame Strangulierung vollzog sich: erst Isolierung, dann Ausplünderung. Die Systematik wurde uns immer klarer.

Bei all diesen Maßnahmen waren Kinder bisher weitgehend unbehelligt geblieben. Jetzt wurde ihnen jeder Umgang mit ihren nichtjüdischen Mitschülern verboten. Fortan mußten jüdische Kinder rein jüdische Schulen besuchen, wo ausschließlich jüdische Lehrer unterrichteten. Margot und Anne Frank hatten von ihrer Schule geschwärmt. Ich konnte mir vorstellen, wie den beiden ums Herz war.

In Amsterdam entstanden gemäß dem neuen Erlaß mehrere jüdische Schulen. Im September 1941 kamen Anne und Margot auf die Jüdische Höhere Schule. In blindwütigem Haß auf Erwachsene einzuschlagen, war eine Sache. Wir hatten es erlebt, daß die Deutschen da keinerlei Hemmungen kannten. Doch wehrlosen Kindern weh zu tun, das zeugte von wahrlich unmenschlicher Gefühllosigkeit.

Henk und mich bedrückte es schwer, nichts gegen die Drangsalierung unserer Freunde unternehmen zu können. Im Umgang mit ihnen verhielten wir uns so normal wie möglich, und umgekehrt genauso. Aber abends war ich völlig ausgepumpt von der ohnmächtigen Wut, die sich tagsüber angestaut hatte. Zwar vermochte keiner dieses Gefühl tiefer Scham zu begründen, dennoch brodelte und fraß es in uns beiden.

Der Herbst kam, die Tage wurden allmählich kürzer. Im Juni hatten die Deutschen Rußland überfallen und stürmten unaufhaltsam weiter durch die endlosen Weiten nach Osten. Es regnete viel, der Himmel schien sich überhaupt nicht mehr aufzuhellen. Der tägliche Bedarf ließ sich in den Geschäften immer schwieriger decken. In der Firma Pectacon hatten wir angefangen, sogenannte Ersatzprodukte einzulagern, da wir die echten Gewürze und Ingredienzien, die wir üblicherweise verkauften, nicht immer bekommen konnten. Die «falschen» Gewürze waren freilich von wesentlich minderer Qualität.

Unsere Vertreter fuhren kreuz und quer durchs Land und

brachten weiterhin Aufträge in die Prinsengracht. Manche stammten von den verschiedenen Garnisonen der deutschen Wehrmacht. Einmal wöchentlich oder alle vierzehn Tage kamen die Vertreter ins Büro nach Amsterdam mit ihren Bestellungen, die wir dann ausführten.

Vertreter pflegen immer allerlei Geschichten von ihren Reisen mitzubringen. Auch die unseren berichteten über die Verhältnisse in anderen Gegenden Hollands. Trotz der Besatzung gehe das Leben weiter, erzählten sie, doch überall würden holländische Güter – unsere Kohle, unser Fleisch, unser Käse – requiriert und über die Grenze nach Deutschland befördert.

Otto Franks Freund Lewin, ebenfalls ein deutscher Emigrant, war mir mehrmals bei den samstäglichen Zusammenkünften im Hause Frank begegnet. Die Nazis ließen ihn seinen Beruf als Apotheker nicht mehr ausüben, so daß Frank ihm einige der leerstehenden Hinterzimmer als Laboratorium zur Verfügung gestellt hatte. Für mich bestand kein Anlaß, diese unbenutzten Räume aufzusuchen, aber ab und zu kam Lewin auf einen Sprung bei uns vorbei und berichtete von seinen Experimenten. Manchmal zeigte er uns Hautcremes, die er in seinem Behelfslabor hergestellt hatte.

Bisher hatten die Gesetze, die Juden aus verschiedenen Berufen und Firmen eliminierten, weder Otto Frank noch Herman van Daan, weder Travies und Co. noch Pectacon betroffen. Wie Frank bei Erlaß der neuen Bankverordnungen mit seinen Konten und Wertpapieren verfahren war, wurde selbstverständlich nicht mit uns besprochen. Er war unverändert, fehlte nie, klagte nie und behielt seine persönlichen Angelegenheiten für sich.

Wir alle warteten nervös, was als nächstes käme, ob Frank, van Daan oder einer unserer Kunden durch diese Verordnungen in Schwierigkeiten geraten würde. Die Verfolgung der jüdischen Bevölkerung durch die Deutschen zog anscheinend immer weitere, immer einschneidendere Konsequenzen nach sich. Jude zu sein – das muß in dieser Zeit damals ein Gefühl gewesen sein, als stehe man am

Rande eines Abgrunds und könne jeden Augenblick in die Tiefe stürzen.

Otto Frank war ein erfahrener, gescheiter Mann. Was er auch über seine persönliche Situation als Jude denken oder empfinden mochte, ich war überzeugt, daß er mit Bedacht und Geschick handeln würde. Und so sagte er eines Tages zu Henk, er habe eine persönliche Angelegenheit mit ihm zu besprechen. Sie gingen zusammen ins Privatkontor.

Nachdem er die Tür hinter sich geschlossen hatte, erklärte er Henk, seine Position in der Firma gefährde alle Beteiligten. Er habe es sich gründlichst überlegt und beschlossen, als Direktor von Travies und Co. zurückzutreten. Die Eintragung im Firmenregister würde entsprechend geändert. Koophuis würde künftig seine, Franks, Stelle einnehmen.

Offiziell werde er für die Firma nur in beratender Funktion tätig sein, faktisch jedoch den Betrieb wie bisher weiterführen. Die einzige tatsächliche Veränderung wäre rein juristischer Natur.

Er hielte überdies einen weiteren vertrauenswürdigen christlichen Strohmann für das Erscheinungsbild der Firma für förderlich, meinte Frank dann. Ob Henk sich entschließen könne, für Pectacon als Direktor zu firmieren, mit Victor Kraler als Geschäftsführer?

Die Aussicht, Franks Firma mit seinem alten holländischen Namen nach außen hin Schutz bieten zu können, machte Henk glücklich. Er war Feuer und Flamme, Frank zu helfen, den er überaus schätzte und bewunderte. Henk konnte seine christlichen Vorfahren über mehr als fünf Generationen zurückverfolgen. Wenn das den Nazis nicht als Ariernachweis genüge, meinte er zu Frank, dann wären sie durch nichts zufriedenzustellen.

Die erforderlichen Unterlagen wurden ordnungsgemäß bei den zuständigen Behörden eingereicht. Am 18. Dezember 1941 schied Otto Frank aus dem Direktorium von Travies und Co. aus. Wir ließen neue Briefbogen und Geschäftskarten drucken. Aus der Firma Pectacon wurde jetzt Kohlen und Co.

Das Leben in der Prinsengracht ging natürlich unverändert weiter. Frank erschien täglich im Büro. An seinem Schreibtisch im Privatkontor traf er sämtliche Entscheidungen, gab sämtliche Anweisungen. Es blieb alles beim alten, nur wenn Briefe oder Schecks zu unterschreiben waren, reichte Frank sie weiter an Koophuis oder Kraler, die ihren einwandfreien christlichen Namenszug daruntersetzten.

Im Dezember 1941 stieg unser Stimmungsbarometer. Nach dem Angriff auf Pearl Harbor hatten die Vereinigten Staaten Japan den Krieg erklärt, was Japans Verbündete, die Deutschen und Italiener, wiederum mit der Kriegserklärung an die USA beantworteten. Es war kaum zu glauben – Amerika mit seiner Leistungskraft, seiner Flugzeugindustrie stand nun an Großbritanniens Seite und kämpfte fortan gegen unsere Unterdrücker, gegen Hitler.

Auch die Nachrichten aus Rußland wirkten ermutigend. Den Sommer und Herbst hindurch hatte Hitlers Wehrmacht ihren Vormarsch mit der Unbeirrbarkeit einer Naturgewalt fortgesetzt, und nun hörten wir auf einmal in Radio Oranje und BBC, daß die deutschen Truppen nach Einbruch des strengen russischen Winters im Schlamm steckenblieben und nicht mehr vorankamen. Die BBC prophezeite Hitlers Wehrmacht das gleiche vernichtende Schicksal, wie es mehr als ein Jahrhundert zuvor die Grande Armée Napoleons erlitten hatte. In den deutschen Nachrichten, die stets gegenteilige Meldungen verbreiteten, wurde behauptet, der Fall von Leningrad und Moskau stehe unmittelbar bevor. Natürlich hofften wir, daß die Berichte von BBC der Wahrheit näherkämen.

Im Januar 1941 erhielten die Juden in den kleinen Ortschaften um Amsterdam Befehl, sofort in die Stadt zu übersiedeln. Sie wurden angewiesen, der Polizei komplette Listen zu übergeben von allem, was sie nach Amsterdam mitnahmen. Ferner sollten sie Gas, Wasser und Strom abstellen und der Polizei ihre Wohnungsschlüssel aushändigen.

Wir hörten, daß man diesen Menschen keine Zeit ließ, eine

Unterkunft zu finden, keine Zeit, über ihre Habe zu verfügen und die Wohnungen, in denen manche ein ganzes Leben verbracht hatten, in Ordnung zu hinterlassen. Sie kamen einfach nach Amsterdam – mit Bündeln, mit Schubkarren, manchmal mit dem gesamten Besitz einer Familie in einem alten Kinderwagen. Amsterdam war bereits restlos überfüllt. Wo sollten diese Menschen noch hin?

Frau Samsons Tochter kam aus Hilversum mit ihrem Mann und den beiden fünf und drei Jahre alten Kindern. Plötzlich standen sie vor Frau Samsons Tür, verstört, verängstigt. Frau Samson verlor ebenfalls die Fassung. Was sollte geschehen? Wo sie alle unterbringen? Es gab nur vier Zimmer, einschließlich der von uns bewohnten.

Henk und ich besprachen den Fall und erklärten Frau Samson, wir würden gern ausziehen und ihr unsere Räume wieder überlassen. Sie bestand darauf, daß wir blieben. Also überlegten wir gemeinsam nochmals gründlich die Situation und gelangten schließlich zu dem Resultat, wo drei wohnen konnten, sei auch für sieben Platz.

Die Tochter, der Schwiegersohn und die Kinder bekamen ein Schlafzimmer, Frau Samson behielt ihres, Henk und ich hatten ebenfalls ein eigenes Schlafzimmer; das Wohnzimmer benutzten wir gemeinsam, wie eine Großfamilie. Es war eng, aber es mußte gehen. Beim Abendessen tat der Schwiegersohn sein Bestes, die Stimmung durch Witze aufzuheitern. Als Geiger durfte er seinen Beruf nicht mehr ausüben. Mit seinem Humor brachte er uns alle zwar immer wieder zum Lachen, unterschwellig aber wurde die ganze Familie von Angst und Nervosität verzehrt.

Henk und ich zogen uns soweit als möglich zurück. Es gab nichts, womit wir in dieser Lage helfen konnten. Wir gaben uns Mühe, ihre Sorgen und Ängste ein wenig zu verringern. An vielen Abenden gingen wir um die Ecke zu unseren Freunden in der Rijnstraat, bei denen Henk jahrelang zur Untermiete gewohnt hatte, ehe er mit mir zusammenzog. Oft erschienen wir bereits ziemlich früh, hockten uns ans Radio und hörten die Nachrichten von BBC und Radio Oranje.

Wie durstige Kinder tranken wir begierig jedes Wort in uns hinein, das uns da von weither erreichte.

In seinen ätzend scharfen, von mitreißender Leidenschaft getragenen Reden beschwor uns Winston Churchill durchzuhalten und gab uns jedesmal die Kraft, einen weiteren Tag, eine weitere Woche, ein weiteres Jahr die Besatzung auf uns zu nehmen – so lange eben, bis das «Gute» siegen würde. Die Meldungen berichteten von neuen Langstreckenbombern, die in Amerika produziert und in zwei Jahren einsatzbereit sein würden.

«Jetzt brauchen wir sie, jetzt!» riefen wir. «Wir können keine zwei Jahre mehr warten.»

Und tatsächlich verschlechterte sich unsere Lage rapide. Die Deutschen begannen unsere Lebensmittel zu rationieren. Zusammen mit den Lebensmittelmarken wurden an jeden von uns gesonderte Kontrollkarten mit Stempel und Unterschrift ausgegeben. Für jede Zuteilungsperiode von vier oder acht Wochen erhielten wir neue Marken, und unsere Stempelkarten wurden von dem zuständigen Beamten unterschrieben. Die Zeitungen veröffentlichten Listen, in denen stand, was es auf welchen Abschnitt zu kaufen gab. Nicht nur Lebensmittel wurden rationiert, sondern auch Pfeifentabak, Zigaretten, Zigarren. Meist konnte ich alles auftreiben, was ich brauchte, mußte dazu aber mehrere Geschäfte abklappern, anstatt sämtliche Einkäufe, wie gewohnt, im nächstgelegenen Laden zu erledigen.

Bei Kaffee und Tee mußten wir uns mit Ersatz begnügen; beide hatten zwar in etwa das Aroma der echten Produkte, schmeckten aber nach gar nichts. Das ausreichende Quantum Zigaretten für Henk war nicht immer zu bekommen. Er mußte jetzt zweimal überlegen, bevor er sich eine ansteckte, anstatt wie gewohnt einfach in die Brusttasche zu greifen, und fand sich mit dieser Einschränkung nur schwer ab. Besonders erbitterte uns dabei, daß die Deutschen unsere Lebensmittel und sonstige Erzeugnisse nach Deutschland wegschleppten.

Als die Zahl der von den Berufsverboten betroffenen Juden ständig anstieg, begannen die Deutschen damit, stellungslose Juden in Arbeitslager abzuschieben. «Nach Osten», so lautete die gängige Zielortangabe. Wohin, das wußte niemand genau. Polen? Tschechoslowakei? Gerüchteweise hieß es, wer diesen Arbeitseinsatz verweigere, werde nach Mauthausen deportiert, wo ihn harte Bestrafung erwarte. Wer jedoch dem Aufruf Folge leiste, der habe zwar Schwerstarbeit und geringe Entlohnung zu gewärtigen, dafür sei «anständige» Behandlung zugesichert.

Wir hörten von den verzweifelten Schritten, die viele Juden unternahmen, um dem Arbeitseinsatz zu entkommen. So bestrichen sich manche die Hände mit Eiweiß, urinierten dann darüber in der Hoffnung, bei der Laboranalyse würde eine solche Harnprobe als Indiz für eine Nierenkrankheit gewertet. Andere brachten zur ärztlichen Untersuchung ein Fläschchen Diabetiker-Urin mit. Wieder andere schluckten große Brocken Kaugummi, die im Röntgenbild ein Geschwür im Verdauungstrakt vortäuschen sollten. Oder sie tranken Unmengen Kaffee und nahmen kochend heiße Bäder, um bei der Untersuchung als arbeitsuntauglich befunden und zurückgestellt zu werden.

Juden war es nunmehr verboten, Nichtjuden zu ehelichen. Juden durften nicht mehr Straßenbahn fahren. Juden mußten zu bestimmten Stunden und in bestimmten Geschäften einkaufen. Juden durften weder in ihren eigenen Gärten noch in Straßencafés oder in öffentlichen Parks frische Luft schöpfen.

Die samstäglichen Zusammenkünfte bei den Franks hatten aufgehört. Ebenso die gelegentlichen Einladungen zum Abendessen mit der Familie Frank. Durch diese Gesetze wurden unsere jüdischen Freunde isoliert und von uns getrennt. Überall in unserer Nachbarschaft konnten wir jetzt beobachten, wie die vielen dort lebenden Juden täglich mehr verelendeten, wie sie oft verzweifelt umherirrten, um irgend etwas Eßbares für ihre Kinder aufzutreiben. Sie flüsterten miteinander und verstummten schlagartig, sobald sich Unbekannte näherten. Ständig Mißtrauen, verängstigte Mienen, gesenkte Blicke – ich konnte die systematisch herbeigeführte Demoralisierung dieser Menschen nicht mitansehen.

Im Frühjahr 1942 folgte ein weiteres Gesetz, das in der holländischen Presse, nicht nur im *Jewish Weekly*, veröffentlicht wurde. Binnen einer Woche mußten alle Juden einen sechszackigen gelben Stern in der Größe einer Erwachsenenhand oberhalb des Herzens auf ihre Kleider nähen. Das galt für sämtliche jüdischen Männer, Frauen und Kinder. Der gelbe Stern trug den Aufdruck JOOD – Jude, kostete je Stück einen Abschnitt der Kleiderkarte und 4 Cent.

An dem Tag, an dem dieses Gesetz in Kraft trat, trugen viele holländische Christen, zutiefst getroffen durch diese Erniedrigung unserer jüdischen Mitbürger, ebenfalls einen gelben Stern auf ihren Mänteln. Viele hatten sich gelbe Blumen als Zeichen der Solidarität ans Revers oder ins Haar gesteckt. In manchen Geschäften hingen Aufrufe an die Christen, durch besondere Gesten unseren jüdischen Nachbarn Achtung und Sympathie zu bekunden, sie etwa durch Hutschwenken herzlich zu grüßen – um ihnen zu zeigen, daß sie nicht allein standen.

Zahlreiche Holländer taten ihr möglichstes, ihrer Solidarität Ausdruck zu verleihen. Das Judenstern-Gesetz rief weitaus mehr Erbitterung hervor als all die anderen und brachte den holländischen Volkszorn ein zweites Mal auf den Siedepunkt. In jenen ersten Tagen waren die gelben Sterne und Blumen überall zu sehen; unser Flußviertel wurde als Milchstraße stadtbekannt. Das Judenviertel nannte man scherzhaft Hollywood. Die Woge von Stolz und Solidarität schwoll an, bis die Deutschen mit einer Verhaftungswelle zurückschlugen. Eines wurde der gesamten Bevölkerung unmißverständlich klargemacht: Wer Juden auf irgendeine Art half, dem drohte Gefängnis oder sogar die Todesstrafe.

Otto Frank kam wie immer ins Büro. Über den mit sauberen Stichen an seinen Mantel gehefteten gelben Stern fiel kein Wort. Wir sahen durch ihn hindurch, als existiere er gar nicht. Für mich tat er das auch nicht.

Obwohl Frank den Eindruck erweckte, als laufe alles normal, merkte ich genau, wie ihn das Ganze zermürbte. Da er jetzt nicht mehr die Straßenbahn benutzen durfte, mußte er täglich viele Kilometer zu Fuß zurücklegen, um morgens ins Büro und abends wieder nach Hause zu gelangen. Unmöglich, sich die Anspannung vorzustellen, unter der er, seine Frau und die beiden Kinder lebten. Über ihre Situation wurde nie gesprochen, und ich fragte auch nicht danach.

Eines Morgens, nachdem die Kaffeetassen abgespült waren, rief mich Frank in sein Privatkontor und schloß die Tür hinter mir. Er hielt meinen Blick fest, sah mich mit seinen sanften braunen Augen unverwandt, fast durchdringend an. «Ich muß Ihnen ein Geheimnis anvertrauen, Miep», begann er.

Ich lauschte.

«Edith, Margot, Anne und ich planen unterzutauchen – uns zu verstecken.»

Er wartete, bis ich das erfaßt hatte.

«Wir wollen dabei van Daan mit Frau und Sohn mitnehmen.» Er machte eine Pause. «Sie kennen doch die leerstehenden Räume im Hinterhaus, wo mein Freund Lewin, bis er fortging, eine Zeitlang sein Labor hatte?»

Ich wisse zwar von diesen Räumen, hätte sie aber noch nie betreten, erwiderte ich.

«Dort werden wir untertauchen.»

Er hielt kurz inne.

«Sie werden wie gewohnt weiterarbeiten, und das in unmittelbarer Nähe. Deshalb muß ich wissen, ob sie irgendwelche Einwände haben?»

Nein, keine.

Er holte tief Luft und fuhr fort: «Sind Sie bereit, Miep, die Verantwortung zu übernehmen und uns zu versorgen, solange wir untergetaucht sind?»

«Selbstverständlich.»

Ein- oder zweimal im Leben gibt es einen Blickwechsel zwischen zwei Menschen, der sich mit Worten nicht beschreiben läßt. Einen solchen Blick tauschten wir. «Miep, jeden, der Juden hilft, erwartet schwere Strafe, Gefängnis, vielleicht...»

Ich fiel ihm ins Wort. «Ich sagte ‹selbstverständlich›, und das ist es auch für mich.»

«Gut. Nur Koophuis weiß Bescheid. Nicht einmal Margot und Anne sind bisher eingeweiht. Ich werde die wenigen, die es erfahren sollen, nacheinander informieren.»

Ich stellte keine weiteren Fragen. Je weniger ich wußte, desto weniger konnte ich in einem Verhör aussagen. Er würde mir zum gegebenen Zeitpunkt mitteilen, wer die anderen waren und was ich sonst noch wissen mußte. Ich empfand keine Neugier. Ich hatte mein Wort gegeben.

7

Im Frühjahr 1942 nahte der zweite Jahrestag der deutschen Besetzung, und Hitlers Macht war immer noch ungebrochen. Wir richteten all unsere Hoffnungen auf die Alliierten – unsere Verbündeten. Unterschwellig verfolgte uns die Erinnerung an die spanischen Unterdrücker, die im 16. Jahrhundert die Niederlande unterjocht hatten und achtzig Jahre lang geblieben waren.

Unser Leben hatte sich von Grund auf verändert. Man sah jetzt Kinder Fallschirmspringen spielen, wobei sie den Griff eines alten Regenschirms umklammerten und die Treppenstufen hinunterhüpften. In Dörfern galt das ungeschriebene Gesetz, alle Haustüren zu öffnen, sobald ein Flugzeug in Sicht war, damit sämtliche Kinder aus der Nachbarschaft sich rasch in Sicherheit bringen konnten.

Beim letzten Tageslicht wurden die Fenster verdunkelt, als ob wir das von jeher so gehandhabt hätten. Wir gewöhnten uns daran, vor nahezu jedem Geschäft Schlange zu stehen und immer irgend etwas zusätzlich zu kaufen, sofern vorhanden. Für alle Fälle. Und die Stühle rückten wir, wenn möglich, noch dichter ans Radio heran. Die meiste Angst lastete auf den Juden. Man hatte ihnen Stück für Stück jeden Spielraum genommen; ihre Stellung, ihre Bewegungsfreiheit. So viel Zeit und erzwungene Untätigkeit waren eine schwere Bürde. So viel Zeit zum Grübeln, so viel Zeit für düstere Gedanken und Ängste.

Durch den gelben Stern waren die Juden, die sich früher in

nichts von anderen Holländern unterschieden hatten, plötzlich gezeichnet. Wenn die Kinder jetzt einem Juden begegneten, stellten sie erstaunt fest, daß er weder Hörner noch Vampirzähne hatte – daß er vielmehr genauso aussah wie wir anderen auch und nicht wie ein Teufel, wie die Deutschen behaupteten. Hier ging es um einen Verstoß gegen das geheiligte holländische Erbe, gegen das strikte Verbot, irgendwelche Unterschiede zwischen Menschen zu machen. Und am allerschlimmsten – das Gift wurde unseren Kindern eingeträufelt.

Bei Nacht brummten die Bomber über uns hinweg und störten uns im Schlaf. Manchmal gab es Fliegeralarm – der auf und ab heulende Warnton der Sirenen, dann das Warten auf den Dauerton, die Entwarnung. In unserer Umgebung gab es keinen Luftschutzkeller, so daß wir uns notgedrungen an die Alarme gewöhnten und ihnen weiter keine Beachtung schenkten. Wir zogen nur die Bettdecke etwas höher und kuschelten uns etwas enger aneinander.

Im Winter starb Edith Franks Mutter, Frau Holländer. Ihr Tod wurde im engsten Familienkreis still betrauert. Unter den obwaltenden Umständen kümmerte sich jeder nur um seine eigenen Angelegenheiten. Frank war nach wie vor bestrebt, andere nicht mit seinen Schwierigkeiten zu belasten. Seine Privatsphäre wurde stets voll respektiert.

Eines Tages stand plötzlich Herman van Daan vor mir im Büro und sagte: «Ziehen Sie Ihren Mantel an, Miep, und kommen Sie mit.»

Ich legte die Arbeit beiseite und tat, worum er mich gebeten hatte. Ich fragte mich, was er wohl vorhaben mochte.

Van Daan ging die Prinsengracht hinunter, über die Brücke in die Rozengracht und bog dann in eine kleine Seitenstraße ein, wo er auf einen Fleischerladen zusteuerte. Vor dem Geschäft blieb ich stehen, um draußen auf ihn zu warten, doch er bedeutete mir, mit hineinzukommen.

Für Herman van Daan ein ungewöhnliches Verhalten. Vielleicht geht es um etwas, das mit dem Gewürzhandel zusammenhängt, dachte ich, etwas, worüber ich Bescheid wissen soll. Ich folgte ihm in den Laden.

Er vertiefte sich in ein Gespräch mit dem Fleischer. Ich stand stumm daneben. Ein durchaus freundliches Gespräch, das sah ich. Van Daan kaute auf der unvermeidlichen Zigarette herum, die ihm im Mundwinkel hing, und schwatzte drauflos, ohne sich um mich zu kümmern. Endlich kaufte er ein kleines Stück Fleisch, ließ es sich in braunes Packpapier einwickeln, um es seiner Frau mitzunehmen.

Warum geht er zu einem Fleischer in der Nähe vom Büro, wenn er doch in einer anderen Gegend wohnt – in unserem Viertel in Süd-Amsterdam, wo es jede Menge Metzgereien gibt? Das fragte ich mich, verlor aber kein Wort darüber. Er sagte auch nichts, und wir gingen zurück ins Büro.

In den folgenden Monaten forderte mich van Daan mehrmals auf, ihn in denselben Laden zu begleiten. Ich tat es, wunderte mich aber immer, warum er nicht einfach in der Nähe seiner Wohnung einkaufte. Jedesmal plauderte er munter mit dem Metzger, kaufte ein kleines Stück Fleisch, und ich stand stets still daneben, bis er sich umdrehte und mir zu verstehen gab, daß wir uns auf den Rückweg machen konnten. Ich hoffte, er würde mir das Ganze irgendwann einmal erklären.

Ende Mai meldete BBC, die Royal Air Force habe ihren ersten Großangriff auf Deutschland geflogen. Ziel der Bombardierung war Köln. Uns stockte der Atem, als von eintausend daran beteiligten Flugzeugen die Rede war.

Jetzt spitzte ich jede Nacht die Ohren, wenn ich über den ballernden deutschen Flakgeschützen das Summen der Bombermotoren hörte. Durch die Verdunkelung sah ich die aufzuckenden Strahlen der Scheinwerfer den Himmel absuchen. Die Bomber flogen deutsche Industriegebiete an, Fabriken und andere wichtige Anlagen. Bewahrt eine Bombe für Hitler auf, dachte ich.

Die Unterdrückung der Juden ging indes unvermindert weiter. Sie mußten jetzt von acht Uhr abends bis sechs Uhr früh zu Hause bleiben. Es war ihnen strengstens verboten,

Wohnungen, Gärten oder irgendwelche Anwesen zu betreten, die Christen gehörten. Jeglicher Umgang zwischen Juden und Christen war zum Verbrechen geworden.

Und dann die niederträchtigste Schikane: Juden mußten ihre Fahrräder zu einem festgesetzten Termin im Juni an die Deutschen abliefern. Der Besitzer hatte nicht nur das Fahrrad persönlich zu überbringen, sondern war obendrein noch verantwortlich für dessen einwandfreien Zustand. Ersatzreifen, Schläuche und Werkzeug waren ebenfalls abzuliefern. Einem Holländer konnte nichts Ärgeres passieren, als daß ihm sein Fahrrad weggenommen wurde.

Wie sollte ein Jude jetzt von einem Ort zum anderen gelangen? Wie sollte er zur Arbeit kommen, falls er noch eine hatte? Was sollten junge Menschen, etwa Margot und Anne Frank, ohne ihre stabilen schwarzen Fahrräder anfangen?

Es war der erste Sonntag im Juli, ein warmer Sommerabend. Henk und ich, Frau Samson und die anderen gingen nach dem Essen den verschiedensten alltäglichen Beschäftigungen nach.

In jenen Tagen versetzte der kleinste ungewöhnliche Zwischenfall uns sofort in helle Aufregung. Als es beharrlich an der Haustür klingelte, breitete sich nervöse Spannung aus. Henk eilte zur Tür, ich folgte. Vor uns stand Herman van Daan, völlig aufgelöst. Wir flüsterten miteinander, um Frau Samson und ihre Familie nicht zu beunruhigen.

«Kommen Sie sofort», drängte van Daan; seine gedämpfte Stimme hatte einen beschwörenden Unterton. «Margot Frank hat eine Postkarte erhalten mit der Aufforderung, sich zwecks Arbeitseinsatz zum Abtransport nach Deutschland einzufinden. Sie soll einen Koffer mit Wintersachen mitnehmen. Die Franks haben beschlossen, sofort unterzutauchen. Können Sie gleich mitkommen und helfen, die Sachen zu transportieren, die sie im Versteck brauchen werden? Sie sind nämlich noch nicht ganz fertig mit den Vorbereitungen.»

«Wir kommen», erklärte Henk. Wir zogen unsere Regenmäntel an. Mit Taschen und Paketen gesehen zu werden, wäre zu gefährlich gewesen; unter unseren schäbigen alten Regenmänteln ließ sich vieles verstecken. Es mochte zwar merkwürdig wirken, in einer warmen, trockenen Sommernacht im Regenmantel herumzulaufen, aber immer noch besser als mit Beuteln und Taschen beladen.

Henk erfand eine plausible Erklärung für Frau Samson, um sie und die anderen nicht zu alarmieren, und wir gingen mit van Daan los. Als Otto Frank mir seinen Plan anvertraut hatte, erzählte ich Henk noch am gleichen Abend davon. Ohne ein weiteres Wort zu verlieren, hatte Henk seine bedingungslose Hilfsbereitschaft erklärt und den Plan für vernünftig befunden. Doch keiner von uns hatte damit gerechnet, daß die Franks so bald untertauchen würden. In flottem Tempo, jedoch nicht zu hastig, um keine Aufmerksamkeit zu erregen, gingen wir Richtung Merwedeplein. Unterwegs informierte uns van Daan, Otto Frank habe seine Töchter soeben in den Plan eingeweiht, dabei jedoch nicht erwähnt, wo sich das Versteck befand.

«Sie können sich vorstellen», sagte er, «daß sie völlig durcheinander sind. Es gibt noch eine Unmenge zu tun in der kurzen Zeit, und anscheinend wimmelt ihr verdammter Untermieter dauernd herum, was das Ganze ziemlich erschwert.»

Plötzlich überfiel mich das Gefühl, daß es tatsächlich allerhöchste Zeit für meine Freunde war. Eine Sechzehnjährige zur Zwangsarbeit zu beordern, das war eine neue Infamie der Deutschen gegen die Juden. Ja, dachte ich, je schneller unsere Freunde von der Bildfläche verschwinden, desto besser. Wie viele andere junge Mädchen mögen sie gleich Margot zwangsverpflichtet haben? Mädchen, die keinen Vater wie Otto Frank und keinen Plan für ein sicheres Versteck hatten. Mädchen, die an diesem Abend grauenvolle Angst ausstehen mußten. Bei diesen Gedanken konnte ich mich nur mit Mühe davon abhalten, den Rest der Strecke im Laufschritt zurückzulegen.

Bei unserer Ankunft in der Frankschen Wohnung wurden nur wenige Worte gewechselt. Ich spürte die an Panik grenzende Verzweiflung, die sie zur Eile antrieb. Und zugleich sah ich, daß noch vieles zu organisieren und vorzubereiten war. Das Ganze war ein Alptraum. Edith Frank reichte uns stapelweise Sachen, die sich wie Kinderkleider und -schuhe anfühlten.

Ich war nicht in der Verfassung, genauer hinzuschauen. Ich nahm einfach, was ich nur konnte, versteckte alles so gut wie möglich unter meinem Mantel, stopfte es in die Taschen, dann bei Henk die gleiche Prozedur. Sobald unsere Freunde in Sicherheit wären, sollte ich ihnen die Sachen nachbringen.

Mit unseren Regenmänteln, die aus den Nähten zu platzen drohten, gingen Henk und ich nach Hause, luden dort rasch alles ab und verstauten es unter dem Bett. Dann eilten wir, wieder mit locker flatternden Mänteln, zurück zum Merwedeplein, um uns eine neue Ladung zu holen.

Wegen des Untermieters herrschte in der Frankschen Wohnung ein gedämpftes, verstohlenes Treiben. Jeder bemühte sich, normal zu erscheinen, weder zu laufen noch die Stimme zu heben. Wir bekamen weitere Sachen. Edith Frank bündelte und sortierte sie in Windeseile und reichte sie dann an uns weiter. Wir nahmen eins ums andere in Empfang und verstauten es wie zuvor. Aus ihrem straffen Haarknoten hatten sich Haarsträhnen gelöst, die ihr in die Augen fielen. Anne kam und schleppte viel zu viele Sachen an; sie solle sie wieder mitnehmen, sagte ihre Mutter. In Annes weit aufgerissenen Augen stand teils Aufregung, teils entsetzliche Angst.

Henk und ich nahmen, was wir konnten, und eilten fort.

Am Montagmorgen wurde ich sehr früh vom Plätschern des Regens geweckt.

Vor halb acht, wie am Vorabend besprochen, war ich mit dem Fahrrad am Merwedeplein. Gerade hatte ich die Vortreppe erreicht, als sich die Franksche Wohnungstür auch schon öffnete und Margot erschien. Ihr Rad stand draußen, sie hatte den Ablieferungsbefehl nicht befolgt. Ihre Eltern waren im Flur, Anne, großäugig und im Nachthemd, hielt sich unschlüssig im Hintergrund.

Ich sah mit einem Blick, daß Margot etliche Sachen übereinander angezogen hatte. Edith und Otto Frank schauten mich ängstlich fragend an.

Ich bemühte mich, beruhigend zu wirken. «Keine Sorge. Es gießt in Strömen. Bei dem Wetter geht bestimmt nicht mal die Grüne Polizei raus. Der Regen gibt uns den besten Schutz.»

«Fahrt los», forderte uns Otto Frank auf, nachdem er sich prüfend umgeschaut hatte. «Anne, Edith und ich kommen am späteren Vormittag. Fahrt jetzt los!»

Ohne einen Blick zurück schoben Margot und ich unsere Räder auf die Straße. Rasch verließen wir den Merwedeplein und bogen an der nächsten Ecke Richtung Norden ab. Wir radelten gleichmäßig, nicht zu schnell, um den Eindruck von zwei alltäglichen Berufstätigen zu erwecken, die am Montagmorgen zur Arbeit unterwegs waren.

In dem strömenden Regen war weit und breit kein einziger Grüner zu erblicken. Ich wählte die verkehrsreichen Straßen, vom Merwedeplein in die Waalstraat, dann links durch die Noorder Amstellaan in die Ferdinand Bolstraat, Vijzelstraat, Rokin Dam, Raadhuisstraat, um dann endlich in die Prinsengracht abzubiegen – noch nie war ich so froh gewesen, das vertraute Kopfsteinpflaster und die dunkle Gracht zu sehen.

Auf dem ganzen Weg hatten wir kein Wort gesprochen. Wir wußten es beide: Sobald wir unsere Fahrräder bestiegen hatten, waren wir zu Gesetzesbrechern geworden – eine Christin und eine Jüdin, ohne den gelben Stern, auf einem Fahrrad, das sie hätte abliefern müssen. Und das zu einem Zeitpunkt, zu dem die Jüdin sich laut Aufforderung für einen Sammeltransport melden sollte, der irgendwo in Hitler-Deutschland zur Zwangsarbeit bestimmt war. Margots Gesicht verriet nichts, keinerlei Anzeichen von Angst oder Einschüchterung. Sie ließ sich nicht anmerken, wie ihr innerlich zumute war. Wir waren zu Verbündeten geworden, zu Verbündeten gegen die Brutalität der deutschen Machthaber in unserem Land.

Auf der Prinsengracht weit und breit keine Menschenseele.

Wir trugen unsere Räder in den Abstellraum. Ich schloß die Bürotür auf und machte sie des Regens wegen sofort wieder zu. Wir waren bis auf die Haut durchnäßt. Ich merkte, daß Margot plötzlich kurz vor dem Zusammenbruch stand.

Ich nahm sie am Arm und führte sie an Franks Büro vorbei in den Korridor, durch den man in das Versteck gelangte. Bald würden die anderen zur Arbeit erscheinen. Ich befürchtete, daß jeden Augenblick der erste eintreffen könnte, behielt das aber für mich.

Margot wirkte wie betäubt. Jetzt, da wir im Haus waren, schien ihre Nervenkraft erschöpft. Als sie die Tür zum Hinterhaus öffnete, drückte ich ihr aufmunternd den Arm. Wir sprachen immer noch kein Wort. Sie verschwand hinter der Tür, und ich ging zu meinem Platz im vorderen Büro.

Auch mein Herz hämmerte. Ich saß an meinem Schreibtisch, unfähig, mich auf die Arbeit zu konzentrieren. Der Sommerregen hatte uns Schutz gewährt. Eine Person war in Sicherheit. Drei weitere mußten es noch schaffen.

Koophuis erschien und verstaute Margots Fahrrad irgendwo. Kurz danach stapfte der Lagerarbeiter herein und klopfte lautstark das Wasser von den Schuhen.

Am späten Vormittag hörte ich das Ehepaar Frank und Anne durch die Tür kommen. Auf diesen Augenblick hatte ich gewartet. Ich eilte zu ihnen und führte sie rasch an Kralers Büro vorbei nach oben. Alle drei waren tropfnaß. Sie hatten ein paar Sachen bei sich; auf der Brust trugen sie den gelben Stern. Ich machte ihnen die Tür auf und schloß sie wieder hinter ihnen.

Nachmittags, als niemand in der Nähe war und völlige Ruhe herrschte, schlich ich mich nochmals nach oben zum Versteck und zog die Tür fest hinter mir zu.

Ich betrat die Räume zum ersten Mal. Der Anblick, der sich mir bot, war atemberaubend: ein unbeschreibliches Durcheinander von Säcken, Beuteln, Kisten, Schachteln, Möbelstücken, Berge von allen möglichen Sachen. Ich konnte mir gar nicht vorstellen, wie das alles hergeschafft worden war. Ich hatte nie bemerkt, daß irgend etwas antransportiert wurde. Vermutlich war es nachts geschehen oder an Sonntagen, wenn das Büro geschlossen hatte.

Im unteren Stockwerk befanden sich zwei kleine Räume – der eine quadratisch mit einem Fenster, der andere lang und schmal, ebenfalls einfenstrig. Die Zimmer waren holzgetäfelt, dunkelgrün gestrichen, die gelbliche Tapete hatte sich gelöst und hing teilweise in Fetzen herunter. Die Fenster waren mit dicken weißen Behelfsgardinen verhängt. Rechts neben der Treppe war ein großer fensterloser Raum mit Waschtisch und separatem WC.

Über eine alte steile Holztreppe gelangte man oben in ein geräumiges Zimmer mit Spüle, Herd und Schränken. Auch hier waren die Fenster mit Gardinen verhängt. Vor diesem großen Raum führte eine weitere halsbrecherische Treppe auf den Dachboden und Speicher. Sie ging durch eine Art Mansarde, die ebenfalls mit Sachen vollgepfropft war.

Edith und Margot Frank waren in einem Zustand völliger Apathie. Sie wirkten verloren, bewegungsunfähig, am Ende. Anne und ihr Vater bemühten sich, Ordnung in dieses heillose Chaos zu bringen, schoben, schleppten, räumten die Sachen hin und her. Ich fragte Edith Frank: «Was kann ich tun?»

Sie schüttelte nur den Kopf.

«Soll ich Ihnen etwas zu essen bringen?»

Sie willigte ein. «Aber nur eine Kleinigkeit, Miep. Vielleicht etwas Brot, ein bißchen Butter und Milch?»

Eine beklemmende Situation. Es war wohl das beste, die Familie eine Weile sich selbst zu überlassen. Ich durfte mir gar nicht ausmalen, wie ihnen zumute sein mußte, nachdem sie alles, was sie auf dieser Welt besaßen, verlassen hatten – ihr Heim, mit all den Dingen, die im Laufe der Jahre zusammengekommen und zu einem festen Bestandteil des Lebens geworden waren; Annes kleinen Kater Moortje. Andenken an die Vergangenheit. Und Freunde.

Sie hatten einfach die Tür hinter sich, hinter ihrem bisherigen Dasein zugeschlagen und waren aus Amsterdam verschwunden. Das alles stand in Edith Franks Gesicht geschrieben. Rasch entfernte ich mich.

Das Hinterhaus mit dem großen Kastanienbaum, der noch heute dort steht.

Das »Wohnzimmer« der Untergetauchten im dritten Stock des Hinterhauses, zugleich Schlafzimmer der van Daans und Küche (Rekonstruktion).

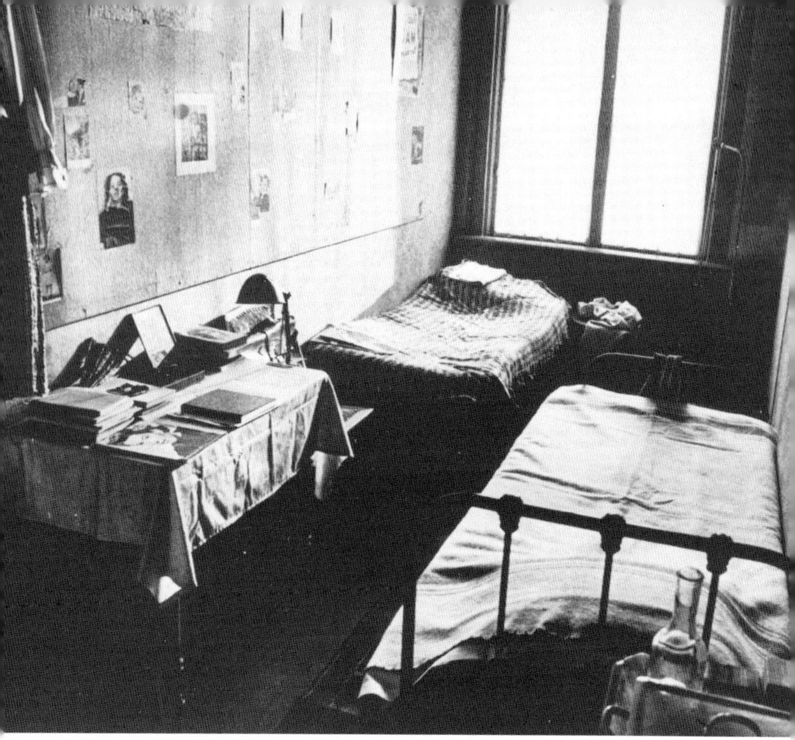

Das Zimmer von Anne und Dr. Dussel mit Annes »Bildertapete« und dem Tisch, an dem sie ihr Tagebuch schrieb.

Das rot-orange-grau karierte Tagebuch, das Anne von ihrem Vater zum 13. Geburtstag erhielt.

Zweiter Teil

Untergetaucht

8

Ein paar Tage, nachdem die Familie untergetaucht war, bat Otto Frank uns, in die Wohnung am Merwedeplein zu gehen. Henk und ich sollten dem Untermieter etwas vorspielen, um herauszufinden, was nach ihrem Verschwinden passiert war, ob man Jagd auf die Franks machte. Am frühen Abend, gleich nach Anbruch der Dunkelheit, statteten wir diesen Besuch ab.

Wir läuteten, Franks Untermieter, ein Jude in mittleren Jahren, ließ uns herein. Mit unschuldiger Miene fragten wir nach Otto Frank. «Herr Frank hat sich in letzter Zeit nicht im Büro sehen lassen. Wir haben uns seinetwegen Sorgen gemacht. Ist er wohlauf?»

«Die Franks sind verschwunden.» Nach dieser knappen Mitteilung erhob sich der Untermieter, verließ den Raum und kehrte mit einem Zettel in der Hand zurück. «Das habe ich gefunden», erklärte er und zeigte Henk das Blatt. «Ich glaube, es handelt sich um eine Adresse in Maastricht.»

Wir sahen uns die Anschrift an. Maastricht, die holländische Stadt nahe der deutsch-belgischen Grenze, lag unmittelbar auf einer Fluchtroute. «Herr Frank hat Verwandte in der Schweiz», spekulierte der Untermieter, «vielleicht sind sie in die Schweiz geflohen. Die Nachbarn sagen, Herr Frank wäre mit Hilfe eines alten Freundes aus der Militärzeit, eines deutschen Offiziers, geflüchtet. Einer erzählte sogar, jemand hätte die ganze Familie in einem großen Wagen fortfahren sehen. Mit Sicherheit weiß es niemand.» Er zuckte die Ach-

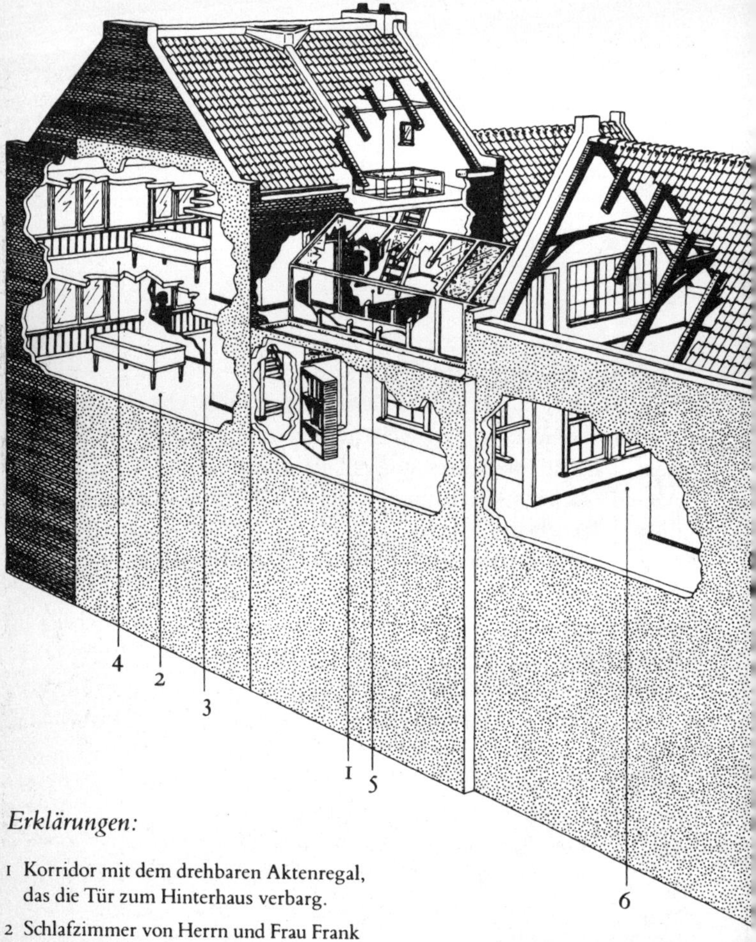

Erklärungen:

1 Korridor mit dem drehbaren Aktenregal, das die Tür zum Hinterhaus verbarg.

2 Schlafzimmer von Herrn und Frau Frank sowie ihrer Tochter Margot.

3 Zimmer von Anne Frank und Dr. Dussel.

4 Schlafzimmer der Familie van Daan, das tagsüber allen als Wohnzimmer und Küche diente.

5 Peter van Daans Zimmer mit der Treppe zum Dachstuhl.

6 Warenlager, heute Ausstellungsraum.

7 Dachboden des Vorderhauses, heute Ausstellungsraum.

8 Büroraum der Firma von Otto Frank.

9 Heutiger Durchgang zum Ausstellungsraum im Nebenhaus.

Das Versteck im Hinterhaus
Prinsengracht 263

seln. Aufgeregt wirkte er nicht. Es wunderte die Leute nicht mehr, wenn ihre Freunde und Bekannten spurlos verschwanden.

«Ich bleibe hier», beteuerte er und ließ den Blick durch die Wohnung schweifen. «Wenn man mich läßt», fügte er hinzu. «Ich bin nämlich ebenfalls Jude, müssen Sie wissen.»

Unauffällig sah ich von einem Möbelstück zum anderen, auf der Suche nach Annes Kater Moortje. Ich wußte, daß sie sich als erstes nach ihm erkundigen würde, wenn wir von unserem Besuch in der Wohnung berichteten. Von Moortje war aber keine Spur.

Wir wünschten dem Untermieter eine gute Nacht. «Sollten Sie irgend etwas hören über den Verbleib der Franks, würden Sie uns das wohl wissen lassen?» bat Henk.

Der Untermieter versprach es.

«Wie geht's Moortje? Habt ihr Moortje gesehen? Sorgt der Untermieter für ihn?» lauteten tatsächlich Annes erste Fragen, als ich nach oben ging, um die tägliche Einkaufsliste zu holen. «Und meine Kleider, meine Sachen – hast du mir noch irgendwas von zu Hause mitgebracht, Miep? Sag schon, Miep!»

Ihr Vater erklärte sanft: «Miep konnte nichts aus der Wohnung mitnehmen, Anne. Verstehst du das nicht?» Als er ihr die Gründe nannte, stellte ich fest, daß Otto Frank eine neue Gelassenheit, eine neue Ruhe an den Tag legte. Früher das reine Nervenbündel, bot er jetzt das Bild eines Menschen, der sich völlig in der Gewalt hatte, er strahlte ein Gefühl von innerer Festigkeit und Sicherheit aus. Mir war klar, daß er den anderen damit ein Beispiel geben wollte.

Anne bestürmte mich weiter mit Fragen. «Wie geht's meinen Freunden? Wer von ihnen ist noch da? Sind welche untergetaucht wie wir? Oder bei einer Razzia abgeholt worden?» Die Razzien auf Juden fanden nach wie vor statt.

Anne, in heller Aufregung, konnte diesen ersten Bericht von draußen kaum abwarten. Als sich alle um mich versammelt hatten, schilderte ich unseren Besuch am Merwedeplein. Sie wollten jede Kleinigkeit hören.

«Was ist mit Jopie?» fragte Anne, nachdem ich geendet hatte. «Geht's ihr gut? Alles in Ordnung?»

Jopie, eine gleichaltrige Freundin, wohnte uns gegenüber in der Hunzestraat. Anne wußte, daß ich mich gelegentlich mit Jopies Mutter, einer Französin, unterhielt. Sie war Schneiderin, Nichtjüdin, ihr Mann ein jüdischer Antiquitätenhändler. Ihre Wohnung lag über unserem Milchladen, wenn ich Milch holte, traf ich sie manchmal auf der Straße. Sie war immer allein.

«Ja, Anne, ich habe Jopies Mutter gesehen. Sie ist unverändert, ihre Familie ist noch da.»

Annes Gesicht trübte sich. Ihr Freundeskreis fehlte ihr sehr, sie wollte über jeden einzelnen mehr erfahren.

Ich machte ihr begreiflich, daß ich über ihre anderen Freunde gar nichts sagen könne. Daß jeder Versuch, Näheres herauszufinden, gefährlich wäre.

«Und was gibt's sonst draußen Neues?» erkundigte sich Otto Frank, begierig auf Nachrichten aus der Außenwelt, die keinen Platz mehr für ihn hatte.

Um diesen Hunger zu stillen, erzählte ich ihnen, was ich wußte. Von den Razzien in verschiedenen Stadtgegenden. Von der neuesten Verordnung, daß Juden die Fernsprechanschlüsse gesperrt wurden. Daß die Preise für gefälschte Ausweise rasant hochgeschnellt waren.

«Und Henk – kommt er nach dem Mittagessen auf einen Sprung rauf?» fragte Anne.

«Ja», versicherte ich, «wenn die Lagerarbeiter Mittagspause machen. Er weiß viel mehr darüber, was sich in der Stadt abspielt. Viel mehr.»

Bei der Aussicht auf Henks Besuch strahlten sie. «Und Elli kommt auch in der Mittagspause herauf.» Alles freute sich. Sie brannten darauf, jeden von uns so oft wie nur eben möglich zu sehen.

Jo Koophuis ging häufig nach oben und nahm jedesmal eine Kleinigkeit mit. Er hatte etwas besonders Herzliches an sich. Auch Victor Kramer kam, manchmal mit geschäftlichen Fragen an Otto Frank, manchmal mit der Zeitschrift *Cinema and Theater* für Anne, die sich dann mit Begeisterung die Starfotos ansah und den Klatsch aus der Filmwelt verschlang.

Allmählich entstand Ordnung im Versteck. Die herumliegenden Sachen wurden verstaut, oben auf dem Speicher bei den alten Akten. Eine wohnliche Atmosphäre verbreitete sich – die alte, vertraute Kaffeekanne, herumliegende Schulbücher oder Haarbürsten.

Anne hatte die Wand mit Fotos ihrer Filmlieblinge tapeziert – Ray Milland, Greta Garbo, Norma Shearer, Ginger Rogers; Lily Bouwmeester, die holländische Schauspielerin, und Heinz Rühmann. Daneben andere Bilder, die sie mochte – eine große Anzeige für das Einkochverfahren unserer Firma; Michelangelos *Pietà,* Schimpansen am Teetisch; Prinzessin Elisabeth von England; unzählige Ausschnitte mit niedlichen kleinen Babys, für die sie die gleiche Vorliebe hatte wie für Filmstars.

Anne und Margot teilten sich den langen, schmalen Raum im ersten Stock, der größere nebenan diente dem Ehepaar Frank als Schlafzimmer. Eine Treppe höher befand sich der Wohn- und Kochbereich, wo sie sich tagsüber aufhielten; dort, zwei Stockwerke über der Büroküche, bestand noch weniger Gefahr, daß man sie unten hörte. Doch solange die Arbeiter ein und aus gingen, wurde jedes Geräusch vermieden. Keine WC-Spülung, keine Schuhe auf der knarrenden Holztreppe. Alle verhielten sich ruhig und warteten, bis einer Bescheid sagte, daß die Lagerarbeiter aus dem Haus wären.

Mir fiel auf, wie unverändert matt und gedrückt Edith Frank in diesen ersten Tagen war. Margot wirkte ebenfalls sehr niedergeschlagen, blieb schweigsam und in sich gekehrt. Stets freundlich, stets hilfsbereit, verstand sie es gleichsam, sich unsichtbar zu machen. Nie war sie jemandem im Weg, nie verlangte sie etwas.

Jeden Tag brachte ich ein paar von den Sachen, die Henk und ich am Vorabend des Untertauchens vom Merwedeplein abgeholt hatten, und schaffte alles rasch nach oben.

Während der Frühstückspause schlich ich mich hinaus zu Frau Frank wegen der Einkaufsliste. Sie gab mir Geld mit, oder ich entnahm es unten aus der Kasse und legte es später zurück. Bevor mich Anne mit Fragen bombardieren konnte, versprach ich ihr, mich nach dem Einkaufen zu einem gemütlichen Schwatz mit ihr zusammenzusetzen.

Da die Razzien unverändert weitergingen, suchten die Juden wie besessen nach Möglichkeiten, sich zu verstecken. Einige unternahmen verzweifelte, mitunter tollkühne Versuche, über die Grenze nach Belgien zu gelangen. Jeder hielt Ausschau nach einer «sicheren Adresse». Eine «sichere Adresse», ein Versteck, war plötzlich das Ziel aller Wünsche, das einzig Erstrebenswerte. Besser als eine Stellung im Diamantenhandel, wertvoller als ein Goldbarren. Die Menschen jagten auf jede nur erdenkliche Weise auch dem winzigsten Hinweis nach, der eine «sichere Adresse» verheißen konnte.

Das Ehepaar Coenen, Frau Samsons Tochter und Schwiegersohn, hatte, als die Razzien Anfang Juli weitergingen und sich über viele Stadtteile ausbreiteten, in panischer Angst um sich und die beiden kleinen Kinder nach einem Versteck gesucht. Endlich gelang es ihnen, etwas zu finden.

Sie wollten uns sofort davon berichten, doch Henk und ich hatten unsere Lektion schnell gelernt: Je weniger man von anderen wußte, desto besser für alle Beteiligten. Was die Deutschen mit uns anstellen würden, wenn sie uns erwischten und verhafteten, wußten wir nicht; fest stand nur, daß diese Barbaren vor keiner wie auch immer gearteten Folter zurückschreckten.

An den Vorbereitungen überall in der Wohnung erkannten wir, daß ihr Aufbruch unmittelbar bevorstand. Henk sah, in welcher Panik sie sich befanden, und beschwor sie deshalb, die Centraal Station zu meiden. «Die Grünen gehen dort Tag und Nacht auf Streife. Glatter Selbstmord, sich auch nur in die Nähe zu wagen.»

Darüber hinaus sagten wir kein Wort weiter zu diesen verstörten Menschen; die Kinder begriffen nichts von dem, was um sie vorging. Wir stellten ihnen keine Fragen, und sie erzählten uns nichts.

Als wir eines Abends heimkamen, waren sie verschwunden.

An jenem Tag hatten in der ganzen Stadt ungewöhnlich zahlreiche Razzien stattgefunden. Frau Samson berichtete uns, die vier seien so nervös und verängstigt gewesen, daß ihre Tochter und ihr Schwiegersohn beschlossen hätten, unverzüglich das sichere Versteck aufzusuchen. Sie war noch völlig durcheinander von dem überstürzten Aufbruch. Wir hielten es für besser, sie für die Dauer der Razzien in Sicherheit zu bringen, und schlugen ihr vor, vorübergehend in der Wohnung meiner Adoptiveltern zu bleiben. Sie willigte ein, und ich traf sofort die notwendigen Vorkehrungen.

Kurz nach Mitternacht klingelte es an der Wohnungstür. Henk und ich erstarrten. Ich solle im Bett bleiben, sagte er, und ging hinaus. Mir ließ die Angst keine Ruhe, ich folgte ihm. Vor der Tür stand eine Frau mit den beiden verschlafenen Kindern von Frau Samsons Tochter – eins hielt sie an der Hand, das andere auf dem Arm.

Die Eltern der Kinder seien auf der Centraal Station von den Grünen verhaftet worden, erklärte die Frau.

Sie streckte mir den Arm mit dem kleinen Mädchen entgegen. Ich nahm es ihr ab. Auch den kleinen Jungen stupste sie vorwärts, Henk schloß ihn in die Arme. «Ich bin beauftragt, die Kinder an dieser Adresse abzuliefern.» Das war alles, was sie sagte; darauf machte sie auf dem Absatz kehrt und verschwand rasch in der Dunkelheit. Wir waren sprachlos. Beide hatten wir den gleichen Gedanken: Wer war sie? Jüdin oder Christin? Wieso hatten es die Grünen zugelassen, daß sie zwei jüdische Kinder wegschaffte?

Wir brachten die beiden in die Küche, gaben ihnen warme Milch und ein Butterbrot und legten sie dann zu Bett.

Am folgenden Tag kam Frau Samson zurück und fand ihre Enkelkinder vor. Sie versuchte, sie auszufragen, was geschehen sei, aber beide waren noch zu klein, um irgendwelche Auskünfte geben zu können. Es war nichts aus ihnen herauszubekommen. Ihre Eltern waren eben den Deutschen in die Hände gefallen und spurlos verschwunden.

Es war uns klar, daß dringend ein Versteck für die Kinder gefunden werden mußte. Durch vorsichtiges Herumfragen entdeckten wir eine Studentenorganisation in Amsterdam, die Adressen vermittelte, zu denen man jüdische Kinder bringen konnte. Es dauerte eine knappe Woche, bis für die kleine Enkelin ein Versteck in Utrecht gefunden wurde. Danach konnte die Organisation auch den Enkel sicher unterbringen, in Eemnes.

Nun begann die Suche nach einer «sicheren Adresse» für Frau Samson. Mit jedem Tag wurde für die Juden in Amsterdam das Leben schwerer. Je eher sie gehen und sich dadurch der Verhaftung bei einer Razzia entziehen konnte, desto besser.

Es machte uns Mut, als wir die Nachricht hörten: Zehn christliche Kirchen in Holland hatten sich zusammengetan und in Telegrammen an die höchsten deutschen Stellen öffentlich Protest erhoben. Gemeinsam bezeichneten diese christlichen Kirchen die Judendeportationen als «tiefe Schmach». Sie nannten die Maßnahmen «gesetzwidrig» und beschuldigten die Deutschen, aufs ungeheuerlichste gegen jeden holländischen Moralbegriff und gegen Gottes «Gebote der Gerechtigkeit und Nächstenliebe» zu verstoßen.

Diese Protesttelegramme wurden von den Deutschen schlichtweg ignoriert.

Eine Woche nach dem Untertauchen der Franks wollte ich mir wie üblich oben die Einkaufsliste holen und sah, daß Herman van Daan, seine Frau Petronella und ihr sechzehnjähriger Sohn Peter sich im Versteck einquartiert hatten. Peter war ein gutaussehender, kräftig gebauter Junge, mit dichtem dunklen Haar, verträumten Augen und freundlichem Wesen.

Daß die van Daans demnächst unterzutauchen planten, wußte ich, aber auch sie hatten den Termin vorverlegt, als die neue Welle von Razzien über ganz Amsterdam hereinbrach. Anders als die Franks bei ihrer Ankunft zeigten sich die van

Daans überglücklich, in ihrem behaglichen Versteck sicher geborgen zu sein. Sie hatten den Franks viel zu berichten über die jüngsten Ereignisse; über all das, was ihren Freunden in dieser einen seither verstrichenen Woche widerfahren war.

Peter hatte seinen schwarzen Kater Mouschi mitgenommen, ein lebhaftes, mageres, überaus anschmiegsames Tier. Anne schloß Mouschi sofort ins Herz, obwohl sie ihren eigenen Kater Moortje nach wie vor vermißte und oft voller Sehnsucht von ihm sprach. Mouschi fühlte sich sofort heimisch.

Das Zusammenleben im Versteck wurde neu organisiert. Familie Frank behielt ihre bisherigen Zimmer, das Ehepaar van Daan schlief in dem großen Raum einen Stock höher und Peter nebenan in der Kammer, halb unter der Speichertreppe, wo sich noch immer Berge von Sachen stapelten, die weggeräumt werden mußten.

Tagsüber lehnte das Bett der van Daans zusammengeklappt an der Wand. Ihr Zimmer diente bei Tag als Küche und als gemeinsamer Aufenthaltsraum. Die Franks und van Daans schafften schnell Ordnung, so daß es hier den Umständen entsprechend recht wohnlich wirkte.

Es war beklemmend, wenn die van Daans schilderten, wie Juden in die Straßenbahnlinie 8 hineingepfercht und zur Centraal Station abtransportiert worden waren. Anne, Margot und Edith verfärbten sich grau, als sie das hörten. Unter diesen Juden, die da dichtgedrängt hockten, befanden sich auch manche ihrer Freunde. Ganze Straßenbahnladungen voller Juden mit gelbem Stern und ein paar zugelassenen Habseligkeiten rollten Nacht für Nacht durch Amsterdam.

Auf dem Hauptbahnhof wurden die Juden in Güterwagen verfrachtet. Die Züge fuhren nach Westerbork, wo sich eine Art Duchgangslager befand. Westerbork liegt in Drente, ziemlich weit von Amsterdam entfernt, in der Nähe der deutschen Grenze. Ich hörte, einige Juden hätten Postkarten und Briefe aus den Fenstern geworfen in der Hoffnung, daß sie irgend jemand aufgeben würde. Manche wurden auch befördert, so daß Verwandte oder Freunde erfuhren, wohin man diese Menschen aus ihren Wohnungen verschleppt hatte.

Von nun an erkundigte ich mich bei Frau van Daan ebenso wie bei Frau Frank nach ihren Wünschen, bevor ich einkaufen ging. Frau van Daan gab mir eine Liste mit verschiedenen Fleischsorten, die ich kopfschüttelnd überflog. Für solche Mengen Fleisch reichten die vorhandenen Marken beim besten Willen nicht.

Herman van Daan lachte, daß die unvermeidliche Zigarette im Mundwinkel wippte. «Erinnern Sie sich noch an die Metzgerei bei der Rozengracht, in der wir zusammen waren?»

«Ja, natürlich.»

«Gehen Sie zu dem Mann und geben Sie ihm meine Liste. Sagen Sie nichts, er wird Ihnen das Gewünschte einpacken.»

Ich sah ihn skeptisch an.

«Keine Sorge», lachte van Daan und zwinkerte mir zu, «der Mann konnte Sie des öfteren genau anschauen, wenn wir dort waren. Er kennt Ihr Gesicht. Er ist ein guter Freund von mir. Sie werden es erleben, wenn er kann, gibt er Ihnen, was Sie möchten.»

Endlich begriff ich, worum es bei diesen eigenartigen Besuchen im Fleischerladen gegangen war. Ich konnte mir nicht helfen – ich schüttelte den Kopf und mußte ebenfalls lachen.

Und es kam, wie vorausgesagt: Der Fleischer schaute mir ins Gesicht und gab mir von van Daans Liste, was er konnte. Wortlos.

Meistens kam Henk gegen mittag in die Prinsengracht, um dort mit mir zu essen. Sein Büro war in der Marnixstraat, sieben Minuten Fußweg zur Prinsengracht. Ein- bis zweimal wöchentlich hatte er in einer anderen Dienststelle des Amsterdamer Sozialamtes zu tun, die zu weit entfernt lag, als daß er dann die Mittagspause mit mir verbringen konnte.

Sobald wir unsere Mahlzeit beendet hatten, ging Henk hinauf zu unseren Freunden. Manchmal blieb er zehn, manchmal auch dreißig bis vierzig Minuten, während die Arbeiter unten Mittagspause machten. Henk saß stets auf der Kante der Anrichte, an die Wand gelehnt, die langen Beine von sich gestreckt. Prompt kam Peters Kater Mouschi von irgendwoher angeschossen und landete mit einem Satz auf Henks Arm. Mouschi war ganz vernarrt in Henk.

Bevor jemand ein Wort sagen konnte, stellte van Daan die übliche Frage nach Zigaretten. Henk gab ihm dann, was er auf dem schwarzen Markt im alten Jordaan, ganz in der Nähe des Büros, hatte auftreiben können. Manchmal brachte er ägyptische Zigaretten der Marke Mercedes mit, ein andermal waren es bloß holländische, die aber nicht allzu schlecht schmeckten.

Van Daan zündete sich eine an und fragte dann: «Na, was tut sich in der Stadt?» und: «Was hört man vom Krieg?» Henk berichtete daraufhin, was er an Neuigkeiten erfahren hatte. Und nun begann die Diskussion zwischen den Männern, während ich mich stets mit den Frauen unterhielt. Anne war von allen am wißbegierigsten und freimütigsten; immer vorneweg bei sämtlichen Gesprächen, überschüttete sie jeden Besucher mit Fragen und ließ nicht locker.

Seit ihrem Untertauchen bekamen die Familien Frank und van Daan keine Lebensmittelkarten mehr, die wir zur Ernährung von sieben Personen eigentlich dringend benötigten. Um dieses Problem zu lösen, hatte Henk ein paar nützliche Verbindungen zum Untergrund geknüpft. Er bat die Untergetauchten, ihm ihre Personalausweise zu überlassen. Sie vertrauten ihm bedingungslos und händigten ihm ohne zu fragen die sieben Kennkarten aus.

Henk legte sie seinen Gewährsleuten im Untergrund vor als Beweis, daß er sieben Personen im Versteck zu verpflegen hatte. Daraufhin gaben ihm diese illegalen Organisationen gestohlene oder gefälschte Lebensmittelkarten, die er dann mir aushändigte. Ich bewahrte sie im Büro auf und benutzte sie auf meinen täglichen Einkaufstouren.

Ein Freund von Henk besaß in unserem Flußviertel, in der Rijnstraat, eine Buchhandlung und Leihbücherei namens Como's. Jede Woche erkundigte sich Henk bei unseren

Freunden im Hinterhaus, was sie gern lesen würden, und suchte dann bei Como's danach. Meist fand er das Gewünschte und entlieh für ein paar Cent einen ganzen Stapel.

Ich brachte dann, zumeist samstags, die neuen Bücher hinauf, so daß sie über das Wochenende, wenn das Büro geschlossen war und sie keine Besuche bekommen konnten, mit Lektüre versorgt waren. Bei der Gelegenheit nahm ich die ausgelesenen Bücher mit, die gewöhnlich von mehreren verschlungen wurden.

Henk, Koophuis, Kraler, Elli und ich waren bemüht, unsere stets heißersehnten Besuche zeitlich einzuteilen. Jeder Tag dehnte sich endlos für die sieben Menschen, die in den vier kleinen Räumen eingeschlossen waren. Frische Luft schnappen konnten sie nur auf dem Speicher, wo sich eine Dachluke öffnen ließ, durch die man ein Stück Himmel und den Turm der Westerkerk sah. Auf dem Dachboden wurde die Wäsche zum Trocknen aufgehängt. An den Wänden standen Lebensmittelsäcke, daneben alte Aktenregale aus dem Büro. Peter, ein begeisterter Bastler, hatte sich hier oben eine kleine Werkstatt eingerichtet. Anne und Margot verzogen sich gern auf den Speicher, um ungestört zu lesen.

Unsere Besuche verliefen mittlerweile nach einem gewissen Schema. Ich machte am frühen Morgen den Anfang, das erste Gesicht, das sie nach einer langen Nacht erzwungener Abgeschiedenheit zu sehen bekamen. Doch dieser Besuch verfolgte den rein sachlichen Zweck, die Einkaufsliste abzuholen und zu erkunden, was tagsüber benötigt wurde. Mittags war dann Elli an der Reihe; sie nahm gewöhnlich an der Mahlzeit teil, die Frau Frank oder Frau van Daan zubereitet hatte. Als nächster erschien Henk, der mit den Männern über die aktuellen Ereignisse diskutierte.

Dann brachte ich während der Nachmittagspause die Einkäufe hinauf und ließ mich zu einem kleinen Schwatz nieder. Koophuis und Kraler holten sich häufig oben Rat, wenn geschäftliche Fragen zu klären und Probleme zu lösen waren. Abends, wenn der letzte Arbeiter gegangen war, gab einer von uns im Versteck Bescheid, daß sich jetzt alle normal bewegen könnten und man sich nicht mehr wegen jedes kleinen Geräusches aufzuregen brauchte.

In jenen ersten Wochen konnte sich keiner von uns an die erste hohe Stufe der steilen Treppe nach oben gewöhnen. Ich hatte mir dabei mehrmals den Kopf an der niedrigen Decke gestoßen, so daß ich mit tränenden Augen und brummendem Schädel oben landete. Wir alle waren schon mit dem Kopf gegen die Decke gedonnert – alle außer Henk, der zwar am längsten geraten war, aber nie vergaß, sich rechtzeitig zu ducken –, und diese unsanften Zusammenstöße wurden bereits sprichwörtlich. Schließlich nagelte jemand einen alten Lappen an die bewußte Stelle, und unsere Köpfe blieben fortan heil.

Gleich zu Anfang hatte mich Anne bestürmt: «Miep, könnt ihr beide, du und Henk, nicht mal über Nacht bleiben? Bitte, das wäre so toll für uns!»

«Ja, das machen wir demnächst mal», versprach ich.

Auch die anderen bedrängten uns, bei ihnen im Versteck zu übernachten, und ich sagte fest zu. Bevor wir dieses Versprechen einlösen konnten, eröffneten sie uns, daß wir zu einem Galadiner eingeladen seien – als Ehrengäste zur Feier unseres ersten Hochzeitstages, am Samstag, dem 18. Juli. Selbstverständlich nahmen wir dankend an.

An jenem Tag blieb ich nach Feierabend im Büro und wartete auf Henk. Als wir beide, festlich gekleidet, das Versteck betraten, empfing uns köstlicher Essensduft. Wir stiegen die Treppe zu den van Daans hinauf, wo lebhafter Betrieb herrschte. Der Tisch war gedeckt, unsere Freunde hießen uns stürmisch willkommen.

Anne überreichte mir eine Speisekarte, die sie eigens für den Abend getippt hatte. Vermutlich war sie am Vorabend nach unten geschlichen, um die Schreibmaschine im Privatkontor zu benutzen. Die Speisekarte begann: «Galadiner, veranstaltet von HET ACHTERHUIS, aus Anlaß des ersten Hochtzeitstages von Herrn Gies und Frau Gemahlin.» Anne hatte sich angewöhnt, das Versteck «Het Achterhuis» – das

Hinterhaus – zu nennen. Sie führte dann sämtliche Gänge auf, jeden mit eigenen kleinen Kommentaren garniert. Die Suppe hatte sie «Bouillon à la Hunzestraat» getauft, nach unserer Wohnstraße. Wir lasen es mit großem Vergnügen. Als nächster Gang kam «Roastbeef Scholte», so benannt nach unserem Fleischer. Dann «Salade Richelieu, Salade hollandaise, eine Kartoffel». Bei der «Sauce de Bœuf (Jus)» empfahl sie «größte Zurückhaltung wegen der gekürzten Butterzuteilung».

Ich versprach Anne, ihre Speisekarte zur Erinnerung aufzubewahren und sorgsam zu hüten; Frau van Daan bat zu Tisch. Henk und ich bekamen die Ehrenplätze. Unsere Freunde gruppierten sich um die Tafel – insgesamt neun Personen, auf neun bunt zusammengewürfelten Stühlen eng nebeneinandergezwängt.

Dann begann das Abendessen. Es war delikat. Das sei Frau van Daans Werk, erfuhr ich und sagte zu ihrem Mann: «Ich hatte ja keine Ahnung, daß Ihre Frau eine so hervorragende Köchin ist. Es schmeckt einfach phantastisch.»

Er lächelte stolz. «Wußten Sie denn nicht, daß meine Frau ein Gourmet ist?»

«Jetzt wissen wir es», entgegnete Henk.

Wenn es im Sommer extrem heiß wurde, war es im Versteck kaum auszuhalten. Tagsüber mußten die Vorhänge geschlossen bleiben, und nachts kam dann die Verdunkelung, so daß es an frischer Luft mangelte. Während der Arbeitszeit stand das linke Fenster einen Spaltbreit offen, um den Eindruck zu erwecken, daß dort Lagerarbeiter werkelten. So war es selbst unter den günstigsten Umständen immer etwas stickig in den Räumen. Zum Glück filterte die schöne, große Kastanie hinter dem Haus die Sonnenstrahlen, so daß es drinnen nicht ganz so heiß wurde, wie es sonst hätte werden können.

Als sich das Durcheinander zu lichten und Ordnung einzukehren begann, suchten und fanden unsere Freunde tagsüber ständig neue Beschäftigungen. Keiner saß je müßig herum, wenn ich nach oben kam. Von morgens bis abends hatten sie zu tun – sie lasen, lernten, spielten, putzten Mohrrüben oder rechneten. Bei Tag lief alles auf Strümpfen herum, um ja kein Geräusch zu verursachen.

Wenn ich erschien, zeigte sich jeder von seiner freundlichsten, angenehmsten Seite. Obwohl sie so eng aufeinander lebten, waren sie in meiner Gegenwart stets höflich zueinander. Von Anfang an hatten sie ein System entwickelt, die anfallende Arbeit gut zu verteilen, und so war jede Aufgabe im Nu gelöst. Bei all ihrer Verschiedenartigkeit lernten sie es, sich anzupassen und ein gewisses harmonisches Gleichgewicht herzustellen.

Margot und Peter, sehr in sich gekehrt, blieben stets im Hintergrund. Frau van Daan – leicht aufbrausend, kokett, geschwätzig. Edith Frank – freundlich, ordentlich, sehr still, aber eine scharfe Beobachterin, der so leicht nichts entging. Herman van Daan – der Witzeerzähler, eher ein Pessimist, Kettenraucher und etwas rastlos. Otto Frank – der ruhende Pol, der Lehrer der Kinder, der logischste und konsequenteste, derjenige, der die Zügel in der Hand hatte. Er war die oberste Instanz. Wenn eine Entscheidung zu treffen war, richteten sich alle Augen auf ihn.

Der Sommer ging langsam dahin, es wurde August, und Frau Samson hatte immer noch keine «sichere Adresse» gefunden. Aus Lautsprechern brüllte uns Hitlers Stimme entgegen und versicherte, der Endsieg sei greifbar nahe. Und wenn es uns noch so sehr gegen den Strich ging, wir konnten dem nicht widersprechen. Ja, Hitler hatte Europa fest im Griff und würde es zu Boden zwingen, wenn die Amerikaner und Briten nicht bald den Kanal überquerten und auf dem Kontinent landeten. Sobald der Gedanke, daß alles verloren sei, in mir zu bohren begann und die Angst schürte, verscheuchte ich ihn schleunigst. Er hätte mir die Kraft geraubt weiterzumachen.

Im August trat ein, was wir kaum für möglich gehalten hätten: Die Razzien wurden noch schlimmer. Die Juden klammerten sich an jeden Strohhalm in der Hoffnung, ein wenig Zeit zu gewinnen, durch einen besonderen Glücksfall von der Deportation zurückgestellt zu werden: vielleicht ein Posten beim Jüdischen Rat, einer Gruppe führender Repräsentanten der hiesigen Gemeinde, die als Verbindungsstelle zwischen Juden und Nazis fungierte; vielleicht auch in der Diamantenindustrie oder im Schrotthandel; oder in einem Einzelhandelsgeschäft, das ausschließlich zur Versorgung von Juden bestimmt war – einer jüdischen Bäckerei oder Gemischtwarenhandlung. Juden durften nicht mehr in den regulären Geschäften einkaufen oder wenn, dann nur zu genau vorgeschriebenen Zeiten.

Um die Deportation hinauszuschieben, suchten sie sich Atteste zu beschaffen, die ihnen Arbeitsunfähigkeit oder irgendeinen geistigen Defekt bescheinigten. Angst und Unsicherheit wuchsen täglich. Immer mehr Juden wurden verschleppt. Einer Razzia zu entkommen, wurde zunehmend schwieriger.

Wenn es durchsickerte, in welcher Gegend eine stattfinden sollte, verbreitete sich das wie ein Lauffeuer, und die Menschen fanden irgendwo außerhalb ihrer Wohnungen einen Unterschlupf. Am nächsten Tag wagten sie sich dann heraus und machten sich auf die Suche, wer von ihren Angehörigen und Freunden noch in Freiheit war.

Häufig wurden Ehepaare durch eine Razzia auseinandergerissen. Einer wurde abtransportiert, der andere blieb zurück, weil er sich zufällig woanders befand. War eine jüdische Wohnung schließlich menschenleer, schickte eine Transportfirma namens Puls, die vertraglich zur Abholung jüdischen Eigentums bevollmächtigt war, einen Möbelwagen vorbei und ließ das gesamte Inventar blitzschnell ausräumen. Dann zogen, häufig innerhalb weniger Tage, holländische Nazis in die leere Wohnung ein; bei der Zuweisung von Wohnraum hatten NSB-Mitglieder stets den Vorrang.

Der 6. August 1942 wurde als «Schwarzer Donnerstag» bekannt. Eine Großrazzia erstreckte sich vom Morgen bis in die Nacht hinein. Wir hörten, daß Juden in den Straßen aufgegriffen und weggebracht wurden. Man holte sie mit vorgehaltener Waffe aus ihren Wohnungen, sie mußten abschließen, die Schlüssel aushändigen und alles, was sie besaßen, zurücklassen. Sie wurden mißhandelt. Diese Razzia hatte viele Juden in den Selbstmord getrieben. Als ich abends nach Hause kam, hörte ich von meinen Freunden und Nachbarn schreckliche Einzelheiten.

Elli hatte kürzlich bei Kraler nachgefragt, ob ihr Vater, der arbeitslos war und sechs Kinder ernähren mußte, bei uns eingestellt werden könne. Es gab genug Arbeit für eine weitere Hilfskraft im Lager.

Kraler besprach das mit Frank, der offenbar zugestimmt hatte. Wenn solche Entscheidungen zu treffen waren, wandte man sich unverändert an ihn. Also fing Ellis Vater, Hans Vossen, bei uns an. Er mußte verschiedene Gewürzmischungen zusammenstellen, sie in den Gewürzmühlen zermahlen, abpacken und verschicken.

Vossen war fast so groß wie Henk, dünn, zwischen fünfundvierzig und fünfzig. Bald nach seinem Eintritt stellte ich fest, daß Frank ihn ins Vertrauen gezogen hatte. Kraler ließ Vossen vor der Tür zum Versteck ein Wandregal installieren. Dieses Regal, in das wir leere, schwarzweiß gebundene Kontobücher stellten, verdeckte die Tür vollständig. Niemand hätte sie dahinter vermutet. An der Wand über dem Regal hing seit Jahren eine Landkarte der südbelgischen Provinz Luxembourg.

An der Rückwand des Regals hatte Vossen einen Türhaken angebracht, so daß unsere Freunde ihr Versteck fest hinter sich verschließen konnten. Wenn sie aufhakten, drehte sich das Regal zur Seite, und man konnte eintreten. Eine wahrhaft grandiose Idee. Wie Elli mir später erzählte, stammte sie von Otto Frank.

Bei all der Angst, die jetzt in den Straßen von Amsterdam umging, hatte man beinahe das Gefühl, eine Freistätte zu betreten, wo unsere Freunde sicher und geborgen waren. Wenn ich das Aktenregal zur Seite drehte, mußte ich indessen jedesmal ein Lächeln auf mein Gesicht zaubern und die Bitterkeit verbergen, die mir das Herz abdrückte. Ich holte tief Luft, zog das Regal hinter mir zu und setzte eine ruhige und gutgelaunte Miene auf, wie man sie sonst in Amsterdam gewiß nirgends mehr zur Schau trug. Meine Freunde dort oben durften nichts von meiner Angst merken, durften sich nicht aufregen.

9

Die Juden, die bisher der Verhaftung entgehen konnten, trauten sich nun nicht mehr auf die Straße. Jeder Tag war erfüllt von unerträglicher Angst. Bei jedem Geräusch meinte man, es seien die Grünen; jedes Klingeln, Anklopfen, jeder Schritt, jeder quietschende Autoreifen – eine Razzia. Viele blieben in ihrer Wohnung, saßen bloß da – warteten.

Frau Samson teilte uns mit, sie habe endlich eine «sichere Adresse» gefunden und gedenke jetzt unterzutauchen. Wir waren sehr froh und erleichtert. Sie wollte uns mehr erzählen, aber wir erinnerten sie daran: Je weniger wir wüßten, desto sicherer wäre es für sie und für uns. Henk richtete eine Bitte an sie. «Könnten Sie es noch ein paar Tage verschieben, bis Miep und ich in Urlaub gehen? Warten Sie bis September; in diesem Fall können wir nicht das mindeste über Ihren Verbleib wissen. Selbst wenn sie uns verhaften und schlagen, können wir immer nur sagen, daß wir keine Ahnung haben, wohin Sie verschwunden sind, weil wir zu der Zeit im Urlaub waren.»

Frau Samson erklärte sich einverstanden. Wir wußten, daß wir damit viel von ihr verlangten, doch wir mußten an die sieben Menschen in der Prinsengracht denken – das heißt, es ging um mehr als bloß um uns; wenn uns etwas zustieß, bedeutete das auch für sie ernste Schwierigkeiten.

Was sich politisch wirklich abspielte, war schwer auszumachen. Die offiziellen Zeitungen enthielten nichts als Lügen. Manche Kriegsberichte klangen vielversprechend. Im

August behaupteten die Deutschen, sie hätten die russischen Erdölfelder bei Mosdok erobert, und wieder einmal war vom Endsieg die Rede. Durch BBC erfuhren wir jedoch, die Erdölfelder befänden sich zwar in deutscher Hand, seien jedoch wertlos, da die Russen sie zuvor völlig zerstört hätten.

Bald darauf teilten die Deutschen mit, die 6. Armee habe die Wolga erreicht, nördlich von Stalingrad; sie sei bereits bis nahe an die Stadt vorgestoßen. Radio Oranje dagegen berichtete von hohen deutschen Verlusten und von der Entschlossenheit der Russen, bis zum letzten Mann zu kämpfen.

Die Deutschen bezeichneten die Deportationen als «Umsiedlung» und behaupteten, die Juden würden anständig behandelt, erhielten gute Unterkunft und Verpflegung, Familien blieben zusammen. Gleichzeitig aber meldete BBC, polnische Juden würden in deutschen Konzentrationslagern vergast, holländische Juden seien als Sklavenarbeiter nach Deutschland und Polen, in weit entfernte Lager, abtransportiert worden.

Wenn wir auch nicht wußten, was davon stimmte, so wußten wir doch eins: Die Deutschen ließen die zum Arbeitseinsatz verhafteten Juden Postkarten an ihre Familien schikken. Auf diesen Postkarten wurde stets positiv über das Leben in den Lagern berichtet; das Essen sei gut, es gebe Duschen usw. – alles Mitteilungen, die ihnen die Aufseher diktierten.

Gelegentlich gelang es, anderslautende Informationen durchzuschmuggeln. Zum Beispiel schrieb ein Holländer am Schluß einer solchen Karte: «Viele Grüße an Ellen de Groot.» Da es sich um einen gängigen holländischen Namen handelte, ließen die Deutschen den Nachsatz unbeanstandet durchgehen: Sie wußten nicht, daß *ellende* auf holländisch «Elend» und *groot* «schrecklich» bedeutet. So verklausuliert konnte die Mitteilung vom «schrecklichen Elend» passieren.

Diese widersprüchlichen Nachrichten machten mich ganz krank. Ich scheute mich, an die grauenhaften Gerüchte auch nur zu denken, die ständig kursierten – Gerüchte darüber, wie brutal die Deutschen wehrlose Häftlinge in den Lagern mißhandelten. Um durchhalten zu können, hatte ich mir angewöhnt, nur an die guten Nachrichten zu glauben. Sie gab ich an die Untergetauchten weiter, die schlechten dagegen verdrängte ich sofort wieder. Ich konnte das alles nur durchstehen, wenn ich mir unbeirrt den Glauben daran bewahrte, daß dieser Krieg gut für uns enden würde.

In diesen Zeiten konnte von richtigen Ferien für Henk und mich nicht die Rede sein. Wir brauchten jedoch dringend Urlaub und schafften es, zehn Tage in einem kleinen Ort außerhalb von Amsterdam zu verbringen. Wir gingen spazieren, ruhten uns aus, doch meine Gedanken wanderten immer wieder zurück zu unseren untergetauchten Freunden.

Bei unserer Rückkehr in die Hunzestraat war Frau Samson spurlos verschwunden.

Die Familien Frank und van Daan brachten es fertig, den Sommer über gesund zu bleiben. Das war von größter Wichtigkeit; wir alle fürchteten nichts mehr, als daß einer krank würde und wir keinen Arzt hinzuziehen könnten. Diese Angst lastete auf allen, besonders auf Edith Frank. Sie überwachte die Gesundheit ihrer Kinder, achtete stets darauf, was sie aßen, was sie anhatten, ob sie froren, ob es irgendwelche Krankheitssymptome gab.

Van Daans Freund, der Fleischer, war nicht der einzige, der uns half, die Hauptnahrungsmittel für unsere Freunde zu besorgen. Koophuis war mit dem Inhaber einer Ladenkette für Backwaren befreundet und traf nach dem Untertauchen mit ihm ein Abkommen: Er sollte zwei- bis dreimal wöchentlich eine bestimmte Menge Brot ins Büro liefern. Wir gaben unsere Marken ab und bezahlten die uns offiziell zustehende Ration. Der Preis für das zusätzliche Quantum sollte nach dem Krieg beglichen werden. Da die Anzahl der in der Prinsengracht Beschäftigten und der Untergetauchten in etwa gleich war, bestand kein Anlaß, Verdacht zu schöpfen.

Ich ging jetzt immer zu demselben Gemüsemann in dem kleinen Laden an der Leliegracht. Er hatte eine besonders freundliche, entgegenkommende Art. Ich kaufte, was ich kriegen konnte, je nachdem, was gerade vorhanden war. Nach mehreren Wochen begann er, ohne daß wir ein Wort darüber verloren hätten, Gemüse für mich zurückzulegen. Er hatte gemerkt, daß ich immer in ziemlich großen Mengen kaufte.

Ich verstaute die Lebensmittel in meiner Tasche, eilte damit ins Büro und stellte sie zwischen meinen Schreibtisch und das Fenster, wo sie außer uns Eingeweihten niemand sehen konnte.

Später brachte ich dann in einer ruhigen Minute meine Einkäufe nach oben. Bis auf die schweren Kartoffeln, die der nette Gemüsemann in der Mittagspause anschleppte. Ich erwartete ihn stets allein in der Küche, so daß alles reibungslos ablief. Er stellte seine Last in einem kleinen Schrank ab, den ich ihm gezeigt hatte, und nachts ging dann Peter nach unten und holte die Kartoffeln herauf. Über das Ganze fiel nie ein Wort zwischen dem Gemüsemann und mir. Es bedurfte auch keiner Erklärung.

Ich kaufte für sieben Personen im Versteck und für Henk und mich ein. Häufig mußte ich mehrere Geschäfte aufsuchen, um die benötigten Mengen zu bekommen, doch das fiel nicht sonderlich auf. Schließlich lebten wir nicht in normalen Zeiten. Jeder bemühte sich, so viel zu ergattern, wie er nur kriegen konnte. Großeinkäufe waren keine Seltenheit. Überdies nahmen es manche Ladeninhaber mit den Marken nicht so genau. Wenn ich zum Beispiel drei Pfund Kartoffeln brauchte, aber nur Marken für ein Kilo hatte, gab ich die ab und legte noch etwas Geld dazu, worauf ich ohne weiteres das eine Pfund zusätzlich erhielt.

Für Milch war Elli zuständig. In Holland wurde die Milch täglich frei Haus geliefert, in Büros wie in Privatwohnungen. Selbstverständlich brauchten die Mitarbeiter ein gehöriges Quantum, so daß nicht zu befürchten stand, der Milchmann könnte Verdacht schöpfen. Tagaus, tagein, bei Regen und Sonnenschein lieferte er die Milch. Wenn sie mittags nach oben ging, nahm Elli dann die Flaschen mit.

Der Plan für das Versteck stammte ursprünglich von Koophuis, wie Frank mir erzählte. Die Einzelheiten hatten sie gemeinsam ausgearbeitet, danach van Daan eingeweiht und ihm vorgeschlagen, mit seiner Familie ebenfalls hier unterzutauchen. Außer dem Mobiliar wurden insgeheim auch erhebliche Vorräte an Trockennahrung und Konserven in das Versteck geschafft. Säckeweise waren Hülsenfrüchte, Eingemachtes, Seife, Wäsche und Geschirr in den ruhigen Abendstunden hergebracht worden. Ich weiß nicht genau, wie das alles vor sich ging, vermute aber, daß Koophuis seinen Bruder, der für seine kleine Reinigungsfirma einen Lieferwagen besaß, mit der Beförderung der großen Stücke beauftragt hatte. Der Rest war dann wohl von Kraler erledigt worden.

Die Kinder lernten weiter unter Aufsicht ihres Vaters. Sie mußten ihr Pensum genau erfüllen; die schriftlichen Aufgaben korrigierte Frank. Peter van Daan war kein besonders guter Schüler, so daß Frank für ihn zusätzlich Zeit und Geduld aufbrachte. Otto Frank hätte einen großartigen Lehrer abgegeben. Freundlich und bestimmt würzte er seinen Unterricht stets auch mit einer Prise Humor.

Das Lernen kostete die Kinder täglich eine Menge Zeit. Margot fiel es leicht, Anne, obwohl weniger stark konzentriert, hatte ebenfalls keine Mühe. Sie hatte zu ihrem dreizehnten Geburtstag am 12. Juni, einige Wochen vor dem Untertauchen, von ihrem Vater ein in rot-orange-grau kariertes Leinen gebundenes Tagebuch geschenkt bekommen, in das sie häufig schrieb, entweder in ihrem Zimmer oder in dem ihrer Eltern. Obwohl jeder wußte, daß sie Tagebuch führte, tat sie das nie in Gegenwart anderer. Offensichtlich hatte Frank gebeten, daß man sie dabei nicht stören möge.

Wie mir Frank erzählte, war das Tagebuch für Anne zum ständigen Begleiter geworden, für die anderen aber ein Anlaß, sie damit aufzuziehen. Woher nahm sie bloß den Stoff, um unentwegt zu schreiben? Anne stieg das Blut in die Wangen, wenn sie gehänselt wurde. Sie zahlte sofort mit gleicher Münze zurück, schien nie um eine Antwort verlegen, bewahrte ihr Tagebuch aber sicherheitshalber in der alten ledernen Aktenmappe ihres Vaters auf.

Ihr dichtes, glänzendes dunkelbraunes Haar war Annes ganzer Stolz. Sie bearbeitete es mehrmals am Tag intensiv mit Kamm und Bürste, um es gesund und kräftig zu erhalten und auf Hochglanz zu bringen. Dabei legte sie sich immer einen Frisierumhang aus dünner beigefarbener, mit rosaroten, hellgrünen und blauen Rosen sowie kleinen Figuren gemusterter Baumwolle über die Schultern und band ihn unter dem Kinn zusammen. Über Nacht drehte sie die Haarspitzen zu Locken auf. Auch Margot benutzte Lockenwickler.

Beide halfen beim Kochen, schrubbten Töpfe, schälten Kartoffeln und räumten auf. Beide lernten und lasen aber auch unentwegt. Manchmal breitete Anne ihre Sammlung von Filmbildern aus und betrachtete die schönen Gesichter. Sie unterhielt sich mit jedem Zuhörer, den sie finden konnte, über Filme und Filmstars.

Wenn ich leise nach oben kam, war immer alles in Arbeit vertieft. Sie glichen lebenden Bildwerken: ein Kopf, über ein Buch gebeugt, Hände, über einem Berg Kartoffelschalen schwebend; ein traumverlorenes Gesicht über mechanisch strickenden Händen; eine Hand, sanft über Mouschis seidiges Fell streichelnd; eine Feder, über weißes Papier kratzend, nach einer Gedankenpause erneut ansetzend. Und alle stumm, versunken.

Doch wenn mein Gesicht über dem Treppenabsatz auftauchte, leuchteten ihre Augen auf und weiteten sich vor Freude. Sie verschlangen mich förmlich mit den Blicken. Dann ließ Anne, immer Anne, ein Schnellfeuer von Fragen auf mich los: «Was gibt's draußen Neues?», «Was ist in der Tasche?», «Hast du schon die Nachrichten gehört?»

Nachdem Frau Samson untergetaucht war, ließ Henk die Wohnung sofort auf uns umschreiben. Wir befürchteten, wenn sie unverändert unter dem jüdischen Namen Samson lief, würde eines Tages der Möbelwagen von Puls vorfahren und Frau Samsons Einrichtung abholen. Selbstverständlich würden Frau Samson und ihr Mann alles zurückbekommen, sobald sie wieder da wären.

Frau Samson war im September untergetaucht. Etwa vier bis sechs Wochen danach erhielten wir einen Brief mit dem Poststempel Hilversum von einer Frau van der Hart – ein Name, der uns nichts sagte. Nachdem wir ihn gelesen hatten, begriffen wir. Frau Samson hatte offenbar in Frau van der Harts Haus in Hilversum Unterschlupf gefunden. Sie fühlte sich einsam und hatte Frau van der Hart gebeten, uns zu schreiben und uns einzuladen.

Das konnten wir nicht abschlagen. Für die kurze Strecke von Amsterdam nach Hilversum nahmen wir den Zug. Insgesamt brauchten wir fünfundvierzig Minuten. Die Adresse kannten wir durch den Brief und standen nun vor einer großen Villa, die auf recht wohlhabende Besitzer schließen ließ.

Wir klingelten, Frau van der Hart öffnete, und wir stellten uns vor. Sie bat uns herein und erklärte uns sofort, daß sie derzeit das Haus mit ihrem einzigen Sohn bewohne, einem einundzwanzigjährigen Studenten namens Karel. Beim Einmarsch der Deutschen hielt sich ihr Mann gerade in den Vereinigten Staaten auf und konnte nicht zurück. Sie hatte seit zwei Jahren nichts von ihm gehört. Sie entschuldigte sich für den Zustand des Hauses. Vor dem Krieg habe sie immer Personal gehabt, betonte sie, aber jetzt müsse sie eben alles selber machen.

Sie führte uns nach oben in einen wunderschönen Raum, den Frau Samson bewohnte. Sie war zwar einsam, verängstigt und nervös, weil sie ständig im Haus bleiben mußte, wurde aber andererseits gut verpflegt und freundlich behandelt. Wir erfuhren, daß dies hier ursprünglich als Versteck für die Familie ihrer Tochter gedacht war – die vielleicht jetzt in diesem Raum in Sicherheit sein könnte, wenn sie nicht in Panik geraten und zur Centraal Station gegangen wäre.

Wir berichteten Frau Samson sämtliche Neuigkeiten aus Amsterdam und versprachen wiederzukommen. Dann fuhren wir mit dem Nachmittagszug nach Amsterdam zurück.

Etwa um die gleiche Zeit schrieb uns ein älterer Jude, ein Freund von Otto Frank, den wir bei einer der samstäglichen Zusammenkünfte kennengelernt hatten, und bat uns, ihn in seiner Wohnung aufzusuchen. Es sei sehr dringend, betonte er.

Henk ging allein zu ihm und kam blaß und erschöpft zurück. Er schleppte zwei stattliche Bände – eine herrlich gedruckte Originalausgabe der Gesammelten Werke von Shakespeare in Goldschnitt. Henk erzählte mir, daß der Mann, ein Sechziger, zusammen mit seiner unverheirateten Schwester und der hochbetagten Mutter in einer Wohnung lebte. Er habe sich nach einer «sicheren Adresse» für seine Mutter, seine Schwester und sich selbst erkundigt. Henk schüttelte traurig den Kopf. «Mein erster Gedanke war, daß sich für so alte Menschen unmöglich ein Versteck finden läßt, aber ich brachte es nicht übers Herz, das auszusprechen, und sagte statt dessen: ‹Ich werde mich umhören.›».

Dann nahm der Mann die Shakespeare-Ausgabe aus dem Regal, in dem viele schöne ledergebundene Bücher standen, und fragte: «Würden Sie mir den Gefallen tun, Herr Gies, dies hier mit zu sich nach Hause zu nehmen und bis nach dem Krieg für mich aufzubewahren?»

«Selbstverständlich.»

Und so hatten wir nun diese Prachtausgabe von Shakespeares Werken bei uns stehen. Henk und ich schwiegen. Was blieb uns da noch zu sagen? Wir wußten beide, daß es so gut wie ausgeschlossen war, für diese Leute eine «sichere Adresse» ausfindig zu machen. Henk hatte zwar versprochen, es zu versuchen, und das tat er auch, aber ohne jeden Erfolg.

Ich wußte, wie elend Henk wegen des alten Mannes zumute war. Etwa um die gleiche Zeit hatte ich ein ähnlich bedrückendes Erlebnis, als ich an einer armen alten Jüdin vorbeiging, die direkt vor unserem Haus auf der Steintreppe kauerte, bis die Grünen kamen, um sie festzunehmen. Ihre Augen flehten jeden Passanten um Hilfe an. Sie gehörte zu den vielen Juden, die ziellos durch die Straßen irrten und sich auf Treppenstufen ausruhten, weil es ihnen in öffentlichen Cafés oder auf Parkbänken verwehrt war.

Seit kurzem veranstalteten die Grünen und die SS Razzien

mitten am Tag. Das war die beste Zeit, die wehrlosesten Juden daheim anzutreffen: Alte, Kranke, kleine Kinder. Viele hatten auf den Straßen Zuflucht gesucht, um nicht zu Hause zu sein, wenn die Deutschen sie abholen kamen. Oft erkundigten sie sich bei den Passanten, ob diese irgendwelche Anzeichen für eine drohende Razzia bemerkt hätten, und wenn ja, wo. So sehr es mich auch drängte, dieser alten Frau und anderen in der gleichen Lage zu helfen, war mir doch klar, daß ich die Vernunft walten lassen mußte. Ich hatte mehr zu bedenken, durfte nicht meinem Impuls folgen. Und so sah ich weg, wie viele andere. Ich ging hinein, schloß die Tür hinter mir. Mein Herz hatte einen Sprung bekommen.

Immer wieder hatten Anne und die anderen uns aufgefordert, einmal bei ihnen zu übernachten. Es klang jedesmal fast flehentlich, so daß ich eines Tages ein paar Sachen von zu Hause mitnahm, Nachtzeug für Henk und mich.

Als ich Anne und Frau Frank mitteilte, daß wir endlich über Nacht bleiben würden, kannte die Begeisterung keine Grenzen. Man hätte meinen können, Königin Wilhelmina höchstpersönlich habe ihren Besuch angekündigt. Anne rieb sich voller Aufregung die Hände, sauste zu den anderen und rief: «Miep und Henk übernachten heute bei uns!»

Ich versuchte, etwas zu dämpfen, und bat Frau Frank: «Wir möchten keinesfalls, daß Sie sich irgendwelche Umstände machen.»

Lächelnd legte sie mir die Hand auf die Schulter und drückte sie. Beim Weggehen wiederholte ich zu Otto Frank, der ebenfalls nach unten wollte: «Bloß keine Umstände, bitte.»

Er schüttelte lächelnd den Kopf: «Nein, nein, natürlich nicht.»

Im Laufe des Tages erzählte ich Jo Koophuis von unserer Absicht. Nach Büroschluß kam Henk, und als um 17 Uhr 30 Feierabend gemacht wurde und der letzte Arbeiter nach Hause gegangen war, wünschte Koophuis uns gute Nacht. Er schloß die Haustür hinter sich ab. In den leeren Büroräumen herrschte jetzt tiefe Stille. Wir vergewisserten uns, ob überall das Licht ausgeschaltet war, gingen dann die Stufen hinauf, drehten das Regal zur Seite und traten ein. Ich machte den Haken zu.

Oben wurden wir freudig willkommen geheißen. «Der letzte Arbeiter ist weg», verkündete ich. Sofort ging es geräuschvoll zu – Stimmengewirr, Schritte, Wasserspülung, Türenklappen. Es war wieder Leben eingekehrt dort oben.

Anne dirigierte uns zu dem Zimmer, das sie mit Margot teilte. Auf ihr Drängen sollten Henk und ich dort schlafen, während sie und Margot bei den Eltern kampieren würden. Anne zerrte mich zu ihrem frischbezogenen Bett und bat mich, meine Sachen hier hinzulegen. Belustigt antwortete ich, es sei mir eine Ehre, und deponierte mein Nachtzeug auf ihrem und Henks auf Margots Bett.

Bald wurde es Zeit für die Rundfunknachrichten; die ganze Gesellschaft machte sich nach unten auf, zog sich in Franks Privatkontor Stühle heran und versammelte sich um den Philips-Apparat auf dem Tisch. Der ganze Raum vibrierte vor Erregung, als die nahe und doch so ferne Stimme ertönte: «Hier spricht Radio Oranje. Der heutige Tag ist gut verlaufen. Die Engländer...» Unsere einzige wirkliche Verbindung zur noch freien Welt draußen ließ uns Hoffnung und Information zuteil werden.

Als es Zeit wurde, sich zu Tisch zu setzen, bekamen Henk und ich wieder die Ehrenplätze, genau wie bei dem Galadiner zu unserem Hochzeitstag. Wir zwängten uns alle neun um die Tafel.

Diesmal hatten Frau Frank und Margot die Regie übernommen und eine schmackhafte, sättigende Mahlzeit zubereitet.

Die verdunkelten Fenster, das elektrische Licht und die beim Kochen entwickelte Hitze machten es mollig warm und gemütlich. Wir saßen lange bei Kaffee und Dessert und unterhielten uns. Unsere Freunde kosteten den ausgedehnten Besuch bis zur Neige aus. Anscheinend konnten sie gar nicht genug bekommen von diesem ungewohnten Genuß.

Als ich da saß, wurde mir bewußt, was es bedeutete, in diesen kleinen Räumen eingesperrt zu sein. Ich bekam ein Gespür für die ohnmächtige Angst, der diese Menschen Tag und Nacht ausgeliefert waren. Sicher, es war Krieg, das galt für uns alle; aber Henk und ich konnten uns frei bewegen, nach Belieben kommen und gehen, zu Hause bleiben oder ausgehen. Diese Menschen dagegen befanden sich in einem Gefängnis, einem Kerker, dessen Türen von innen zu verschließen waren.

Zögernd sagten wir gute Nacht, denn solange wir da waren, konnten die van Daans sich ja nicht hinlegen. Henk, ich und die Franks gingen hintereinander die steile Treppe hinunter. Dort verabschiedeten wir uns nochmals; dann machten Henk und ich uns für die Nacht in dem kleinen Zimmer fertig, umgeben von Annes Stargalerie an den Wänden.

Ich stieg in Annes kleines Bett, in dem sich eine Decke über der anderen türmte. Sie verbreiteten eine solche Wärme, daß es mir unvorstellbar erschien, wie Anne jemals eine Erkältung bekommen konnte. Im Zimmer hingegen war es kühl, und als ich mich möglichst behaglich zurechtkuschelte, hörte ich jedes Geräusch aus den übrigen Räumen: van Daans Husten, knarrende Sprungfedern, einen zu Boden fallenden Hausschuh, die Wasserspülung, den Kater Mouschi, der irgendwo über mir nach einem Sprung auf seinen Samtpfoten gelandet war.

Die Westerturmuhr schlug jede Viertelstunde. Ich hatte das nie so laut gehört; es hallte in den Räumen wider und ebbte erst allmählich wieder ab. Die Westerkerk lag unmittelbar rechts von dem Gärtchen hinter der Rückfront des Gebäudes, was sich vorn, in unseren Büros, offenbar schalldämmend auswirkte. Tagsüber klang die Turmglocke schwach, gedämpft – ein fernes, besänftigendes Geräusch.

Die ganze Nacht konnte ich kein Auge zumachen. Ich hörte jeden Schlag der Westerturmuhr. Ich hörte, wie es zu regnen anfing, wie Wind aufkam. Die Stille hier drinnen war erdrückend. Ich spürte es körperlich, wie die Furcht der hier zusammengedrängten Menschen sich auf mich legte, immer schwerer lastete. Wie eine Schlinge um den Hals, die sich von Minute zu Minute fester zuzog. Es war so schrecklich, daß ich nicht schlafen konnte.

Erst jetzt begriff ich ganz, was es bedeutete, untergetaucht zu sein.

10

Bei Tagesanbruch war ich immer noch wach. In aller Frühe hörte ich, wie unsere Gastgeber sich zu regen begannen und nacheinander den Waschraum aufsuchten, der benutzt werden mußte, ehe die Angestellten unten zur Arbeit erschienen. Draußen goß es in Strömen. Henk und ich zogen uns rasch an. Gemeinsam gingen wir nach oben und setzten uns wieder um den Tisch zum Frühstück. Henk brach zuerst auf; er mußte vor dem Eintreffen der Arbeiter das Haus verlassen haben. An den Blicken unserer Freunde merkte ich, wie ungern sie ihn gehen ließen.

Ich blieb sitzen, solange ich konnte, bekam Kaffee nachgeschenkt und wurde wieder wie die Königin persönlich behandelt. Anne überschüttete mich mit gezielten Fragen nach meinen Eindrücken von einer im Versteck verbrachten Nacht: «Wie hast du geschlafen? Hat dich das Schlagen der Westerturmuhr gestört? Hast du die Bomber gehört, die nach Deutschland unterwegs waren? Konntest du bei alldem überhaupt schlafen?»

Es war nicht leicht, Annes Fragen auszuweichen, aber ich tat mein Bestes. Ich wollte nichts von dem verlauten lassen, was mich diese Nacht voller Angst und Schrecken gelehrt hatte.

Annes Gesicht verriet Befriedigung. Sie fixierte mich scharf. Es wurde nicht ausgesprochen, aber wir beide wußten, daß ich für kurze Zeit die Schwelle überschritten hatte, die Außenstehende und Betroffene trennt; daß auch ich nun eine solche endlos lange Nacht im Versteck aus eigener Erfahrung kannte.

«Wirst du wieder mal hier übernachten?» fragte sie.

Auch die anderen bettelten: «Nicht wahr, Sie bleiben doch bald wieder über Nacht bei uns?»

«Ja, das tue ich bestimmt.»

«Du kannst wieder mein Bett kriegen», bot Anne an. «Man fühlt sich so sicher, wenn unsere Beschützer nahe bei uns sind.»

Wir seien ihnen immer nahe, versicherte ich ihr. «Wenn nicht körperlich, so doch in Gedanken.»

«Auch nachts?» wollte Anne wissen.

«Auch nachts», bekräftigte ich.

Sie betrachtete mich eine Weile prüfend; dann veränderte sich ihr Gesichtsausdruck. «Und du brauchst nicht mal raus bei dem Hundewetter und kommst nicht klatschnaß ins Büro!»

Anfang Oktober fanden wieder ausgedehnte Razzien statt. Der 2. Oktober 1942 wurde der «Schwarze Freitag» genannt. An jenem Tag verbreitete sich die Nachricht von einer bevorstehenden Großrazzia wie ein Lauffeuer im Judenviertel. Von Furcht gelähmt warteten die Menschen ununterbrochen auf polternde Stiefel im Treppenhaus, auf das Schrillen der Türklingel. Die Gerüchte hatten so ungeheuerliche Ausmaße angenommen, daß in sämtlichen von Juden bewohnten Gegenden Amsterdams Panik auszubrechen drohte.

Diese ausgedehnten Razzien wüteten unaufhörlich weiter. Dann hörten sie unvermittelt auf. Wochen verstrichen. Neue Gerüchte kursierten: Vielleicht war die Deportation der jüdischen Bevölkerung abgeschlossen? Vielleicht waren die Lager voll, und die Deutschen hatten nun genügend Sklavenarbeiter?

Der Herbst in Holland war regnerisch und kalt, der Himmel ständig grau und düster. BBC und Radio Oranje informierten uns über die Regenfälle in Rußland, die den Vormarsch der 6. Armee ins Stocken brachten. Englische und amerikanische Streitkräfte waren unter Führung von General Eisenhower am 8. November in Marokko und Algerien gelandet; der berühmte General Montgomery hatte in einer Gegenoffensive Generalfeldmarschall Rommels Divisionen zurückgeschlagen. Langsam ja, aber Meter um Meter. Die von den Deutschen kontrollierten Zeitungen posaunten natürlich aus, der Krieg sei so gut wie gewonnen. In Kürze würde Deutschland den europäischen Kontinent beherrschen – dazu Großbritannien, Nordafrika, Ägypten und so weiter.

Vor jedem Einkauf hatte ich nicht die leiseste Ahnung, was ich diesmal wohl auftreiben würde. Von Mal zu Mal schien es in den Läden weniger Waren zu geben, dafür aber längere Käuferschlangen. Auch die Menschen sahen mittlerweile etwas schäbiger aus. Doch immer noch ließ sich unschwer alles bekommen, was zur Ernährung unserer sieben Freunde sowie für Henk und mich benötigt wurde; man mußte nur mehr Zeit zum Herumsuchen aufwenden.

Sobald ich das Versteck betrat, holten Anne, ihre Mutter und Frau van Daan regelmäßig haarklein alles aus mir heraus, was es über das Leben auf der anderen Seite des Regals zu berichten gab. Die Männer fragten Henk ebenso gründlich aus. Anne wollte immer wieder wissen, ob ihre Wohnung am Merwedeplein von Puls ausgeräumt worden sei. Ich war mehrmals vorbeigeradelt, konnte jedoch nichts entdecken, bis auf die Fenstervorhänge, die noch von den Franks stammten. Ich sagte ihr, ich wisse es nicht.

Zufällig beobachtete ich eines Tages, wie das Haus der van Daans ausgeräumt wurde. Frau van Daan hatte das keineswegs gelassen aufgenommen, sondern sich fürchterlich aufgeregt. Ich schwor mir, solche Risiken künftig zu vermeiden und meine Neuigkeiten wohldosiert zu verabreichen, was sich jedoch nicht so leicht durchführen ließ. Anne hatte das Zeug zu einem hervorragenden Detektiv. Sie spürte, wenn ihr irgend etwas verheimlicht wurde; sie bohrte und trieb mich in die Enge, brachte mich durch unentwegtes Anstarren aus der Fassung, bis ich mich genau das offenbaren hörte, was ich zu verschweigen beschlossen hatte.

Edith Frank nahmen schlechte Nachrichten am meisten mit. Als der Winter herannahte, versank sie allmählich in immer tiefere Niedergeschlagenheit. Uns anderen hatte das Gerücht, daß die Razzien wohl abgeschlossen seien, neuen Auftrieb gegeben. Wir glaubten fest an die vielversprechenden Nachrichten von BBC und Radio Oranje über die neuen anglo-amerikanischen Offensiven. Edith Frank jedoch schien nichts davon aufzumuntern. Keine noch so verheißungsvolle Meldung vermochte auch nur den leisesten Hoffnungsschimmer in ihr zu erwecken. Wir konnten so viele Einwände gegen ihre Schwarzseherei vorbringen, wie wir wollten; für sie existierte nur der lange dunkle Tunnel, doch keinerlei Lichtschein am Horizont.

Trotz der Ruhepause kam unter den Juden kein Gefühl von Sicherheit auf. Sehr viele waren zwar seit langem fort, und die verbliebenen lebten in ständiger Furcht, zumeist ohne jeden Verdienst, sofern sie nicht in einem der immer mehr dahinschwindenden geschützten Berufe tätig waren. Christen war es schon seit geraumer Zeit verboten, sich von jüdischen Ärzten oder Zahnärzten behandeln zu lassen, doch ich lehnte es ab, von meinem ausgezeichneten Zahnarzt wegzugehen. Albert Dussel war sogar Kieferspezialist, und außerdem mochte ich ihn gern.

Als ich in jenem Herbst seine Praxis aufsuchte, fragte er mich mit leiser, vorsichtiger Stimme: «Wissen Sie vielleicht ein Versteck für mich, Miep?»

Ich schüttelte verneinend den Kopf, versprach aber, es ihn wissen zu lassen, falls ich irgend etwas hörte.

Tags darauf stattete ich oben meinen gewohnten Bericht ab und erwähnte Frank gegenüber auch meinen Besuch bei Dr. Dussel. Ich erzählte ihm, daß Dussel einen Platz zum Untertauchen suche. Frank hörte sich das interessiert an. Dussel und seine Frau hatten ja zu den deutschen Emigranten gehört, die sich samstags bei den Franks zu treffen pflegten. Ich wußte, daß Frank ihn genauso mochte wie ich.

Einige Tage später teilte mir Frank bei meinem Besuch

nach Feierabend mit, er habe etwas mit mir zu besprechen. Ich setzte mich, und er begann: «Miep, wo sieben essen können, werden auch acht satt. Wir alle haben den Fall beredet und beschlossen, daß Dussel hier bei uns untertauchen kann. Aber er muß gleich morgen früh kommen.»

Frank erläuterte mir nun seine Gründe für diese Bedingung: Er wollte ihm weder Zeit lassen, zu irgend jemandem darüber zu sprechen, noch umfangreiche Vorbereitungen zu treffen, die Verdacht erregen und die bereits Untergetauchten gefährden könnten. Ich sah das völlig ein und versprach Frank, sein Angebot unverzüglich weiterzugeben.

Ich suchte Albert Dussel nach Feierabend in seiner Wohnung auf und berichete ihm, daß ich ein Versteck für ihn gefunden hätte. Einzelheiten teilte ich ihm nicht mit, nur daß es sich um einen «sicheren» Platz handle. «Aber Sie müssen gleich morgen früh hingehen, das ist in diesem Fall Bedingung.»

Dussel machte ein langes Gesicht und schüttelte bekümmert den Kopf. «Ausgeschlossen», erklärte er. «Ich habe eine Patientin mit einer schweren Kieferkomplikation. Morgen soll die letzte Behandlung stattfinden. Wenn ich jetzt abbreche, lasse ich sie mit unerträglichen Schmerzen zurück. Das kann ich nicht verantworten.» Er seufzte tief auf. «Unmöglich, ganz unmöglich. Übermorgen – ja, aber morgen ... keinesfalls.»

Ich sagte nichts mehr und verabschiedete mich.

Am nächsten Morgen ging ich mit schwerem Herzen nach oben, um von meinem Besuch bei Dr. Dussel zu berichten. Frank lauschte aufmerksam. Ich merkte ihm an, daß die Überlegung, ob sie das Risiko eingehen und einen Außenstehenden hier aufnehmen sollten, die bei allen vorhandenen Ängste ohnehin um eine weitere vermehrt hatte. Er werde das mit den anderen besprechen und ihnen Dussels Situation erläutern, sagte Frank.

Bevor ich an jenem Nachmittag das Büro verließ, ging ich noch auf einen Sprung nach oben und fragte: «Nun, sind Sie wegen Dr. Dussel zu einer Entscheidung gelangt?»

Frank antwortete ernst: «Wir haben den Fall erörtert und den Schluß gezogen, daß ein verantwortungsbewußter Arzt den Patienten während der Behandlung tatsächlich nicht im Stich lassen darf. Wir zollen ihm für seine Haltung Respekt. Sagen Sie Dr. Dussel, wenn er am Montagvormittag kommen will, ist hier ein Platz für ihn bereit.» Nach kurzer Pause fuhr er fort: «Wir haben uns einen Plan ausgedacht. Sind Sie trotz der damit verbundenen Gefahr bereit zu helfen, Miep?»

Ich bejahte.

Vorsichtig setzte er mir den Plan auseinander.

Danach ging ich abermals bei Dr. Dussel vorbei und berichtete ihm, es sei alles geregelt, am Montagvormittag könne er untertauchen. In seinen Augen leuchtete Hoffnung auf. «Montagvormittag paßt ausgezeichnet. Die Behandlung ist abgeschlossen. Ich bin soweit.»

«Gut, der Plan sieht folgendermaßen aus: Sie finden sich am Montag um elf beim Hauptpostamt am N. Z. Voorburgwal ein. Gehen Sie vor dem Gebäude auf und ab. Sobald Sie der Kontaktmann identifiziert hat, wird er Sie mit dem Satz ansprechen: ‹Folgen Sie mir bitte.› Sie sagen kein Wort und folgen ihm auf Schritt und Tritt. Und nehmen Sie möglichst wenig Gepäck mit – nichts, wodurch Sie sich verdächtig machen könnten. Wenn Sie erst in Sicherheit sind, findet sich vielleicht später eine Möglichkeit, Ihre Sachen zu holen. Das sehen wir dann schon.»

Dr. Dussel bedankte sich überschwenglich. Ich merkte ihm an, daß er überzeugt war, ich sei nur ein Bote. Er verabschiedete sich von mir «bis nach dem Krieg». Ich wünschte ihm viel Glück auf den Weg. Wir konnten nichts weiter sagen. Wir wußten beide, daß überall Gefahren lauerten für einen Juden, der im Begriff war unterzutauchen, und zwar besonders während der letzten Stunden.

Ich merkte auch, daß Dussel das Versteck irgendwo auf dem Lande vermutete.

Sein Kontaktmann war Jo Koophuis. Er hatte ihn nie kennengelernt und somit auch keine Möglichkeit, ihn mit Frank in Zusammenhang zu bringen. Im Büro in der Prinsengracht war Dussel ebenfalls noch nie gewesen. Wie die meisten verzweifelten Juden war auch er bereit und willens, sich selbst, seine Sicherheit, vielleicht sogar sein Leben einem Unbekannten anzuvertrauen.

Am Montagvormittag arbeitete ich an meinem Schreibtisch. Gegen 11 Uhr 30 kam Koophuis herein: «Alles in Ordnung. Ich habe ihn durch den Korridor in Franks Privatkontor geschleust. Er wartet dort – ganz perplex, daß er direkt ins Zentrum von Amsterdam gebracht wurde und nicht irgendwohin außerhalb der Stadt. Jetzt sind Sie dran, Miep.»

Ich eilte in Franks Privatkontor.

«Miep!» rief Dussel. Auf seinem Gesicht zeigte sich Erschrecken.

Ich konnte mir nur mühsam das Lachen verkneifen, wenn ich an die bevorstehende Überraschung dachte. «Geben Sie mir Ihren Mantel», sagte ich.

Er zog, jetzt einigermaßen verwirrt, den Mantel aus.

Ich hängte ihn mir über den Arm. «Kommen Sie, wir gehen nach oben.» Damit schob ich ihn die alte Holztreppe hinauf zu dem Vorplatz, wo das Regal den Eingang zum Hinterhaus verdeckte. Ich öffnete, ging nach oben in das Zimmer der van Daans, wo alle um den Tisch herumstanden und ihn lächelnd erwarteten. Der Kaffee war fertig, daneben eine Flasche Kognak. Dussel sah aus, als würde er jeden Moment in Ohnmacht fallen. Er starrte Frank wie einen Geist an. Seiner Überzeugung nach waren die Franks in die Schweiz geflüchtet, wie sollte er da auf den Gedanken kommen, daß sie sich mitten in Amsterdam befanden ...

Die Szene drohte mich zu überwältigen. «Meine Damen und Herren, es ist geschafft.» Damit machte ich kehrt und ließ sie unter sich.

Von nun an traf ich mich einmal wöchentlich mit Dr. Dussels bezaubernder blonder Frau, ein Jahr älter als ich, und überbrachte ihr seine dicken Briefe. Sie gab mir Post, Bücher, Pakete mit sowie ein paar Instrumente, um die er gebeten hatte. Für sie als Christin bestand jetzt, da sie nicht mehr mit einem Juden zusammenlebte, weiter keine direkte Gefahr.

Ich erzählte ihr, ich müsse die Sachen, die ich von ihr bekam, einer Mittelsperson aushändigen, die sie dann bei ihrem Mann abliefere. Ich tat, als hätte ich keine Ahnung, wo sich Albert Dussel versteckt hielt. Und Frau Dussel war viel zu klug und vorsichtig, um mich auszuhorchen. Nie stellte sie mir irgendwelche Fragen. Wir tauschten Briefe und Päckchen aus und besprachen alles mögliche für unser nächstes Treffen; dieser Ablauf wiederholte sich Woche für Woche.

Durch die Einquartierung von Dr. Dussel fehlte es an Platz für Henk und mich, wieder einmal dort zu übernachten, so daß Anne zu ihrer Enttäuschung weitere Aufforderungen dazu unterlassen mußte. Margot schlief jetzt bei ihren Eltern, während Anne sich den kleinen Raum mit Dr. Dussel teilte. Jeder zeigte zwar den besten Willen, aber mit acht anstatt sieben Personen war es eben doch recht beengt geworden.

Es stellte sich bald heraus, daß Albert Dussel Angst vor Katzen hatte und man Mouschi tunlichst von ihm fernhalten mußte. Das war nicht immer leicht zu bewerkstelligen, denn der begriffsstutzige Mouschi setzte seinen ganzen Ehrgeiz daran, den neuen Hausgenossen mit den bewährten Tricks zu umgarnen.

Von seinem Stammplatz neben dem meist glühendheißen Kohleherd im großen Zimmer der van Daans hatte Mouschi ein wachsames Auge auf jeden. Die Kohlen wurden von unten aus dem Lager hinaufgeschafft. Hier oben gab es überall zugige, feuchtkalte Stellen, so daß die Bewohner oft mehrere Sachen übereinander anzogen oder sich einen Schal um den Hals wickelten. Trotzdem war es in dem Aufenthaltsraum durch den Kohlenherd und die Kochhitze behaglich. Wenn die Stromzuteilung ausreichte und die Lampen brannten, wirkte das Versteck hell und freundlich.

Gegen Ende 1942 trafen Henk und ich alle erdenklichen Vorbeugungsmaßnahmen, um bloß nicht krank zu werden. Zum

Glück blieben wir gesund, und unsere Freunde ebenfalls. Bei Wintereinbruch wurde ich gewahr, daß oben im Versteck die Energie irgendwie erlahmte. Es ließ sich schwer definieren, aber dem Anschein nach hatte die Spannkraft nachgelassen und einer gewissen Apathie Platz gemacht. Ich merkte, daß Dussel mit seiner pedantischen Art Anne auf die Nerven fiel, während er wiederum gereizt auf ihre Sprunghaftigkeit reagierte. Das freundschaftliche Verhältnis zwischen Frau Frank und Frau van Daan hatte eine etwas förmliche Note bekommen. Peter verkroch sich immer öfter auf den Speicher, und Margot konnte endlos irgendwo sitzen, ohne sich vom Fleck zu rühren.

Es gab kleine lästige Unfälle und Unpäßlichkeiten. Nichts Bedrohliches: eine Bindehautentzündung bei Dussel, eine Rippenprellung bei Frau van Daan. Leichte Schmerzen und Beschwerden. Damit mußte man rechnen. So viele Menschen Tag und Nacht auf so engem Raum zusammengepfercht; steif gewordene Muskeln und Gelenke aus Mangel an Bewegung; ständig gedämpfte Stimmen; Blasen, die stundenlang nicht entleert werden konnten; keinerlei Ventil für Annes Temperament. («Schwung muß der Mensch haben» – mit dieser *«levensdevies»* überschrieb sie im April 1944 noch den letzten Teil ihres Tagebuchs.)

Eine Oase, die Sicherheit und Schutz bot vor einem trostlosen Leben in Amsterdam unter deutscher Besatzung, schien mit diesen Bagatellen nicht zu teuer bezahlt. Unserer Schätzung nach befand sich ein Großteil der jüdischen Bevölkerung nicht mehr in Amsterdam, sondern war nach Osten deportiert worden. Auch holländische Christen wurden zunehmend zum Arbeitseinsatz in der deutschen Rüstungsindustrie zwangsverpflichtet.

In jenem Winter fuhren Henk und ich jeden Morgen bei Dunkelheit mit dem Rad zur Arbeit, da es ja erst gegen 9 Uhr hell wurde. Nachmittags gegen halb fünf setzte bereits wieder die Dämmerung ein, so daß wir auch bei Dunkelheit heimwärts radelten. Zwischen der Arbeit die Jagd nach Lebensmitteln in der benötigten Menge, was von Tag zu Tag mehr Zeit beanspruchte; Besuche im Versteck; die zuversichtliche Fassade unseren Freunden gegenüber aufrechterhalten. Kein Wunder, daß ich abends erschöpft, ausgepumpt zu Hause ankam.

Wir freundeten uns mit einem jungen holländischen Ehepaar an, das gegenüber von uns wohnte. Die Frau war schwanger und stand kurz vor der Entbindung. Manchmal besuchten wir sie trotz der Sperrstunde abends und hörten bei ihnen verbotenerweise BBC. Wir tranken Ersatzkaffee und ließen uns von den Radionachrichten ein wenig Mut einflößen, leer und ausgehöhlt, wie wir waren.

Eines Abends, nach einem besonders anstrengenden, schweren Tag fühlten wir uns beide fix und fertig. Ich hatte noch einen kleinen Vorrat Bohnenkaffee in Reserve für einen speziellen Anlaß. An jenem Abend holte ich ihn spontan hervor und sagte zu Henk: «Komm.»

Hand in Hand sausten wir nach der Sperrstunde zu unseren Freunden hinüber. Beim Anblick des Bohnenkaffees strahlten sie. Wir machten es uns so gemütlich wie möglich und setzten uns um das Radio. Bedächtig schlürften wir den starken Kaffee, ließen jeden Tropfen auf der Zunge zergehen und genossen den Duft, den Geschmack, die Wirkung bis zur Neige.

Ein Zaubermittel. Im Nu waren wir aufgepulvert und wieder voller Haß und Rebellion gegen das deutsche Joch. Die Niedergeschlagenheit war verflogen, wir mußten nur noch den rechten Augenblick abwarten – bis die Alliierten zu uns vorgestoßen waren.

Angeregt, aber dennoch schläfrig, verabschiedeten wir uns schließlich und gingen heim. Tags darauf kam der Ehemann herüber und erzählte uns, unmittelbar nach unserem Weggang hätten bei seiner Frau die Wehen eingesetzt; er habe sie mit dem Taxi ins Krankenhaus gebracht, wo sie ganz schnell entbunden habe. «Ja, dem Baby geht's prima. Meiner Frau auch. Dein Kaffee hat's wirklich in sich, Miep!» fügte er lachend hinzu.

Ich lachte auch. Wir hatten von unserem letzten Bohnenkaffee guten Gebrauch gemacht.

Mit der Zeit hatte die Besetzung in mir den Wunsch nach Vergeltung geweckt. Wenn ich in den Nachrichten hörte, daß deutsche Soldaten zu Tausenden in den Schneestürmen Rußlands erfroren oder in den endlosen Wüsten Nordafrikas umkamen, wurde ich förmlich elektrisiert. Mein Puls schlug schneller, Erregung erfüllte und belebte mich.

Sie stünden hundertdreißig, dann nur noch fünfzig Kilometer vor Stalingrad, meldeten die Deutschen voller Stolz. Die Stadt werde in Kürze fallen, Hitlers Sieg über das riesige Rußland sei in greifbare Nähe gerückt. Durch BBC und Radio Oranje erfuhren wir, daß die Soldaten der Roten Armee erbitterten Widerstand leisteten. Kein Zweifel, die Verluste der Russen waren enorm, die der Deutschen nicht minder.

Henk hatte unseren Radioapparat auseinandergenommen und die Einzelteile Stück um Stück in das Versteck gebracht. Das hieß, daß wir nun kein Rundfunkgerät mehr im Haus hatten und die Nachrichten entweder bei unseren Freunden in der Nachbarschaft hören oder uns aus zweiter Hand informieren lassen mußten.

Elli und ich planten eine Nikolaus-Bescherung für die Untergetauchten. Wir kannten die liberale Einstellung der Franks gegenüber religiösen Bräuchen. Überdies ist der Nikolaustag, der 5. Dezember, auch in den Niederlanden eher ein Fest für Kinder als ein kirchlicher Feiertag. So wollten wir hauptsächlich Margot, Anne und Peter Freude und Abwechslung bereiten.

Elli und ich bosselten emsig an den manchmal sogar etwas frechen Versen, die am Nikolaustag die Hauptrolle spielen. Gemeinsam strapazierten wir unsere Phantasie, um für jeden ein passendes kleines Geschenk auszudenken. Da in den Geschäften nichts zu bekommen war, mußten wir viel Erfindungsgabe aufbieten für Dinge, die man selber basteln konnte. Wir nähten, hämmerten, klebten im verborgenen. Dann sammelten wir die kleinen Gaben und die Verse und versteckten alles in einem großen Korb, den wir hübsch dekorierten mit sämtlichen Resten, die Elli von früheren Nikolausfeiern aufgehoben und gestiftet hatte.

Der bunt aufgeputzte Korb blieb sicher verwahrt, bis Frank zum verabredeten Zeitpunkt mit den anderen nach unten kommen und ihnen die Überraschung präsentieren konnte.

Elli ging nach Hause, ich ebenfalls. Ich überlegte, was ich Henk zum Abendessen vorsetzen sollte, und malte mir die Freude aus, wenn unsere Freunde den großen, festlich geschmückten Korb auspacken und die liebevoll ausgedachten Geschenke mit den lustigen Versen finden würden. Sie mußten Spaß daran haben, vor allem die Kinder; ganz besonders Anne, die dreizehnjährige erfahrene Dame von Welt – jedenfalls so lange, bis eine Party in Aussicht stand. Dann gebärdete sie sich begeistert und aufgeregt wie ein kleines Mädchen.

Beim Gedanken an Anne fiel mir ein, daß ich kürzlich bemerkt hatte, wie blaß und fahl ihre Gesichtsfarbe geworden war. Die der anderen genauso. Seit über sechs Monaten war kein Sonnenstrahl, keine frische Luft an ihre Haut gelangt. Ich fragte mich, wie oft wohl schon ein Nazi an der Prinsengracht 263 vorbeigegangen sein mochte, ohne die leiseste Ahnung, ohne den geringsten Verdacht. Dann verscheuchte ich diese Grübeleien. Ich sollte lieber an erfreulichere Dinge denken – wie glücklich die Kinder sein würden, wenn sie nach unten kamen und dort den Geschenkkorb vorfanden. Morgen würde Anne mir haarklein von dem Fest berichten. Dann konnten wir zusammen lachen und das Ganze noch einmal erleben.

11

Wir alle waren fest davon überzeugt, daß der Krieg 1943 zu Ende gehen würde. Das Wetter war abscheulich – dunkel, naßkalt. Unter dem starken seelischen Druck, dem sie ständig ausgesetzt waren, drohten nicht wenige Menschen zusammenzubrechen.

Wie alle, verfolgten auch Henk und ich den Kampf um Stalingrad. Keiner hatte je zuvor Berichte über eine derart erbitterte, blutige Kesselschlacht gehört. Langsam, systematisch wurden die Deutschen geschlagen. Die Verwundeten blieben in Schnee und Eis zurück, dem sicheren Kältetod preisgegeben. Gut, dachte ich, mögen sie doch alle erfrieren – und mit ihnen Hitler, der sie zum Durchhalten gezwungen hat.

Zum ersten Mal fiel in BBC das Wort «Kapitulation». Die Deutschen stünden kurz vor der Kapitulation. Wir wagten zu hoffen, doch niemand vermochte sich vorzustellen, daß Hitler jemals dieses Wort aussprechen würde – «Kapitulation».

Aber sie kapitulierten, am 2. Februar auch der Nordkessel. Tags darauf versammelten wir uns um die Rundfunkgeräte, lauschten, am ganzen Leib zitternd, den Nachrichten, drückten uns stumm die Hände, als der Deutschlandsender die Kapitulation verkündete, umrahmt von dumpfem Trommelwirbel und dem zweiten Satz von Beethovens Fünfter Sinfonie. Unsere Freude war unbeschreiblich – wir hofften, das sei der Anfang vom Ende.

Doch auf die ermutigenden Nachrichten folgte sogleich eine bestürzende. Kraler teilte mir ernst mit, bei dem Mann, der eines Vormittags unangemeldet im Büro erschienen sei, handle es sich um den neuen Eigentümer des Hauses Prinsengracht 263. Koophuis führte ihn herum. In seiner Begleitung befand sich ein Architekt, als Berater.

Das Gefühl der Sicherheit, in der ich mich bisher gewiegt hatte, war schlagartig dahin. Der neue Eigentümer konnte mit dem Haus ganz nach Belieben verfahren. Natürlich würde er sämtliche Räumlichkeiten seiner Neuerwerbung sehen wollen. Was sollte ihn hindern, alles zu besichtigen, was ihm nun gehörte?

Ich war auf das Schlimmste gefaßt. Das Herz drohte mir die Brust zu zersprengen. Was würde dieser Mann tun, wenn unsere Freunde jetzt entdeckt würden? War er *goed* oder *slecht* – gut oder böse?

Endlich kam Koophuis allein zurück, sein Gesicht wirkte matt und krank. Ich sah ihn fragend an. Er schüttelte den Kopf. «Nein, sie waren nicht oben.» Damit ließ er sich auf einen Stuhl sinken. «Ich sagte, ich hätte den Schlüssel verlegt, als sie sich nach den rückwärtigen Lagerräumen erkundigten. Ich bin mir nicht sicher, aber einen sonderlich interessierten Eindruck machte er nicht, weder so noch so. Vielleicht kommt er irgendwann wieder und läßt sich dann nicht mehr abspeisen.»

In unser beider Augen stand die gleiche Frage: Was sollten wir jetzt tun? Wir zermarterten uns das Hirn nach irgendeinem anderen Ort, wo sich acht Menschen so bequem verstecken, wo zwei Familien und eine Einzelperson zusammenbleiben konnten. Voll ohnmächtiger Enttäuschung sahen wir uns an. Es blieb nichts anderes übrig, als Otto Frank vollständig zu informieren. Er war die oberste Instanz; er hatte zu entscheiden.

«Wie konnte der bisherige Eigentümer es fertigbringen, uns nicht über den Verkauf zu unterrichten? Wie konnte er so gedankenlos sein?» fragte sich Koophuis laut. «Jetzt hängt ein Damoklesschwert über unseren Köpfen.»

Frank hatte keine Vorschläge. Es blieb nur eins – abwarten, ob der neue Eigentümer wiederkäme und was er dann zu besichtigen wünschte. Diese zusätzliche Angst saß uns allen jetzt im Nacken. Wir warteten, doch der neue Eigentümer ließ sich nicht wieder blicken. Wir warteten weiter – den ganzen Winter hindurch.

Elli hatte sich zu einem Steno-Fernkurs angemeldet, doch eigentlich war es Margot Frank, die auf diesem Weg Kurzschrift erlernte. Sobald eine an Elli Vossen adressierte Lektion eintraf, brachte Elli sie nach oben, und Margot machte sich an die Arbeit. Anne lernte durch diesen Fernkurs ebenfalls stenografieren. Da beide reichlich Zeit zum Üben hatten, erzielten sie beachtliche Fortschritte. Nach Erledigung der Hausarbeiten saßen sie stundenlang über ihren Stenoblöcken. Wenn eine Lektion durchgenommen war, schickte Elli sie zurück, und bald traf die nächste ein. Elli erhielt erstklassige Noten.

Im Verlauf dieses Winters blieben wir alle möglichst in Ofennähe. Wir wärmten uns durch, so gut es ging, stets bemüht, die Zimmertemperatur zu halten, was durch die kleinen Räume im Hinterhaus erleichtert wurde. Der Herd bei den van Daans wurde mit allem gefüttert, was sich nur irgend verbrennen ließ. Die Franks hatten ebenfalls einen kleinen Kohlenofen. Nach Feierabend wurden sämtliche Abfälle verfeuert. Die Asche und die sonstigen nicht brennbaren Abfälle schaffte Peter nach unten zur Mülltonne im Lager. Es war so wenig, daß es nicht weiter auffiel.

Ich legte jetzt immer leere Kontobücher für Annes Aufgaben und für ihre Aufzeichnungen beiseite. Sie war nach wie vor in diesem Punkt sehr verschlossen und verstaute alles, was sie zu Papier gebracht hatte, in der abgeschabten ledernen Aktenmappe ihres Vaters, die er in seinem Zimmer in Verwahrung hielt. Es gehörte zu den Grundsätzen der Franks, das Eigenleben jedes einzelnen, auch der Kinder, unbedingt zu respektieren. Und da es sonst dort oben kaum individuellen Freiraum gab, wurde der Annes stets ernst genommen und gewahrt. Niemand hätte es gewagt, ihre

Papiere anzurühren oder gar ohne ihr Einverständnis auch nur eine Silbe zu lesen.

Eines Morgens fanden wir unsere Freunde alle in heller Aufregung. Sie hatten in der vergangenen Nacht verdächtige Geräusche gehört und einen Lagerdiebstahl vermutet. Alle befanden sich in einem Zustand hochgradiger Angst. Sie befürchteten, den Einbrecher durch ihre Schritte gewarnt zu haben.

Besondere Sorgen machte es ihnen, daß der Apparat in Franks ehemaligem Büro auf BBC eingestellt geblieben war – ein schweres Delikt. Auch die um das Radio gruppierten Stühle deuteten darauf hin, daß mehrere Menschen den «Feindsender» gehört hatten. Entsetzen bereitete ihnen die Vorstellung, daß der Dieb zur Polizei gehen und alles melden könnte. Die Polizei würde daraus die entsprechenden Schlußfolgerungen ziehen und das ganze Haus durchsuchen.

Sie hatten sich in eine solche Erregung hineingesteigert, daß auch eine gründliche Inspektion des Lagers nichts half, obwohl sie keinerlei Anhaltspunkte für einen Einbruch oder sonst etwas Ungewöhnliches ergab; sie blieben unruhig und verstört, machten sich weiterhin Gedanken wegen des Radios und der möglichen Folgen. Mir wurde klar, daß unsere Freunde sich gegenseitig mit Nervosität angesteckt hatten.

Wir versuchten, sie dadurch zu beruhigen, daß wir die Sache anscheinend auf die leichte Schulter nahmen. Jedes Mittel war recht, um ihre überreizten Nerven zu besänftigen. Wir scherzten und frotzelten sie, und sehr bald machten auch sie Witze und mokierten sich über ihre Überempfindlichkeit gegen jederlei Geräusch, über ihre allzu lebhafte Phantasie.

Im neuesten Erlaß für März hieß es, die verbliebenen Juden könnten jetzt wählen zwischen Deportation und Sterilisation. Denjenigen, die sich für Sterilisation entschieden, wurde zugesichert, daß sie danach verschont blieben. Sie erhielten ein rotes «J» in ihrem Personalausweis anstelle des berüchtigten schwarzen «J». Wer das rote «J» eingestempelt hatte, brauchte zudem keinen gelben Stern zu tragen.

Um diese Zeit veröffentlichten die Deutschen einen Appell an die Untergetauchten, in dem jedem, der sich stellte, Straffreiheit zugesichert wurde. Freiheit von welcher Strafe? fragten wir uns. Natürlich glaubte niemand an diese oder andere Versprechungen der deutschen Unterdrücker.

Unsere Freunde schüttelten nur die Köpfe über diese Nachricht; je mehr Zeit verstrich, desto dankbarer empfanden sie das Glück, ein so sicheres Versteck zu haben. Sie konnten sich in ganz Amsterdam kein besseres vorstellen.

Ende März fanden wiederum ausgedehnte Razzien statt. Jetzt evakuierte man jüdische Blinden- und Irrenanstalten sowie Altenpflegeheime. Ich bemühte mich nach Kräften, alles, was ich hörte und sah, vor meinen Freunden verborgen zu halten. Nie erwähnte ich irgendwelche Greuel, die ich beobachtet oder von denen ich erfahren hatte, wenn es sich vermeiden ließ. Selbst Annes Fragen waren nicht mehr so eindringlich, daß sie mir etwas zu entlocken vermochten. Keiner schien mehr hören zu wollen, als er ohnehin schon wußte.

Dann geschah etwas Unerwartetes, das für die noch in Amsterdam befindlichen Juden eine dramatische Wende bedeuten konnte: Das Einwohnermeldeamt wurde in Brand gesteckt. Dort befanden sich die Akten, aus denen hervorging, wer Jude, Halbjude, Vierteljude und so weiter war. Gerüchte sprachen von einer gewaltigen Feuersbrunst und enormen Zerstörungen; genau wußte jedoch offenbar niemand Bescheid über den Umfang oder über die Anzahl der Registrierungen, die bei diesem grandiosen Sabotageakt vernichtet worden waren. Sollte es sich um sämtliche Unterlagen handeln, dann fehlte den Deutschen jeder Hinweis auf die verbliebenen Juden, so daß sie keine Verhaftungen mehr vornehmen konnten. Ungeduldig warteten wir auf weitere Informationen. Bedauerlicherweise stellte sich heraus, daß nur verschwindend wenige Akten dem Brand zum Opfer gefallen waren.

Als der Winter sich dem Ende näherte und der April endlich gekommen war, suchten uns Krankheiten heim. Zum Glück betrafen sie die Helfer und nicht unsere untergetauchten Freunde. Es passierte von einem Tag auf den anderen. Elli und ihren Vater hatte es erwischt, beide waren mehrere Wochen hintereinander arbeitsunfähig. Elli lag mit einer schweren Grippe zu Bett, ihr Vater war zur Untersuchung ins Krankenhaus eingewiesen worden.

Unser lieber Jo Koophuis war von jeher nicht ganz gesund. Er hatte einen empfindlichen Magen, ein Leiden, das sich ständig verschlimmerte. Als innere Blutungen auftraten, hatte ihm sein Arzt kurzerhand Bettruhe verordnet, weil er sich davon Besserung und ein Nachlassen des Drucks versprach. Jeder in Amsterdam lebte unter Druck und Angst, gemischt mit brennendem Zorn; der Arzt war sich wohl kaum im klaren darüber, daß Koophuis mit seinen ständigen schweren Sorgen um die Sicherheit unserer untergetauchten Freunde ein zusätzliches Maß an Anspannung, Verantwortung und Druck zu tragen hatte.

Henk, Kraler und ich bemühten uns, öfter nach oben zu gehen und damit einen Ausgleich zu schaffen für unsere Freunde, die ihre plötzlich ausgebliebenen regelmäßigen Besucher schmerzlich vermißten. Ihnen fehlte Ellis munteres Geplauder, ihre ausführlichen Berichte über jedes Treffen mit ihrem Freund. Besonders vermißten sie Koophuis, dem es mit seinen Witzen und seiner Zuwendung, mit kleinen Geschenken und Süßigkeiten stets gelang, die allgemeine Stimmung zu heben. Koophuis verstand es am besten, Mut und Zuversicht einzuflößen. Sobald er das drehbare Regal zumachte, ließ er seine Sorgen hinter sich und brachte nichts als Kraft und Aufmunterung mit. Er schaffte es, daß sich unsere Freunde nach jedem seiner Besuche um vieles wohler und leichter fühlten. Doch dem hatte nun sein Magenleiden Einhalt geboten.

Henk und ich taten unser möglichstes, die im Hinterhaus tagsüber entstandenen leeren Stunden auszufüllen. Wenn ich mich manchmal am Ende und den zusätzlichen Anforderungen nicht mehr gewachsen fühlte, brauchte ich mir nur einen kräftigeren Ruck zu geben und setzte dadurch ungeahnte Energien frei. Zu meinem Erstaunen stellte ich fest, daß ich über mehr Kraft und Ausdauer verfügte, als die Situation verlangte.

Jo Koophuis kehrte früher als erwartet und vom Arzt angeordnet ins Büro zurück. Er sah mager und bleich aus, behauptete aber, sich glänzend zu fühlen. Hans Vossen dagegen mußte länger im Krankenhaus bleiben. Die Prognose war besorgniserregend. Kraler hielt es für notwendig, einen neuen Mann für das Lager einzustellen. Frank stimmte zu.

Kraler schaute sich um und engagierte Frits van Matto, der Vossens Arbeitsbereich übernehmen sollte. Da es mich in keiner Weise betraf, schenkte ich diesem Mann weiter keine Beachtung. Ich nahm ihn erstmals zur Kenntnis, als er im Büro erschien, um bei Elli die Aufträge abzuholen. Es war nur ein unbestimmtes Gefühl, aber der Mann hatte etwas Unsympathisches an sich, seine Gegenwart verursachte mir Unbehagen. Er bemühte sich auffällig, mich ins Gespräch zu ziehen. Ich blieb kühl und abweisend.

Als er merkte, daß ich ein ausgezeichnetes Verhältnis zu Jo Koophuis hatte und daß dieser mich sehr gern mochte, hofierte er mich noch mehr. Er dachte offensichtlich, wenn er mir Honig um den Mund schmierte, könnte es ihm bei Koophuis nützen. Das klappte nicht. Ich konnte nicht anders, als ihm die kalte Schulter zu zeigen. Den Grund vermochte ich nicht zu benennen, doch irgend etwas an ihm ging mir gegen den Strich. Es war zwar nur so ein Gefühl, aber ich traute meinen Gefühlen.

Mitunter fuhren Henk und ich nach Hilversum und besuchten Frau Samson in ihrem Versteck. Wir steckten ein paar Mitbringsel ein – nichts Großartiges, es wurde ja immer schwieriger, überhaupt etwas zu bekommen. Frau Samson vereinnahmte uns jedesmal mit Haut und Haaren. Schweigsamkeit war noch nie ihre Sache gewesen, und jetzt redete sie ohne Punkt und Komma.

Als wir im Frühjahr 1943 einmal nach Hilversum kamen, empfing uns Frau van der Hart, die Eigentümerin der Villa, mit der Frage, ob sie kurz mit uns sprechen könne. Wir folgten ihr ins Wohnzimmer.

Bei den ersten Worten merkten wir, wie verstört und außer sich sie war. Sie fragte uns, ob wir von der Loyalitätserklärung wüßten, die holländische Studenten auf Befehl der Deutschen unterschreiben müßten. Damit verpflichteten sich die Studenten an Eides Statt, jede gegen das Deutsche Reich und die deutsche Wehrmacht gerichtete Handlung zu unterlassen. Das sei uns bekannt, entgegneten wir, und ebenso die Tatsache, daß zahlreiche Studenten die Unterschrift verweigert hatten und daß es an verschiedenen holländischen Universitäten zu kleinen spontanen Streiks gekommen war. Die Deutschen hatten diesen Widerstand auf die übliche Weise geahndet – Verhaftungen, Gefängnis und sofortiges Studienverbot für jeden Opponenten.

Sie kam zum Kernpunkt. «Mein Sohn Karel hat sich geweigert, die Loyalitätserklärung zu unterschreiben. Er muß untertauchen. Er braucht einen Platz, wo ...»

Ich unterbrach sie. «Jedes weitere Wort ist überflüssig. Er kann bei uns untertauchen.» Frau van der Hart versteckte Frau Samson, und ebenso fühlten wir uns verpflichtet, uns erkenntlich zu zeigen und ihrem Sohn Unterschlupf zu bieten.

Kurz darauf, im Mai, erschien Karel bei uns in der Hunzestraat.

Ein gutaussehender Junge, mittelgroß, mager, blond, liebenswürdig. Wir gaben ihm Frau Samsons ehemaliges Zimmer. Er fühlte sich von Anfang an heimisch bei uns. Für meine Küche hatte er, trotz der durch die Rationierung bedingten Einschränkungen, eine Menge übrig.

Seine Mutter sei keine besondere Köchin, vertraute er uns an. Vor dem Krieg hatte sie dafür Personal, später mußte sie dann ohne Hilfe zurechtkommen. Sie gab sich zwar jede erdenkliche Mühe, aber der Erfolg war gleich Null. Henk und ich sahen uns an. Karel lachte. Er wußte, woran wir dachten:

wenn wir Frau Samson besuchten, hatte das Essen jedesmal ausgezeichnet geschmeckt.

«Stimmt schon», erklärte er, «für andere kocht sie gut, aber wenn die Gäste fort sind, ist es ... na ja, eben nicht mehr dasselbe.»

Ich erfand neue Methoden, unsere Rationen zu strecken. Henk und ich sahen uns belustigt an, wenn Karel mit blitzartiger Geschwindigkeit seinen Teller leerte. Natürlich durften wir Otto Frank und den anderen nichts davon sagen, daß Karel van der Hart bei uns untergetaucht war, denn das bedeutete für uns ja eine neuerliche Gefährdung. Alles, was uns bedrohte, hätte sie doppelt aufgeregt.

Das Zusammenleben mit Karel spielte sich sofort ein. Henk und ich gingen jeden Morgen zur Arbeit. Karel blieb tagsüber allein im Haus. Für einen jungen Mann ein sehr einsames Dasein, aber was blieb sonst übrig? Wir hatten keine Ahnung, was er mit seinem Tag anfing, außer Lesen und mit sich selbst Schach spielen. Wir vermuteten, daß er gelegentlich einen Spaziergang unternahm, fragten jedoch nicht. Sein kleines Schachbrett war stets irgendwo aufgestellt, mitten in einer Partie, die er gegen sich selbst spielte. Er konnte sich jeden Zug so lange überlegen, wie er wollte. Zeit war das einzige, was er hatte.

Sogar der Frühjahrsputz wurde durch den Krieg beeinträchtigt. Seife war immer schwerer zu bekommen. Stoff und Nähmaterial wurden zunehmend teurer. Ich mußte es mir zwei-, dreimal überlegen, ehe ich Henks Socken stopfte. Gab es für das Stückchen Garn nicht doch eine vordringlichere Verwendung? Brauchten es unsere Freunde nötiger als wir?

Jeder hatte jetzt irgendwelche Kleidungsstücke, die abgetragen, verschlissen waren. Bei uns allen, denen es noch halbwegs gutging, war ein schäbiges Äußeres der Normalzustand. Denjenigen, die noch weniger hatten als wir, sah man die bittere Not und Armut stets schon von weitem an.

Manchmal brauchte ich die doppelte Zeit wie früher, bis ich genügend Lebensmittel für uns alle zusammen hatte. Oft stand man in einer langen Schlange vor einem Geschäft, gelangte endlich zur Theke und stellte fest, daß es fast nichts zu kaufen gab: nur ein paar Bohnen, etwas welken Kopfsalat, halbverfaulte Kartoffeln. Bis ich mit dem Zug nach Hause kam, war es ganz verdorben und machte uns alle krank. Ich hatte meinen Aktionsradius erweitert und probierte manchmal Geschäfte in abgelegenen Vierteln aus, immer in der Hoffnung, eine neue Lieferquelle aufzutun.

Essen hatte jeden Reiz verloren. Wir mußten nehmen, was wir kriegten. Das bedeutete Eintönigkeit, tagelang dasselbe Gericht. Außerdem Verdauungsbeschwerden und halb krank oder hungrig vom Tisch aufstehen.

Doch von den Untergetauchten hörte ich niemals auch nur das leiseste Wort der Klage. Nie zeigten sie sich angeödet oder enttäuscht, wenn die Lebensmittel ausgepackt und verstaut wurden. Nie eine Bemerkung, wie leid sie es waren, Kohl zu essen, über zwei Wochen nichts als Kohl oder ähnliches. Nie beschwerten sie sich über die ständig spärlicher werdenden Butter- und Fettrationen.

Ich wiederum erwähnte mit keiner Silbe, wie fahl meine Freunde inzwischen aussahen. Auch die Kleider der Kinder fielen langsam auseinander – oder sie waren einfach aus den Sachen herausgewachsen. Auf ihre stille Art hatte Frau Koophuis gelegentlich gebrauchte Sachen für die Mädchen aufgetrieben und ihrem Mann mitgegeben.

Am meisten und sichtbarsten fehlte es bei der kleinen Anne, die sich zusehends zu einer gar nicht mehr so kleinen Anne mauserte. Sie platzte schlicht aus allen Nähten und bekam Formen.

Ihre Füße ließen sich nicht mehr in die mitgebrachten Schuhe zwängen. Ich mußte unwillkürlich lachen, wenn sie es versuchte, obwohl ich am liebsten geweint hätte beim Anblick dieser zarten, im Wachstum begriffenen Füße, mit denen sie von Rechts wegen laufen, tanzen, schwimmen sollte.

Dieser Entwicklungsschub trat pünktlich ein, am 22. Juni wurde Anne vierzehn. Die Natur ließ sich nicht Einhalt gebieten und trotzte den unnatürlichen Bedingungen, unter denen Anne zu leben gezwungen war. Wir alle gingen auf die Suche, um ihren Geburtstag so festlich wie möglich zu gestalten – kleine Näschereien, Bücher, Schreibpapier, getragene Kleider.

Anne geriet stets außer Rand und Band, wenn sie Geschenke bekam oder selber welche machte, wenn irgendein Grund zum Feiern bestand. Dieses Jahr zeigte sie sich besonders begeistert von allem, was wir für sie zusammengebracht hatten. Überschwenglich bekundete sie ihre Freude, als sie die Päckchen aufmachte und die Glückwunschverse las.

Wir alle gaben uns größte Mühe, fröhlich zu sein und jede düstere Anwandlung zu unterdrücken. Das war auch dringend geboten, denn wir hatten soeben die Diagnose für Hans Vossen, Ellis Vater, erfahren: inoperabler Krebs. Die Ärzte hatten keine Hoffnung und gaben ihm nicht mehr lange zu leben.

Wir scharten uns um Elli in der Hoffnung, vereint das Schreckgespenst des Todes bannen zu können, das diesen treuen Freund, diesen engen Vertrauten bedrohte.

12

Otto Frank eröffnete mir, er und seine Frau hätten in letzter Zeit Sehschwierigkeiten bei Anne bemerkt und sie daraufhin genau beobachtet. Nicht auszudenken, welche Folgen für alle es haben könnte, wenn diesen flinken, grüngesprenkelten Augen etwas Ernstliches fehlte.

Als er mir das anvertraute, bekam ich es mit der Angst zu tun. Einwandfreies Sehvermögen war unentbehrlich für dieses Leben im Untergrund, wo es täglich so viel Zeit gab, die nur mit Lesen, Schreiben, Lernen ausgefüllt werden konnte. Nun, da ich Bescheid wußte, merkte auch ich, daß Anne beim Lesen oder Schreiben die Augen zusammenkniff. Überdies litt sie häufig an Kopfschmerzen.

Was tun?

Schließlich kam die Sache ans Licht und wurde allgemein erörtert. Man war sich einig, daß Anne eine Brille brauchte. Ob es damit getan sein würde, wußte mit Sicherheit niemand. Unsere erste medizinische Krisensituation war da.

Ich hörte mich ein wenig um. Ganz in der Nähe, zu Fuß höchstens zehn Minuten, hatte ich ein Optikerschild gesehen. Wenn ich Anne begleitete und wir uns beeilten – Hinweg, Aufenthalt beim Optiker, Rückweg –, konnte ich sie meiner Berechnung nach binnen einer Stunde wieder sicher oben abliefern. Die fertige Brille könnte ich dann unter irgendeinem plausiblen Vorwand allein abholen und ihr bringen.

Mit einem nicht registrierten Juden auf die Straße zu gehen, war zwar überaus gewagt, doch diese Erkenntnis half uns nicht weiter. Ich war überzeugt, Anne hin und zurück sicheres Geleit geben zu können.

Bei einem Besuch am Spätnachmittag unterbreitete ich dem Ehepaar Frank meinen Vorschlag. Ich versuchte nicht, sie zu beeinflussen, setzte ihnen lediglich meinen Plan auseinander und wartete ihre Reaktion ab.

Anne reagierte rein gefühlsmäßig; sie wurde vor Angst blaß um die Lippen. «Ich könnte sofort mit ihr losgehen», erbot ich mich, mit dem Hintergedanken, das Ganze schnell zu absolvieren, bevor sie das Ausmaß der Gefahr voll erfaßten.

Ich sah den stummen Blickwechsel zwischen Otto und Edith Frank, die wortlose Verständigung, wie sie nur unter Eheleuten möglich ist. Frank rieb sich das Kinn. Die Diskussion, an der sich die beiden van Daans und danach auch Dr. Dussel beteiligten, wurde in ernstem Ton geführt. Schließlich erörterten wir einen überaus riskanten Plan. Anne sah von einem Elternteil zum anderen. Sie wisse nicht, ob sie nicht schon bei dem bloßen Gedanken, draußen auf der Straße zu sein, in Ohnmacht fallen würde, gestand sie. «Aber wenn du es willst, gehe ich», fügte sie hinzu und blickte zu ihrem Vater hoch. «Ich tue, was du sagst.»

Sie würden es in Ruhe besprechen und mir später das Ergebnis mitteilen, erklärte mir Frank.

«In Ordnung.»

Tags darauf sagte Frank, sie hätten sich die Angelegenheit reiflich überlegt, doch bei aller Sorge um Annes Augen ... bekümmertes Kopfschütteln. «Es ist einfach zu gefährlich, nach draußen zu gehen. Wir sollten lieber alle hier zusammenbleiben.» Bedauernd fügte er hinzu: «Diese Dinge müssen bis nach dem Krieg warten.» Und nach einer Pause: «Aber ... wir werden ja sehen ...» Damit ließ er den Fall in der Schwebe.

Es wurde jedoch nie mehr in Erwägung gezogen, daß Anne sich auf die Straße wagen könnte; zumal nach dem schweren Flakfeuer, das die zu Luftangriffen auf Deutschland anfliegenden Bombergeschwader aufhalten sollte. Ein Flugzeug wurde getroffen und stürzte ganz in der Nähe, am

Muntplein, ab. Nach einer gewaltigen Detonation konnte man die lodernden Stichflammen sehen.

Dieser Flugzeugabsturz hatte das Hinterhaus in Panik versetzt. Meine Freunde bemühten sich zwar, sich mir gegenüber nichts anmerken zu lassen; dennoch lastete der ständige Druck auf ihnen, das Haus könnte durch Bomben oder ein abstürzendes Flugzeug getroffen werden. Diese unaufhörliche Angst zermürbte sie. Schließlich waren sie einer Bombardierung schutzlos preisgegeben. Sie konnten nirgends hin, es gab für sie kein Entkommen. Die ohrenbetäubenden Detonationen erschienen viel näher, als sie es tatsächlich waren. Das steigerte den Horror derart, daß sie sich tagelang nicht davon erholen konnten. Ich hatte keinerlei Möglichkeit, ihnen diese permanenten Schreckensvisionen zu nehmen.

Nicht allein diese Luftkämpfe gemahnten sie an die Ausweglosigkeit ihrer Situation, sondern auch die «Einbrüche». Nach mehreren eher eingebildeten Diebstählen im Büro wurde tatsächlich eingebrochen. Der Schaden war nicht der Rede wert; die Diebe hatten vorwiegend Zuckermarken entwendet. Zucker war zwar knapp, für die Firma zur Marmeladeherstellung aber immer noch erhältlich.

Außerdem hatten die Einbrecher unsere Portokasse und verschiedene Kleinigkeiten mitgehen lassen; am meisten aber verstörte es unsere Freunde, daß die Ganoven die Sicherheitsvorkehrungen durchbrochen und die Tür zu den vorderen Büros geknackt hatten. Auf der Suche nach Beute waren sie geradewegs in die Büros eingedrungen und vielleicht sogar bis zu dem Regal gelangt, das den Eingang zum Hinterhaus tarnte.

Auf dem Radio war wiederum noch der verbotene BBC-Sender eingestellt gewesen; und diesmal hatte niemand im Versteck etwas davon gemerkt, daß direkt unter ihnen Eindringlinge umherschlichen. Keiner hatte sich bemüht, leise zu sein. Durchaus möglich, daß irgendwo Wasser lief, daß Schritte die knarrende Treppe hinaufhasteten. Daß oben lautes Rufen ertönte. Unseren Freunden wurde deutlich vor

Augen geführt, daß ihr schützender Hafen so sicher nicht war.

In diesen Zeiten konnten die Diebe ohne weiteres zur Polizei gehen und melden, daß sich in dem Haus Menschen versteckt hielten. Die Deutschen zahlten für solche Informationen bar auf die Hand. Für jeden Juden, den man auf diese Weise entdeckte, gab es eine Belohnung, eine Kopfprämie.

Ein Dieb hatte in dem Fall nichts zu befürchten, ein Jude dagegen alles.

Dann machten uns gute Nachrichten auf einmal wieder Hoffnung. Mussolini war gestürzt. Unsere britischen und amerikanischen Verbündeten waren endlich auf europäischem Boden gelandet und begannen, von Sizilien aus vorzustoßen; sie waren also auf dem Weg, uns zu befreien.

Im Hinterhaus herrschte eitel Freude.

Frank und Anne waren die größten Optimisten, was das baldige Ende des Krieges anging. Dr. Dussel und Frau van Daan zeigten sich ebenfalls, wenn auch vorsichtig, optimistisch. Am zurückhaltendsten schätzten Frau Frank, Herr van Daan, Margot und Peter die für unsere Befreiung benötigte Zeitspanne ein. Als das große Rundfunkgerät in Franks Privatkontor den Deutschen abgeliefert werden mußte, organisierte Koophuis irgendwoher ein kleines, funktionierendes Radio für das Hinterhaus. Fortan brauchten die Untergetauchten nicht mehr nach unten zu schleichen, um BBC und den Sender Oranje zu hören. Unser Apparat, den Henk stückweise ins Versteck befördert hatte, lag immer noch in Einzelteilen auf dem Dachboden.

Vor ihrem Einzug hatten die Franks und van Daans einen stattlichen Seifenvorrat in die Prinsengracht geschafft, der über ein Jahr gereicht hatte. Jetzt ging er allmählich zur Neige und stellte unsere Freunde vor ein Problem – ordentlich und reinlich, wie sie nun einmal waren.

In den Geschäften war selbst auf Marken schwer an Seife heranzukommen, auch nicht an synthetische, deren einziger Effekt offenbar darin bestand, daß sie einen grauen Film auf dem Waschwasser hinterließ. Von Tag zu Tag wurde es schwieriger, etwas aufzutreiben. Statt einkaufen zu gehen, begab man sich auf die Jagd nach Abfällen. In den Ladenregalen herrschte meistens gähnende Leere, und wenn ausnahmsweise einmal etwas vorhanden war, drängten sich die Käufer in Scharen herein.

Als ich nach einem besonders aufreibenden Morgen meine Einkaufstour beenden und mit meinem bereits ziemlich vollgepackten Rad gerade wenden wollte, fuhren mich zwei deutsche Soldaten auf einem Motorrad mit Beiwagen achtlos an. Ich konnte mich durch Abspringen vor dem Sturz retten. In mir kochte es, und ich explodierte.

Eigentlich sah es mir gar nicht ähnlich, in Rage zu geraten, aber diesmal machte sich der Zorn unwillkürlich in einem Wutausbruch Luft. «Ihr elenden Schufte... ihr gemeinen Kerle», platzte ich heraus – und war mir augenblicklich bewußte, daß Holländer schon wegen weit weniger erschossen worden waren. Doch ich hatte die Unterdrücker so gründlich satt, daß mich mögliche Folgen nicht kümmerten.

Ich stand breitbeinig da und brüllte die Soldaten an. Der Fahrer hielt direkt vor mir, drehte sich um und musterte mich. Der Motor ratterte so laut, während ich schrie, daß mir hinterher – als ich wieder zur Besinnung gekommen war – einfiel: Vielleicht hatten sie mich gar nicht verstanden. Beide Soldaten wandten sich schallend lachend um und brausten von dannen.

Im Augenblick des Zusammenstoßes war die Straßenbahn vorbeigefahren; der Wagenführer und die Insassen hatten den Zwischenfall beobachtet. Immer noch vor Zorn kochend, stieg ich wieder auf mein Rad, setzte mich langsam in Bewegung, um die Trambahn vorbeizulassen. Doch der Wagenführer machte mir ein Zeichen, eine Geste, die «Hut ab!» heißen sollte, und winkte, ich solle zuerst fahren. Anders als ich in meiner Erregung hatte er die gefährliche Situation sehr wohl begriffen und mir Anerkennung gezollt.

Mein Herz hämmerte wie verrückt, als mir klar wurde, was ich getan hatte.

Am Spätnachmittag brachte ich ein Päckchen und ein Buch, beides für Dr. Dussel bestimmt, nach oben und erzählte bei der Gelegenheit von dem Vorfall mit dem deutschen Motorrad. Die brisante Begegnung beunruhigte jeden. Später erfuhr ich von Frank, in dem Päckchen, das ich hinaufgebracht hatte, habe sich eine verbotene antinazistische Schmähschrift befunden. Er und die anderen hätten sich deshalb große Sorgen gemacht. Wenn man dieses Buch auch nur bei sich trug, hatte man Gefängnis- oder Todesstrafe zu gewärtigen. «Wie konnten Sie Miep einer solchen Gefahr aussetzen!» fuhr Anne auf Dussel los.

«Sich mit unserer Miep anzulegen, das traut sich doch keiner», gab Dr. Dussel sarkastisch zur Antwort.

Doch Anne war zutiefst empört. «Wenn Miep in Gefahr ist, sind wir alle gefährdet!» schimpfte sie.

Bei einem meiner Besuche begann Anne, ihre Kleider anzuprobieren. Sie wollte wissen, was sie davon noch tragen könnte, wenn sie wieder in die Schule ging. Sie schwatzte ohne Punkt und Komma. Wir alle lächelten beim Anblick der ausgebeulten Pullover, deren Ärmel nur noch knapp über den Ellbogen reichten und den Unterarm freiließen. An Zuknöpfen war nicht mehr zu denken. Anne hatte sich figürlich so stark verändert, daß es nicht genügt hätte, die Knöpfe zu versetzen. Anne überspielte ihre Enttäuschung, indem sie das Ganze ins Lächerliche zog.

Impulsiv und immer noch kindlich, gewann sie doch allmählich an Zurückhaltung und Reife. Hergekommen war sie als Kind, fortgehen würde sie als junge Dame. Zwischen Anne und mir hatte sich stillschweigendes Einvernehmen entwickelt. Manchmal spürte ich ohne Worte, wie ihr zumute war oder was sie brauchte – von Frau zu Frau. Diese wortlose Verständigung hatte sich wie von selbst ergeben in der langen Zeit, in der ich Tag um Tag bestrebt war, ihren Wünschen und Bedürfnissen nach besten Kräften gerecht zu werden.

Die heranwachsende Anne suchte meine Gesellschaft

ebenso wie die der anderen Besucher, während Margot und Peter im Laufe des Jahres weder Henk noch mir nähergekommen waren. Anne ließ mich stets gern an ihren Gedanken teilhaben; Margot und Peter stellten keine Ansprüche an mich, nannten keine persönlichen Wünsche, suchten keine vertraulichen Gespräche.

Unverändert sah Anne in Henk und mir das romantische Liebespaar, jetzt vielleicht sogar noch mehr als früher. Ihrem Naturell vermochten auch die bedrückendsten Lebensumstände nichts anzuhaben. Ich konnte verstehen, wie attraktiv Henk für ein romantisches junges Mädchen war – hochgewachsen, gutaussehend, willensstark. Er wirkte stets gepflegt, gab sich nie salopp; und er strotzte vor Vitalität. Jeder war empfänglich für seinen trockenen Witz und den schier unerschöpflichen Vorrat an zuverlässigen Informationen.

Was mich betraf, so schien mich Anne oft zu beobachten. Ich merkte, daß sie meine Unabhängigkeit, mein ungebrochenes Selbstvertrauen bewunderte – und offenbar ebenso meine Weiblichkeit. Egal, was ich trug oder wie ich mich frisierte, sie überschüttete mich mit Komplimenten und wißbegierigen Fragen. Auch sie probierte mit ihrem dichten, glänzenden dunkelbraunen, fast schwarzen Haar neue Frisuren aus und wandte allerlei Kniffe an, um ihren Kleidern ein bißchen Chic zu geben oder um erwachsener zu wirken.

Ich fühlte mich Anne, die beim Übergang in einen wichtigen Lebensabschnitt diesen trostlosen Zeiten ausgeliefert war, auf besondere Weise schwesterlich verbunden. Wußte ich doch, wieviel hübsche Kleider für vierzehnjährige Mädchen bedeuteten, wenn sie anfangen, sich selbst zu entdekken. Ich glaube, Anne fand sich manchmal hübsch und manchmal wieder häßlich. Hübsche Kleider waren zwar am allerwenigsten zu bekommen, doch ich war fest entschlossen, bei meinen Einkaufstouren etwas Passendes und zugleich Attraktives, Damenhaftes für Anne aufzutreiben. Und eines Tages geriet ich zufällig an genau das Richtige:

ein Paar hochhackige rote Lederpumps. Getragen, aber gut erhalten. Ich zögerte wegen der Größe: Es wäre zu ärgerlich, wenn sie ihr nicht paßten. Doch dann dachte ich: Riskier's! Kauf sie!

Ich hielt sie hinter meinem Rücken, als ich sie nach oben brachte, auf Anne zuging und sie ihr hinstreckte. Noch nie habe ich jemanden so glücklich gesehen, wie Anne es an jenem Tag war. Gleich zog sie die Schuhe an, und sie paßten wie angegossen.

Danach wurde sie ganz still; sie hatte noch nie hohe Absätze getragen. Etwas wacklig, an der Oberlippe kauend, durchquerte sie entschlossen das Zimmer, wieder zurück, danach noch einmal. Sie ging hin und her, vorwärts und rückwärts, und jedesmal mit festeren Schritten.

Im Spätsommer und Herbst 1943 begannen die Deutschen mit Razzien auf nichtjüdische Holländer zwischen sechzehn und vierzig. Diese Männer wurden zum «Arbeitseinsatz» – wie sie es nannten – nach Deutschland verfrachtet. Manche wurden zwangsrekrutiert, andere auf den Straßen von einem Wehrmachts-LKW gestellt. Mit vorgehaltener Waffe befahl ihnen einer von der Grünen Polizei aufzusteigen.

Das brachte ein weiteres Spannungsmoment in unser Leben. Henk war achtunddreißig und so kräftig und gesund, wie man es in diesen Zeiten nur sein konnte.

Eines Abends, als wir erschöpft wie immer zu Hause saßen, sagte Henk, er habe etwas sehr Wichtiges mit mir zu besprechen. Er fing zu reden an, ich hörte ruhig zu.

«Neulich wusch ich mir gerade auf der Toilette im Büro die Hände, da kam einer meiner Kollegen herein, ein netter Kerl, ich kenne ihn sehr gut. Er vergewisserte sich, daß wir allein waren, und fragte dann rundheraus, ob ich bereit wäre, in einer Widerstandsgruppe mitzumachen, die sich in der Dienststelle organisiert hatte. Ich solle es mir gut überlegen, denn es handle sich dabei ja um eine illegale und höchst gefährliche Aktivität.

Ich wollte wissen, worum es genau ging und wer dazuge-

Links oben:
Annes Mutter,
Edith Frank.

Rechts oben:
Margot

und Anne, 1941.

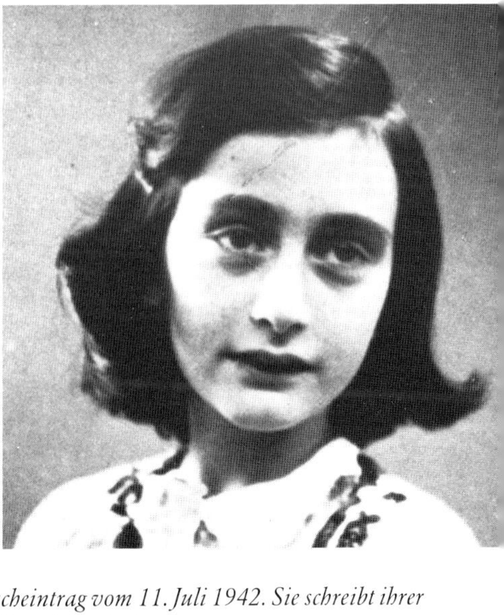

Nächste Seite: Annes Tagebucheintrag vom 11. Juli 1942. Sie schreibt ihrer erfundenen Freundin Kitty über das »ideale Versteck«.

XI. Zaterdag 11 Juli 1942.

Lieve Kitty,

~~Behalve ik kunnen~~ Vader, moeder en Margot ~~nog~~ ~~maar~~ kunnen steeds niet aan het geluid van de Westertorenklok wennen, die om het kwartier zegt hoe laat het is. Ik wel, ik vond het dadelijk fijn en vooral 's nachts is het zo iets vertrouwds. Het zal je wel interesseren om te horen hoe het me schuilende ~~dat~~ ~~wel~~ bevalt, welnu, ik kan je alleen zeggen dat ik het zelf nog niet goed weet. Ik geloof dat ik me in ~~dit~~ dit huis nooit thuis zal voelen, maar daarmee wil ik helemaal niet zeggen dat ik het hier naar vindt, ik voel me meer als in een heel eigenaardig pension, waar ik met vacantie ben. Nogal een gekke opvatting van schuilen, maar het is nu eenmaal niet anders. Het achterhuis is als schuilplaats ~~werkelijk~~ ideaal, hoewel vochtig en scheefgebouwd, zal men in heel Amsterdam, ja in heel Holland misschien ~~niet~~ voor schuilen ~~niet nergens~~ zo een gerieflijks ingericht hebben.

hört. Er entgegnete, von den rund zweihundertfünfzig Leuten in unserer Dienststelle habe man ungefähr acht aufgefordert. Dann nannte er mir einige der Beteiligten. Es wunderte mich, daß er so viel Vertrauen zu mir hatte – Namen zu nennen, meine ich. Spontan sagte ich: ‹Ja, ich mache mit.› »

Scheinbar unbewegt hörte ich zu. Henk sollte nicht merken, wie es mir die Kehle zuschnürte.

Er fuhr fort: «Nach meiner Zusage brachte er mich zunächst zu einem Arzt, der für die Stadt arbeitet. Wir unterhielten uns ausführlich, er notierte sich meinen Namen. Wenn ich in Schwierigkeiten geriete oder Grund zu der Annahme hätte, daß ich für ein paar Tage oder länger untertauchen müsse, solle ich in ein bestimmtes Krankenhaus gehen und dort unser beider Namen nennen. Man würde mich dann aufnehmen, und ich könne so lange bleiben, bis sich entweder alles beruhigt oder man beschlossen hätte, mich in ein sicheres Versteck zu bringen.»

Ich erwartete, nun nähere Einzelheiten über Henks neue Aufgabe zu erfahren, doch statt dessen sagte er: «Ich erzähle dir das alles jetzt, Miep, damit du Bescheid weißt, falls mir etwas passiert. Die neuen deutschen Zwangsmaßnahmen bringen ja eine weitere Gefahr für uns mit sich, und da sollst du informiert sein, daß ich im Widerstand arbeite.»

Als seine Frau konnte ich ihm nicht verheimlichen, was ich mir für Sorgen machte, daß ihm etwas zustoßen könnte. Doch als Gesinnungsgenossin, die ebenfalls Widerstand leistete, war ich froh und glücklich, daß er diesen Weg gefunden hatte, sich gegen unsere Unterdrücker zu wehren.

Ich solle mir keine Sorgen machen, bat er. «Falls ich abends mal nicht heimkomme, dann warte ab, bis man dich benachrichtigt.»

Der Blick, mit dem ich ihn ansah, sagte: «Wie könnte ich mir keine Sorgen machen?»

«Nur wenn du von einem Krankenhaus angerufen wirst – dann hättest du wirklich Anlaß dazu.»

Wir waren uns einig, daß wir unseren Freunden im Versteck besser nichts von Henks Entscheidung, aktiv im Widerstand mitzuarbeiten, sagen sollten. Henk wollte auch mir nichts weiter erzählen, deshalb stellte ich keine Fragen, bis mich eine unbestimmte Ahnung schließlich doch dazu trieb: «Sag mal, Henk, wie lange bist du denn schon dabei?»

«Ungefähr ein halbes Jahr», antwortete er. «Ich wollte dir nichts davon erzählen, um dich nicht zu beunruhigen.»

Die Razzien setzten sich den ganzen Sommer hindurch fort. An einem der letzten und wohl schönsten Tage jenes Sommers – ich glaube, es war ein Sonntag – veranstalteten die Deutschen in unserem Flußviertel eine Razzia gewaltigen Ausmaßes. Sämtliche Straßen wurden abgeriegelt. Ein mit Grüner Polizei besetzter LKW nach dem anderen. Aus nächster Nähe sah ich die Grünuniformierten in zwei Reihen nebeneinander auf dem Lastwagen hocken. Soldaten zogen die Klappbrücken hoch und standen als Wachtposten an den Kreuzungen, so daß niemand entkommen konnte.

Durch die ganze Gegend hallten die durchdringenden Trillerpfeifen, und dann dröhnten schwere Stiefelschritte die Treppen hinauf, Gewehrkolben hämmerten an die Türen, schrilles, endloses Klingeln, die rauhe, furchteinflößende deutsche Stimme, die befahl: «Aufmachen! Beeilung! Beeilung!»

Henk und ich gingen an jenem Tag nicht aus dem Haus, und den ganzen langen Tag wurden bejammernswert aussehende Juden mit dem gelben Davidstern, die Rucksäcke und Koffer schleppten, scharenweise von der Grünen Polizei durch unsere Straßen getrieben, direkt an unseren Fenstern vorbei. Ein so unerträglich quälendes, grauenvolles Bild, daß wir uns umdrehten und wegschauten.

Zu später Stunde klopfte es schüchtern an unsere Tür. Ich öffnete. Vor mir stand eine Nachbarin, die ich nur flüchtig kannte. Sie war um die Vierzig, immer hochelegant angezogen und arbeitete bei Hirsch, einem der exklusivsten, teuersten Damenmodegeschäfte am Leidseplein. Ich hatte die Kleider in den Schaufenstern oft bewundert; ihre Preise waren jedoch unerschwinglich für mich.

Sie lebte mit ihrer alten Mutter in der Wohnung über uns. Sie waren Juden.

Sie trug eine flaumige Katze und eine Kiste auf dem Arm und bat mit flehender Stimme: «Würden Sie wohl bitte meinen Kater nehmen und ihn ins Tierheim bringen, oder ...», ihre Augen waren tränenlos, voller Angst, «... wenn Sie wollen, können Sie ihn behalten.»

Die Situation war klar: Die Deutschen hatten sie abgeholt und ihr nur einen kurzen Aufschub gewährt. Ich streckte die Hände nach dem Kater aus: «Geben Sie ihn her.»

Sie legte ihn mir in die Arme. Niemals, nie im Leben bringe ich ihn ins Tierheim, dachte ich. «Ich sorge für ihn, bis Sie zurückkommen.»

«Er heißt Berry.» Damit machte sie kehrt und eilte die Treppe hinauf.

Ich betrachtete das Gesicht des Katers. Sein Fell war fast durchweg weiß, nur am Rücken etwas schwarz gefleckt. Er musterte mich ebenfalls. Ich drückte ihn fest an mich und trug ihn in die Wohnung.

Er fühlte sich sofort zu Hause bei uns. Was für ein reizendes Tier, dachte ich. Der Kater Berry hatte mich im Sturm erobert.

Von Stund an war er wie unser Kind. Jeden Tag stand er in der Diele und wartete auf Henk. Und wenn er dann endlich kam, sprang Berry an ihm hoch und zwickte ihn ins Kinn, ganz sanft und zärtlich.

13

Elli und ich hinterließen am Abend in den rückwärtigen Büroräumen stets Büroarbeiten – Ablage, Rechnungen –, die Margot und Anne für uns erledigen konnten. Am nächsten Morgen fanden wir dann alles fertig und wohlgeordnet vor. Das vordere Büro durften die beiden allerdings nicht betreten, da dort die Vorhänge nie zugezogen wurden.

Die Mädchen hatten Spaß daran, uns zu helfen. Wenn alles menschenleer und abgeschlossen war, kamen sie nach unten, machten die Ablage oder was sonst zu tun war, und räumten dann das Ganze wieder weg, so daß am nächsten Tag keinerlei Spuren ihrer Anwesenheit zu finden waren.

Nach Feierabend und an den Wochenenden, wenn keine allzu große Gefahr der Entdeckung bestand, wurden die rückwärtigen Büroräume auch noch anderweitig genutzt. Dr. Dussel hatte angefangen, Spanisch zu lernen, und zog sich häufig in Otto Franks Privatkontor zurück, um ungestört zu sein. Zurückgezogenheit war das, was unsere Freunde am meisten schätzten und sich wünschten.

Unten in unserer Büroküche befand sich ein kleiner Boiler, den man von der Straße aus nicht sehen konnte, und so erfreute sich unsere Toilette an Wochenenden großer Beliebtheit; dort konnte man sich gründlich waschen und hatte stets ausreichend heißes Wasser zur Verfügung. Ich vermutete, daß unsre Freunde gelegentlich auch nur wegen eines dringend benötigten Tapetenwechsels hinuntergingen, oder weil sie eben einmal allein sein wollten.

Der Gedanke an den bevorstehenden Winter, den zweiten im Versteck, bereitete jedem Unbehagen. Wir alle waren so fest davon überzeugt gewesen, daß der Krieg bis dahin längst beendet sein würde. Freilich erwarteten wir uns von diesem Winter entscheidende Fortschritte unserer Verbündeten.

Je näher der Winter kam, desto sonderbarer wurde Edith Franks Verhalten. Wenn ich oben wegging, folgte sie mir, soweit sie konnte – nämlich bis zur Rückseite des Regals. Es hatte den Anschein, als wolle sie mich hinausbegleiten, doch dann verabschiedete sie sich nicht etwa, sondern blieb wie angewurzelt stehen und sah mich flehend an. Ich wartete darauf, daß sie sagte, was sie von mir wollte, aber sie äußerte kein Wort, stand bloß unschlüssig da.

Mir wurde recht unbehaglich bei diesem stummen Nebeneinander; ich fragte mich, was sie wohl auf dem Herzen haben mochte. Es dauerte eine Weile, bis mir schließlich klar wurde, daß es ihr darum ging, unter vier Augen mit mir sprechen zu können, ohne Ohrenzeugen. Nun nahm ich mir etwas mehr Zeit und zog mich mit ihr in das Schlafzimmer zurück, das sie mit ihrem Mann und Margot teilte. Wir setzten uns auf ihre Bettkante, und ich hörte zu.

Was sie sich von der Seele reden mußte und in Gegenwart der anderen nicht konnte, war dies: Sie litt schwer unter der Verzweiflung, die sie bedrückte. Während die anderen die Tage bis zum Eintreffen der Alliierten zählten und ausgelassen herumalberten, was sie nach Kriegsende als erstes zu tun gedächten, bekannte Frau Frank tief beschämt, daß sie an ein gutes Ende einfach nicht glauben könne.

Manchmal beschwerte sie sich über Frau van Daan – noch nie hatte sich jemand im Hinterhaus in dieser Weise über einen der anderen geäußert. Wenn es Spannungen und Konflikte gab, so wurde das in meiner Gegenwart nie erwähnt. Frau Frank jedoch hatte das dringende Bedürfnis, über einige dieser Mißhelligkeiten zu reden.

Sie beklagte sich darüber, daß Frau van Daan unentwegt ihre beiden Töchter kritisiere, insbesondere Anne; in ihren Augen nahmen sich beide zuviel Freiheiten heraus. Anscheinend nörgelte Frau van Daan vor allem am Abendbrottisch an Margot und Anne herum. Etwa: «Anne ist so vorlaut... so unverblümt. Sie kennt überhaupt keine Hemmungen.» Über diese Kritik an ihren Töchtern regte sich Frau Frank heftig auf.

Mit belegter Stimme sprach sie über die Angstvorstellungen, die sie insgeheim quälten.

«Ich sehe kein Ende ab, Miep», war eine ihrer ständigen Redensarten.

Einmal sagte sie: «Denken Sie an meine Worte, Miep: Nach diesem Krieg wird Deutschland nicht mehr das sein, was es früher war.»

Ich hörte mir mitfühlend alles an, was Edith Frank loswerden mußte. Wenn ich nicht länger bleiben konnte, weil ich noch dies oder jenes zu erledigen hatte, mußte ich sie unterbrechen und auf das nächste Mal vertrösten.

Ich ließ sie dann deprimiert zurück – in sich zusammengesunken hockte sie da, die verkörperte Hoffnungslosigkeit.

Bei Winteranbruch 1943 hatte es den Anschein, als gebe es keine Juden mehr in Amsterdam. Mit Sicherheit waren im Süden der Stadt keine mehr zu sehen. Entweder waren sie deportiert worden oder untergetaucht oder irgendwie geflüchtet. Mir graute bei dem Gedanken, was aus all diesen Menschen geworden sein mochte. Es kursierten zahllose beängstigende Gerüchte. Nachdem die «Säuberungsaktionen» durchgeführt und die jüdischen Wohnungen in unserem Viertel menschenleer waren, erschienen die Spediteure von Puls und räumten sie restlos aus – das gesamte Inventar. Dann zogen sofort neue Mieter ein. Wir wußten nicht, wer sie waren oder woher sie kamen, und fragten auch nicht danach. Daß bei der Wohnraumzuweisung NSB-Mitglieder bevorzugt wurden, gehörte genauso zum Ritual wie alles andere...

Der einzige Zustand, in dem man einen Juden jetzt noch zu sehen bekam, war – als Leiche, mit dem Gesicht nach unten in einer Gracht treibend. Und manchmal hatten sie just diese

Menschen hineingeworfen, mit deren Hilfe sie untergetaucht waren. Für unsereins konnte es kaum eine schlimmere Situation geben, als wenn jemand im Versteck starb. Wohin mit der Leiche? Man befand sich in einem furchtbaren Dilemma, denn einem Juden wurde kein ordentliches Begräbnis zugestanden.

Das zweitschlimmste Schreckgespenst für die Untergetauchten und für diejenigen, die sie versteckten, war ein ernster Krankheitsfall. Mit diesem Problem wurden Henk und ich eines Abends konfrontiert: Wir fanden daheim Karel van der Hart, der sich schmerzverzerrt den Kopf hielt. Wir sahen uns ratlos an, denn wir wußten ja, daß wir ihn keinesfalls zum Arzt oder ins Krankenhaus bringen konnten, da seine Papiere nicht in Ordnung waren. Wir mußten also allein damit fertig werden.

In Karels aufgelöstem Zustand war es mir zunächst unmöglich, den Schmerz zu lokalisieren, bis ich schließlich feststellte, daß er in der Stirn saß. Nach seinen Worten war er unerträglich, «so als ob ich ein Messer im Kopf hätte».

Es gelang uns, ihn auf die Couch zu betten. Ich hatte nicht die leiseste Ahnung, was zu tun sei.

Da er sich weiterhin vor Schmerzen wand und stöhnte, stellte ich kurz entschlossen Wasser auf, setzte mich dann neben Karel und tauchte einen Waschhandschuh in das kochendheiße Wasser. Mit der einen Hand streichelte ich ihn tröstend, mit der anderen legte ich ihm den feuchtheißen Waschlappen auf die Stirn.

Ich wußte nicht, ob ich das Richtige tat, wiederholte aber die Prozedur unermüdlich. Henk stand in der Tür und sah besorgt zu. Der Schmerz hielt an. Langsam schlich die Nacht dahin. Die Behandlung schien nicht zu wirken. Schreckliche Gedanken jagten mir durch den Kopf. Trotzdem drückte ich ihm unentwegt den heißen Waschlappen auf die Stirn und tröstete den gepeinigten Jungen, so gut ich es vermochte.

Unablässig – ich dachte gar nicht daran aufzuhören, auch nicht, als der erste Straßenlärm durch die Verdunkelung hereindrang und den Tagesanbruch ankündigte. Plötzlich stieß

Karel einen markerschütternden Schrei aus, und aus beiden Nasenlöchern quoll Eiter. Er floß in Strömen, stockte dann endlich. Karel blinzelte und holte tief Luft. Auf einen Ellbogen gestützt, sah er mir in die Augen – erleichtert.

«Es wird besser», sagte er, «der Schmerz klingt ab.»

Bis heute habe ich keine Ahnung, was Karel fehlte. Wir konnten jedenfalls alle von Glück sagen, daß das Problem auf diese Weise gelöst war.

Der Winter war besonders kalt und stürmisch. Ein ständiger Kampf – peitschender Regen, spiegelglatte Straßen, immer längere Suche nach Lebensmitteln, die mit jedem Tag knapper wurden. Elf Personen waren zu verpflegen, und die Wachsamkeit durfte keine Sekunde nachlassen. In meiner Funktion als Rettungsanker kam ich mir wie ein Jäger vor, ununterbrochen auf der Pirsch, um die ewig hungrigen Mäuler zu stopfen. Doch allmählich wurde ich zum skrupellosen Aasgeier und begnügte mich mit lumpigen Überresten.

Was wir am meisten gefürchtet hatten, brach über uns herein: Krankheit. Als erster wurde Koophuis mit starkem Magenbluten wieder in die Klinik eingeliefert. Dann verstauchte ich mir den Fuß, als ich mit einer bösen Erkältung weiter herumzulaufen versuchte, und bekam schließlich eine schwere Grippe. Aus Angst, die anderen anzustecken, blieb ich zu Hause im Bett.

Ich lag im verdunkelten Zimmer unter einem Berg von Decken, hatte regelmäßig Schüttelfrostanfälle, glitt in fiebrigen Schlaf, schreckte wieder hoch. In meinen wachen Momenten dachte ich ständig an meine Freunde im Hinterhaus; die Sorge um sie lastete mir zentnerschwer auf der Brust. Was wird aus ihnen? Um diese Frage kreisten meine Gedanken Tag und Nacht.

Ich wußte, daß den van Daans das Geld ausging, daß Koophuis heimlich ein paar ihrer Wertsachen verkauft hatte und versuchen wollte, auf dem schwarzen Markt noch mehr loszuschlagen, darunter Frau van Daans Pelze und einige Schmuckstücke.

Anderthalb Jahre erzwungener Untätigkeit und Isolation hatten ihren Tribut gefordert und bei allen auch an den nervlichen Reserven gezehrt. Ich beobachtete, wie Margot und Peter sich immer mehr zurückzogen. Wenn ich hereinkam und jeder zu meiner Begrüßung ein freundliches Gesicht aufsetzte, spürte ich, wie die Atmosphäre von unausgetragenen Spannungen und Konflikten knisterte. Anne hielt sich öfter abseits, schrieb in ihr Tagebuch oder verkroch sich auf dem Dachboden, allein und traurig.

Die Dämonen der Angst machten mich noch kränker, während ich untätig dalag. Das Nichtstun wurde unerträglich, und so stand ich beim ersten Anzeichen von Genesung auf und machte mich, noch keineswegs auskuriert, wieder an die Arbeit.

Dann verurteilte ein Fall von Diphtherie Ellis ganze Familie zur Quarantäne. Der Ansteckungsgefahr wegen durfte Elli über einen Monat nicht ins Büro gehen.

Während rundum Krankheiten grassierten, hing Mutlosigkeit wie eine dunkle Wolke über dem Hinterhaus. Ich versuchte, mir etwas auszudenken, das die allgemeine trübselige Stimmung etwas aufheitern könnte. Die Weihnachtszeit rückte näher, und ich fing an, alles, was ich an Süßigkeiten ergattern konnte, aufzusparen, denn meiner Meinung nach eignete sich nichts besser zur Aufmunterung. Ich zwackte hier und da etwas Butter und Mehl ab, ohne durchblicken zu lassen, daß ich beabsichtigte, einen richtigen Kuchen zu backen.

Unser Nikolaus-Fest vom vergangenen Jahr war und blieb einmalig, so daß eine Wiederholung nicht denkbar schien. Doch Anne wartete mit neuen Ideen auf. Erst am Tag nach Sankt Nikolaus erfuhr ich, daß sie sich aus ihrer Lethargie hochgerappelt und gemeinsam mit ihrem Vater Verse geschmiedet und den großen Geschenkkorb mit Schuhen dekoriert hatte – für jeden einen, mit einem eigens für ihn gemachten Gedicht, witzig, anzüglich und oft auch ganz einfach albern.

Unmittelbar nach Nikolaus wurde Anne ins Bett gesteckt

mit dem schwersten Fall von Grippe und Husten, den wir bisher gehabt hatten. Der Husten stellte tagsüber ein großes Problem dar; um ihn zu dämpfen, mußte sie unter die Bettdecke kriechen. Bis zu ihrer Genesung war aus Annes Zimmer ständig ersticktes Husten und Niesen zu hören. Ich schaute bei jedem Besuch zu ihr herein.

Zu Weihnachten beschenkte Anne mich stolz mit selbstgemachtem Konfekt. Sie hatte ebenfalls heimlich ihre Rationen gehortet und für mich Naschkatze auf der Zunge zergehende Köstlichkeiten gezaubert. Ich mußte auf der Stelle ein Stück kosten, sie wollte unbedingt mein Gesicht sehen. Als ich mir die Finger abschleckte, lachte sie, ihre Augen blitzten.

Sie hatte mich auf meinem ureigensten Gebiet – Überraschungen – geschlagen, was mich nur in meiner Entschlossenheit bestärkte, als Gegengabe für sie und die anderen den wunderbarsten aller Kuchen zu backen. Nach und nach hatte ich eine annehmbare Menge Butter und Mehl zusammengekratzt. Die letzten Tage des Jahres nahten – dunkel, kurz, trübselig. Die Luftangriffe der Alliierten auf Deutschland verstärkten sich ständig, so daß uns die Flugzeuge allnächtlich pausenlos in den Ohren dröhnten.

Koophuis, Elli, Kraler, Henk und ich planten unsere besondere Überraschung für den Freitagabend vor Silvester. Wir wollten alle länger im Büro bleiben und unseren Freunden die Geschenke überreichen, die jeder von uns für sie gehamstert hatte.

Nach Feierabend erschien Henk. Er hatte weiter unten auf der Straße abgewartet, bis der letzte Arbeiter sein Rad genommen hatte und davongefahren war. Wir stiegen mit unseren Gaben die steile Treppe hinauf. Henk hatte auf dem schwarzen Markt Bier aufgetrieben. Jeder hatte ein paar Süßigkeiten zusammengebracht und ich meine Spezialität gebacken, einen vor allem bei Anne beliebten Gewürzkuchen.

Der Anblick unserer Prozession wirkte als Lebenselixier, und der Kuchen ließ allen das Wasser im Munde zusammenlaufen. Frau Frank stellte den Wasserkessel auf, um Ersatzkaffee zu kochen; Bier wurde eingeschenkt. Anne entdeckte die Aufschrift, mit der ich den Kuchen verziert hatte, und machte die anderen darauf aufmerksam. Wir verstummten einen Augenblick und stießen dann mit Bier und Kaffee auf diesen Wunsch an: FRIEDEN 1944!

Eines Abends kam Henk nicht vom Dienst nach Hause. Ich hatte mich wie gewöhnlich heimgeschleppt, Feuer gemacht, das Essen aufgesetzt. Ich wartete auf die vertrauten Geräusche, die Henks Ankunft anzeigten: das Aufschließen der Tür, das Hereintragen des Fahrrads in die Diele, Berrys Sprung, um Henk zur Begrüßung ins Kinn zu zwicken.

Aber Henk kam nicht. Ich nahm das Essen vom Herd und wartete weiter. Desgleichen Berry, der gewöhnlich den ganzen Tag lang in den Gärten herumstreunte, bis es Zeit für Henks Heimkehr wurde. Ich räumte dies und jenes auf und wurde mit jeder Minute nervöser. Henk war so zuverlässig. Ich hatte mich allzusehr daran gewöhnt, daß er tagtäglich um etwa die gleiche Zeit heimkam.

In den vergangenen Monaten hatte Henk mir nach und nach mehr über seine Aktivitäten im Widerstand erzählt. Ich erfuhr, daß seine Organisation in erster Linie Nachforschungen anstellte über diejenigen, die Hilfe benötigten. Dabei handelte es sich häufig um Männer, die sich geweigert hatten, als Zwangsarbeiter nach Deutschland zu gehen, statt dessen untergetaucht waren und nun nicht mehr den Lebensunterhalt für ihre Familien oder für sich selbst verdienen konnten.

Es gab Männer und Frauen, die in akuter Gefahr waren und untertauchen mußten. Menschen wie wir. Wir hätten an ihrer Stelle sein können. Henks Aufgabe war es, diese «Illegalen» aufzusuchen; dabei benutzte er Kennworte und verschlüsselte Listen. Er ermittelte, was sie vordringlich brauchten, und beschaffte dann durch die Organisation das Notwendige – zum Beispiel Lebensmittelkarten und Geld. Als Fürsorger mußte Henk ohnehin Bedürftige aufsuchen, so daß er für seine Untergrundaktivitäten eine perfekte Tarnung besaß.

Während ich an jenem Abend auf ihn wartete, gingen mir

die Nerven durch. Ich wußte nicht, was tun, wo suchen, mit wem reden. Henk hatte mir lediglich gesagt, falls man ihn verhaftete, würde ich benachrichtigt. Die alte Regel: Je weniger man wußte, desto mehr Hoffnung gab es noch.

Vergebens versuchte ich gegen die Schreckensbilder anzukämpfen, die ich vor meinem geistigen Auge sah: Henk verhaftet, verletzt. Schließlich hielt ich es nicht mehr aus, nahm meinen Mantel und lief hinaus in die eisige Nacht. Von einer nahegelegenen Telefonzelle aus rief ich Henks Schwager an, der durch sein Importgeschäft gewisse Verbindungen zur Amsterdamer Polizei hatte.

Er meldete sich sofort. «Henk ist nicht nach Hause gekommen», stieß ich hervor.

Zu meinem Erstaunen lachte der Schwager. «Tatsächlich? Er sitzt hier neben mir. Wir haben ein Glas miteinander getrunken. Ich habe nämlich Geburtstag.»

Nach der ersten Erleichterung kam ich mir ziemlich töricht vor.

«Möchtest du mit ihm sprechen?» fragte er.

«Nein. Er soll in Ruhe austrinken und bleiben. Und sag ihm bitte nichts von meinem Anruf.»

Ich ging nach Hause und stellte die zugedeckten Töpfe bereit, damit er sich das Essen aufwärmen konnte, wann immer er heimkam.

Überall hingen Bekanntmachungen – an Wegweiser genagelt, an Wände geklebt. Stets schwarz umrandet, gaben diese Anschläge die Hinrichtungen von Widerstandskämpfern bekannt, mit Namen, Alter, Beruf. Für alle, die Juden halfen, spitzte sich die Lage bedrohlich zu.

Unsere Freunde brannten auf Berichte über das Leben draußen, außerhalb des Verstecks, am meisten auf die über Widerstandskämpfer. Henk, ein vorzüglicher Geschichtenerzähler, gab alles zum besten über den Widerstand und die Sabotageakte gegen unsere Unterdrücker, was er unbeschadet tun konnte. Er nahm dann Peters Kater auf den Schoß und schlug die Zuhörer in Bann, vor allem Anne, die fasziniert an seinen Lippen hing und mit freudestrahlenden Augen jedes Wort in sich hineinsog.

Selbstverständlich erwähnte Henk unseren Freunden gegenüber nie etwas von seiner Beteiligung an eben jenen Widerstandsaktionen. Er wollte sie nicht beunruhigen. Auch von Karel, den wir bei uns zu Hause versteckt hielten, sprachen wir nie. Wir ersparten ihnen alles, was sie zusätzlich in Angst und Schrecken versetzen konnte.

Im Februar erkrankte ich abermals an Grippe und Bronchitis. Anscheinend wechselten wir uns alle dabei ab. Henk bemühte sich, länger im Hinterhaus zu bleiben und sie für meine Abwesenheit zu entschädigen. Sie brauchten unsere Besuche immer nötiger.

Obwohl sich niemand beklagte, wußte ich doch, daß die mitgebrachten Lebensmittelvorräte zur Neige gingen. Was immer ich auftreiben konnte, war mehr denn je halb verfault. Trotzdem mußte ich es wohl oder übel nehmen. Wir bekamen davon jedesmal Magenbeschwerden. Fett, vor allem Butter, war nur noch selten zu ergattern. Der Kettenraucher van Daan mußte sich mit Tabakersatz begnügen und zuweilen auch ganz auf das Rauchen verzichten, was seine Nerven besonders strapazierte. Für Herman van Daan war die Zigarette sein ein und alles.

Wann würden die Alliierten endlich ihre Invasion starten? Das fragten wir uns alle. Seit Monaten lag es in der Luft, daß sie eine breit angelegte Landung planten, einen massiven Angriff, der uns die endgültige Befreiung bringen sollte. Wir rechneten tagtäglich damit.

Im Februar 1944 wurde ich fünfunddreißig. Wichtiger jedoch war Margots Geburtstag einen Tag später. Sie wurde sechzehn, das mußte gebührend gefeiert werden. Wir alle fahndeten nach irgendwelchen Kleinigkeiten, die wir ihr schenken konnten. Bei uns wurde nie ein Geburtstag vergessen.

An meinem nahm mich Frau van Daan unvermittelt beiseite und bat mich, mit hinauszukommen auf den Vorplatz neben der Treppe. Ich machte mich auf irgendwelche unerquicklichen Mitteilungen gefaßt, doch statt dessen sah sie mir fest in die Augen. «Miep, Herman und ich haben so sehr nach einer Möglichkeit gesucht, das zum Ausdruck zu bringen, wofür es keine Worte gibt. Dies hier soll nur ein kleines Zeichen unserer Dankbarkeit und Freundschaft sein ... Da ...» Sie drückte mir ein Päckchen in die Hand. «Machen Sie's auf!»

«Das ist doch nicht nötig ...», fing ich an. Sie unterbrach mich: «Machen Sie's auf!»

Ich gehorchte. Drinnen lag ein Ring, ein rautenförmiger schwarzer Onyx, in der Mitte ein funkelnder Brillant. Ein wunderschöner antiker Ring. Ich wollte Protest erheben ... Ich dachte an die vielen Zigaretten und Würste, die man dafür auf dem schwarzen Markt bekommen könnte, daran, daß die van Daans jetzt auf ihre letzten Wertsachen zurückgreifen mußten und alles, was sie nur entbehren konnten, durch Koophuis veräußern ließen.

Doch ich sagte nichts, eine unsichtbare Hand hielt mir den Mund zu. Mein Sinn fürs Praktische trat zurück, statt dessen blickte ich Frau van Daan fest in die dunklen Augen und versprach: «Ich will ihn immer tragen – in Freundschaft», und steckte ihn mir an den Zeigefinger. Er saß wie angegossen. Frau van Daan legte mir kurz die Hand auf die Schulter und drückte sie; dann gingen wir auseinander.

Ende Februar alarmierte uns ein weiterer nächtlicher Einbruch im Büro. Unsere Nerven waren zum Zerreißen gespannt. Diesmal waren die Räume gründlich durchwühlt worden, und die offene Haustür pendelte im Wind hin und her. Die Angst vor diesem Einbrecher wuchs ins Unermeßliche. Hatte er die Menschen im Versteck gehört? War es derselbe wie zuvor? Würde er das, was er möglicherweise entdeckt hatte, der Polizei melden, um eine Belohnung zu kassieren?

Die Untergetauchten mochten Frits van Matto, den neu eingestellten Lagerverwalter, nicht. Obwohl sie ihm nie begegnet waren, mißtrauten sie ihm aus irgendeinem Grund und fragten uns ständig nach ihm aus. Auch die vielen verzweifelten Obdachlosen, die jetzt durch die Straßen von Amsterdam streiften und häufig Diebstähle begingen, beunruhigten sie.

Endlich wurde es März, und wir hatten die kalten, dunklen Tage hinter uns. Es gab mehr Gründe als je zuvor, das Frühjahr herbeizusehnen. Niemand hatte mehr Kohle, auch der Strom fiel zeitweise aus.

Henk erfuhr, daß man die Lieferanten der gefälschten Lebensmittelkarten für unsere Freunde geschnappt hatte. Auf einmal war dieser Versorgungsweg abgeschnitten. Es ließ sich nicht verheimlichen, wir mußten es ihnen sagen. Über seine anderen Kanäle im Untergrund gelang es Henk, fünf neue Karten zu beschaffen. Aber das reichte für acht Personen nicht hin und nicht her. Henk versprach, sein möglichstes zu versuchen. Die Untergetauchten nahmen die Mitteilung gefaßt auf, waren aber natürlich besorgt.

Eines Tages sah ich gerade einen Stapel Rechnungen durch, als das Zwölf-Uhr-Läuten der Westerturmuhr einsetzte. Ich hörte, wie die Lagerarbeiter die Tür zuschlugen und zur Mittagspause gingen. Dann trat Stille ein. Ich arbeitete weiter und wartete auf Henk, der wie immer mit mir Mittag machen wollte.

Endlich hörte ich seine Schritte. Gleich darauf stand er ganz verstört vor mir und erklärte, er müsse etwas Wichtiges mit mir besprechen. Der Klang seiner Stimme verhieß nichts Gutes.

Wir gingen nach draußen und spazierten an der Gracht entlang. Auf dem Wasser trieben große Eisschollen. Henk begann sofort: «Als ich heute früh gerade aus dem Haus gehen wollte, erschienen zwei ‹Herren› von Omnia.»

Omnia war eine deutsche Firma, unter der Leitung holländischer Nazis. Sie befaßte sich mit der Liquidierung von jüdischem Eigentum und Geschäften.

«Ich ließ die beiden unsympathisch aussehenden Typen eintreten. Was blieb mir anderes übrig? Als sie hereinkamen, begrüßte ich sie mit lauter Stimme in der Hoffnung, daß Karel es hörte und sich fernhielt. Während sie die Einrichtung des Wohnzimmers inspizierten, erklärten sie den Zweck ihres Besuches. Anscheinend hatte sich der Sohn von Frau Samson vor mehreren Jahren im Textilgeschäft betätigt und als Verwaltungssitz die Adresse seiner Mutter angegeben. Sie wollten jetzt von mir erfahren, was aus ihm und seiner Firma geworden sei.

Meines Wissens habe er geheiratet, sagte ich, und sei mit seiner Frau in einen anderen Stadtteil verzogen. Ich hätte keine Ahnung, ob er sich noch dort befinde oder ob man ihn verhaftet habe. Ich wisse nichts weiter über ihn. Was ja der Wahrheit entspricht.

Dann begannen sie mit der Durchsuchung, rissen Schubladen auf, wühlten in Wandschränken, die Frau Samson gehören. Die ganze Zeit über quälte mich die Angst um Karel. Die Männer fanden etliche Papiere, die sie interessierten, und steckten sie ein.

Darauf stellten sie mir persönliche Fragen. Wann ich geheiratet hätte. Wie ich zu der Wohnung und den Möbeln gekommen sei. Ich überlegte rasch. Selbstverständlich konnte ich ihnen nicht weismachen, daß wir nach dem Untertauchen von Frau Samson ihr kleines Wohnschlafzimmer unverändert gelassen hätten.»

Wir hatten die Wohnung auf unseren Namen eintragen lassen, damit niemand kommen und das «jüdische Eigentum« wegnehmen konnte; damit es für Frau Samson bis nach dem Krieg sicher aufbewahrt wurde. Wir hatten sogar unseren Hausherrn – der mittlerweile NSB-Mitglied war – darüber informiert, daß wir Frau Samsons Einrichtung übernommen hätten, wie sie war, was ihn damals nicht sonderlich zu interessieren schien. Aber während Henks Bericht liefen meine Gedanken auf Hochtouren. Ich fragte mich, ob sich der Hausbesitzer etwa mit Omnia in Verbindung gesetzt und uns angezeigt hatte. Man machte sich strafbar, wenn man jüdisches Eigentum ohne Genehmigung bei sich aufbewahrte. Immerhin waren wir etwas gedeckt dadurch, daß wir dem

Hausbesitzer die Übernahme der Möbel nicht verheimlicht hatten; auch wenn das, was wir ihm erzählt hatten, nicht ganz der Wahrheit entsprach. Wir hatten uns weder die Sachen unserer Vermieterin angeeignet noch hatten wir die in der Wohnung befindlichen Papiere angerührt.

Henk fuhr fort: «Ich tischte ihnen eine Geschichte auf, wie wir die Möbel erworben hätten, aber sie glaubten mir nicht. ‹Die Einrichtung gehört nicht Ihnen‹, erklärten sie. Ich fing an zu argumentieren, sie hörten nur mit halbem Ohr zu und erklärten dann: ‹Na schön, von uns aus mag Ihnen ja das Wohnzimmer gehören, aber das Schlafzimmer auf keinen Fall. Sie können uns nicht einreden, daß das Ihre Möbel sind.› Ich wiederholte: ‹Doch, es sind unsere.› Sie schüttelten den Kopf. ‹Morgen um eins kommen wir wieder. Wenn Sie uns dann nicht die volle Wahrheit sagen, schicken wir Sie nach Vught ins Lager.›

Sie gingen, und gleich darauf erschien Karel im Wohnzimmer. Ob er wisse, was eben passiert sei, fragte ich ihn. Er habe die Stimmen gehört, sei von Zimmer zu Zimmer gewandert, dann in den Hinterhof, danach durch die Küche zurück in die Diele und wieder ins Bad. ‹Ich hatte die ganze Zeit einen Raum Vorsprung›, erklärte er stolz ... Miep, ich lasse unter keinen Umständen zu, daß sie die Schlafzimmermöbel abholen», schloß Henk halsstarrig.

«Jetzt hör mir mal zu», widersprach ich energisch. «Eine Schlafzimmereinrichtung können wir nach dem Krieg wieder kaufen, aber wenn sie dich abholen, kann ich mir nach dem Krieg keinen neuen Henk kaufen. Wenn sie morgen um eins kommen, mußt du zugeben, daß die Möbel nicht uns gehören, und den Abtransport zulassen. Wenn wir auf dem Fußboden schlafen müssen, werden wir das eben tun. Und jetzt wollen wir was essen.»

Henk war stillschweigend einverstanden und wartete am folgenden Tag um eins auf die beiden. Auch ich wartete im Büro mit angehaltenem Atem auf Nachricht, wie es gelaufen war, ob sie ihn womöglich mitgenommen hatten. Schließlich rief Henk an und teilte mit, sie seien gar nicht erschienen.

Die Tage verstrichen, ohne daß die beiden sich noch einmal blicken ließen. Kurz darauf traf Henk einen von ihnen in der Straßenbahn. Der Mann ignorierte ihn, und Henk ging auch einfach an ihm vorbei. Etwas später sah Henk den Mann abermals in der Straßenbahn. Wieder fiel kein Wort. So blieb die Frage, ob und wann sie wohl wiederkämen, weiterhin in der Schwebe.

Gerade als es den Anschein hatte, daß vermutlich nichts mehr passieren würde, fanden Henk und ich eines Abends Karel einigermaßen aufgelöst vor, gerötete Wangen, glänzende Augen.

«Ich war beim Pferderennen», teilte er uns unverfroren mit.

Daß er kleine Spaziergänge in der Gegend unternahm, hatten wir uns ja gedacht, aber bei dieser Eröffnung schreckten wir doch zusammen, ließen ihn indessen weiterreden. «Auf der Rennbahn fand eine Razzia statt.»

«Ist bei dir alles glattgegangen?»

«Ja, kein Problem. Sie wollten nur meine Adresse haben.»

«Und welche hast du angegeben?»

«Die hier.»

Nun stieg mir das Blut in die Wangen. «Wie konntest du so was tun?» fragte Henk. «Jetzt wissen sie, wo sie dich finden können.»

Auf einmal dämmerte es Karel. Offenbar hatte er die Zusammenhänge vorher nicht erkannt.

«Du mußt fort», sagte Henk ernst. «In Zukunft ist keiner von uns hier mehr sicher.»

Karel begriff und ging in sein Zimmer, um seine Sachen zusammenzupacken. Wohin er gehen wollte, sagte er nicht, das wäre zu gefährlich gewesen. Er verließ einfach unsere Wohnung.

14

Als die Leute von Omnia nicht wieder bei uns erschienen, und die Polizei auch nicht nach Karel van der Hart suchte, fanden wir es unbedenklich für ihn, von neuem bei uns unterzutauchen. Bei unserem nächsten Besuch in Hilversum stellten wir fest, daß Karel jetzt zu Hause wohnte. Er fragte, ob er nach Amsterdam zurückkommen könne. Wir hätten bereits beschlossen, daß er wieder in der Hunzestraat untertauchen sollte, entgegneten wir.

Auf der Rückfahrt nach Amsterdam stellten wir uns gegenseitig die Frage: Ist Karel bei uns wirklich sicher? Wir wußten darauf keine Antwort. Tagtäglich wurden Menschen in einem Versteck entdeckt und verhaftet. Es gab Razzien und Denunziationen. Der Preis für das Anzeigen von Juden und anderen untergetauchten Personen stieg ständig. Wie dem auch sei, Karel versteckte sich wieder bei uns. Wir nahmen die gewohnte Routine auf: allein beim Schachspiel, drei bei Tisch.

Am Ostermontag waren Henk und ich zu Hause. Wir hatten ja frei und daher keine Eile, unser gemütliches, warmes Bett zu verlassen. Es war noch recht früh am Morgen, als wir es heftig an die Haustür klopfen hörten.

Ich eilte hinaus. Vor mir stand Jo Koophuis in heller Aufregung. Otto Frank habe aus der Prinsengracht angerufen, berichtete er. Es war abermals eingebrochen worden, die Situation schien äußerst bedrohlich zu sein.

Henk und ich stürzten in die Prinsengracht, wo wir ein unbeschreibliches Durcheinander vorfanden. In der eingeschlagenen Tür klaffte ein riesiges Loch. Überall herrschte Chaos. Ich raste zum Regal und pfiff, damit jemand von oben aufhakte. Ich öffnete und hastete, gefolgt von Henk, die Treppe hinauf. War ihnen auch nichts geschehen? Mein Herz hämmerte.

Oben auf der zweiten Treppe angelangt, rief ich laut, und dann fand ich eine fürchterliche Unordnung vor, wie ich sie bei unseren Freunden noch nie erlebt hatte. Anne kam, in Tränen aufgelöst, angerannt und fiel mir in die Arme. Die anderen drängten sich, am ganzen Leibe zitternd, um uns, als könne sie die Nähe, die flüchtigste Berührung beruhigen.

Sie redeten alle auf einmal, als sie uns berichteten: Sie hatten Geräusche gehört und waren nach unten ins Büro gegangen, um nachzusehen, und dort zu dem Schluß gelangt, daß sich mehrere Fremde im Haus befinden mußten. Wieder im Versteck, hatten sie die ganze Nacht über reglos verharrt. In panischer Angst rechneten sie jede Sekunde damit, verhaftet zu werden, fest überzeugt, daß die Polizei einen Rundgang durch das Gebäude gemacht hatte und um ein Haar dabei auch ins Hinterhaus gelangt wäre.

Henk eilte sofort nach unten, um die Tür zu reparieren. Ich blieb bei unseren Freunden, hörte zu, tröstete. Herman van Daan wiederholte fortwährend kopfschüttelnd: «Ich habe meinen gesamten Tabak aufgebraucht. Was soll ich denn von jetzt an rauchen?»

«Laßt uns hier aufräumen», schlug ich vor, und wir machten uns gemeinsam ans Werk.

Als wir alles wieder in Ordnung gebracht hatten, kam Henk von unten zurück. Mit strenger Stimme, wie ich sie noch nie von ihm gehört hatte, legte er unseren Freunden nahe, niemals, niemals wieder nach unten zu gehen. Vor allem nicht, wenn sie irgendwelche Geräusche hörten. «Bleiben Sie hier, hinter dem Regal, in jedem Fall. Wenn Sie etwas hören, dürfen Sie unter keinen Umständen nach unten gehen. Verhalten Sie sich ruhig, warten Sie ab. Bloß nicht hinuntergehen!»

Er wollte sie nicht erschrecken, sondern ihnen nur die Sachlage klar vor Augen führen, als er sie daran erinnerte, daß Untergetauchte regelmäßig dann geschnappt wurden, wenn sie die ständige Gefahr, in der sie schwebten, vergaßen, wenn sie nachlässig und leichtsinnig wurden.

Ja, es sei unbedingt notwendig, oben zu bleiben, egal, was passierte, räumte Otto Frank ein. Er gab zu, daß sie kopflos gehandelt hätten, und versicherte Henk, es werde nicht mehr vorkommen.

Am folgenden Tag erinnerte Anne mich daran, wie glücklich ich an meinem Hochzeitstag gewesen sei, als die Trauung vorüber und ich endlich Holländerin geworden war. «Ich wäre auch gern Holländerin», gestand sie.

«Wenn alles vorbei ist, kannst du werden, was du willst», versprach ich ihr.

Das Wiedererwachen der Natur, das Wunder des mit aller Macht anbrechenden Frühlings erfüllte uns, die wir ringsum nur noch Not und Elend kannten, mit neuem Lebensmut. Oben im Versteck zog mich Anne zum verhängten Fenster mit den inzwischen sehr schmutzigen Gardinen und zeigte mir jedes neue Grün an der großen Kastanie.

Es war wirklich ein prachtvoller Baum, übersät mit prallen Knospen. Anne beobachtete genau, wie sie täglich dicker wurden und sich zu entfalten begannen.

Eines Morgens machte ich mich, etwas weniger gehetzt als sonst, an meine tägliche Einkaufstour. Die Luft war weich und aromatisch, wenn auch noch ziemlich kühl, am Himmel segelten dicke weiße Wattewolken dahin. Ich kam zu unserem Gemüseladen in der Leliegracht, wartete mit etlichen anderen Kundinnen und versuchte zu erspähen, was es drinnen gab. Schließlich war ich an der Reihe und wurde nicht von dem Mann, der mir stets zusätzliche Gemüsemengen verkauft hatte, sondern von seiner Frau bedient. Sie wirkte verstört. «Was ist denn los?» erkundigte ich mich.

Sie raunte mir zu: «Mein Mann ist verhaftet worden. Sie haben ihn mitgenommen.»

Ich war wie gelähmt. Wenn sie jemanden abholten, wurde jedes Mittel angewandt, um aus einem herauszupressen, was man über andere wußte.

Sie fuhr fort: «Er hat Juden versteckt. Zwei Juden. Wer weiß, was die ihm deswegen alles antun.»

Ich kaufte rasch ein – viel weniger, als ich brauchte – und ging.

Ich dachte an den freundlichen Mann, der mir immer mehr gegeben und der die schweren Kartoffelsäcke in die Prinsengracht geschleppt hatte. Er mußte gewußt haben, daß ich untergetauchte Personen verpflegte, und hatte nie ein Wort darüber verloren. Was würden sie mit ihm machen? Und wenn sie ihn mit allen möglichen grausamen Methoden zum Reden brachten, was mochte er ihnen dann über andere erzählen? Würde er auch von mir sprechen?

Die Verhaftung dieses Mannes bedeutete eine Katastrophe. Dank seines Entgegenkommens hatte ich die acht Untergetauchten bisher beköstigen können. Was nun? Wohin sollte ich mich wenden? Nervös ging ich zur Rozengracht hinüber, zu einem anderen kleinen Kellerladen.

Die Inhaberin war eine alte Frau. Ich nahm mir vor, das Geschäft täglich aufzusuchen. Mein Instinkt riet mir dazu, und so entwarf ich einen Plan. Jeden Tag redete ich mit der Alten ein bißchen mehr. Allmählich strahlte sie bei meinem Anblick und wurde zutraulich, sprach von sich und ihren Problemen mit den Kindern. Ich hörte geduldig zu und zeigte ihr deutlich mein Mitgefühl. Das machte sie zunehmend sicherer, und sie lud ihre Sorgen immer freimütiger bei mir ab.

Da ich nun wußte, daß sie mich mochte, begann ich vorsichtig zu fragen, ob ich nicht etwas mehr bekommen könne. Sie gab mir jedesmal das Gewünschte, wobei sie unentwegt ihr Herz ausschüttete. Gelegentlich ging ich auch wieder in das Geschäft in der Leliegracht, denn ganz wegzubleiben, wäre aufgefallen.

Da wir ja wußten, daß unsere Verbündeten für die ersehnte Landung gutes Wetter brauchten, zählten wir jetzt dauernd die schönen Tage. Im Mai brachten wir eine ganze Menge zusammen, aber die erhoffte Landung fand nicht statt.

Die Gespräche im Versteck drehten sich nur noch um dieses Thema. Unsere Freunde fieberten förmlich vor Aufregung, so als ob schon alles gut würde, wenn die alliierte Invasion, wo auch immer, den Kontinent einmal erreicht hätte. Unermüdlich debattierten sie mit Henk und untereinander darüber, wo ihrer Meinung nach die Landung erfolgen würde.

Ich wünschte sie baldigst herbei, denn die Lebensmittelknappheit nahm ein so schlimmes Ausmaß an, daß ich mich erstmals ernstlich fragte, wie lange ich noch alle versorgen könne. An manchen Tagen wanderte ich von einem Geschäft zum anderen und dann auf den schwarzen Markt und bekam trotzdem nicht genug zusammen.

Und dann geschah es. BBC meldete: In den frühen Morgenstunden des 6. Juni waren die Alliierten in der Normandie gelandet. Wir hatten ja kein Radio mehr und wußten noch nichts. Doch kaum war ich auf dem Weg ins Büro, da spürte ich die knisternde Spannung, die in der Luft lag. Die Menschen waren wie elektrisiert und so beschwingt wie seit Jahren nicht. Als ich in der Prinsengracht ankam, strahlte ich ebenfalls vor Freude.

Koophuis ergriff meine beiden Hände und drückte sie. «Ja, endlich ist es wahr geworden.» Und als ich nach oben ging, fand ich eine völlig gewandelte Atmosphäre vor – erwartungsvoll, lebenssprühend. Alles hing am Radio, lauerte auf weitere Informationen. Später sollte der amerikanische General Eisenhower sprechen.

Jeder rechnete jetzt, wie viele Tage es wohl dauern würde, von der Küste der Normandie bis in die Niederlande vorzustoßen.

Henk lief in der Mittagszeit nach oben, seine Wangen glühten vor Aufregung. Wir scharten uns um den Rundfunkapparat und warteten auf die Ansprache des amerikanischen Generals. Zum ersten Mal hörten wir die Stimme Eisenhowers, den breiten, etwas nuschelnden Tonfall. Er bezeichnete diesen Tag als D-Day, und während wir uns die Tränen aus den Augen wischten, versicherte er uns, daß noch dieses Jahr den endgültigen Sieg über die Deutschen bringen würde.

Die Stecknadeln auf der Landkarte, die Otto Frank an die Wand geheftet hatte, rückten täglich näher an Holland heran. Im Juni wurde Anne fünfzehn. Auch diesmal hatten wir es, wie an allen anderen Geburtstagen, geschafft, zur Feier des Tages ein paar Süßigkeiten aufzutreiben. Obwohl sie sich zusehends veränderte, erwachsen wurde, war und blieb Anne doch die jüngste und lebhafteste von uns allen.

Was ich auch immer an Papier für sie beiseite bringen konnte, Anne verbrauchte es im Handumdrehen. Ich wußte, sie benötigte dauernd Nachschub, um ihre schriftlichen Arbeiten erledigen und ihr Tagebuch weiterführen zu können. Zu diesem Geburtstag spendeten Elli und ich gemeinsam einen ansehnlichen Stapel Schreibhefte, und ich organisierte auf dem schwarzen Markt ein paar Süßigkeiten für das Leckermaul Anne.

Kurz vor dem Geburtstag nahm mich der sonst so stumme Peter beiseite, drückte mir ein paar Geldstücke in die Hand und fragte, ob ich irgendwo einen hübschen Blumenstrauß für Anne besorgen könne. Seine Bitte überraschte mich. Als er vor mir stand, wurde mir erst richtig bewußt, wie stark und kräftig er aussah, wie hübsch gelockt sein braunes Haar war. Ein reizender Junge, dachte ich, beeindruckt von seinem empfindsamen Herzen.

«Es bleibt aber unter uns, Miep», fügte er hinzu.

«Selbstverständlich», versicherte ich ihm.

Ein paar blaßlila Pfingstrosen – das war alles, was ich auftreiben konnte. Ich gab sie ihm. Auf seinen Wangen malten sich rote Flecken. Und schon war er mitsamt den Blumen in seinem Kämmerchen unter der Treppe verschwunden.

Eines Tages im Juli erschien einer unserer Vertreter für Travies und Co. mit einem riesigen Korb voll schmutziger, aber frischer, reifer Erdbeeren. «Ein Geschenk fürs Büropersonal», erklärte er.

An den Sonnabenden wurde in der Prinsengracht nur halbtags gearbeitet. Beim Gedanken an die reifen Erdbeeren lief mir das Wasser im Mund zusammen. Endlich sperrten die Arbeiter unten zu und gingen. Nur der engere Kreis blieb zurück – Victor Kraler, Jo Koophuis, Elli, ich. Einer ging nach oben, um unseren Freunden mitzuteilen, daß sie sich jetzt frei bewegen könnten.

Ich bin von Natur aus energisch und organisiere gern. Kaum kam mir der Gedanke, die Erdbeeren zu Marmelade zu verarbeiten, da nahm ich auch schon die Sache in die Hand. Rasch hatte ich alle Helfer, die ich brauchte. Die Bürokollegen blieben, und unsere Freunde kamen hinunter in die rückwärtige Küche, die von der Straße nicht eingesehen werden konnte. «Was soll ich tun, Miep?» fragte mich jeder.

Im Nu kochte das Wasser, waren die Erdbeeren geputzt und gewaschen. Unsere Unternehmung fand teils oben, teils unten statt, und meine mit Einkochen beschäftigte Mannschaft pendelte zwischen den beiden Küchen hin und her. Die allgemeine Stimmung war kräftig gestiegen, und der starke, süße Duft der verkochenden Früchte verbreitete sich überall. Ich bemerkte, daß jeder ungezwungen herumging, normal redete, mit den anderen lachte und scherzte. Es war, als habe sich das Leben wieder normalisiert und wir könnten alle ungehindert kommen und gehen, wie es uns beliebte.

Ich war die Expertin, und so folgte die Gruppe meinen Anweisungen. Freilich nahm mich keiner sonderlich ernst, wenn ich jeden ausschimpfte, der die Erdbeeren in seinen Mund statt in den Topf wandern ließ. Anne hatte den Mund so voll Erdbeeren, daß sie kaum sprechen konnte. Peter und seine Mutter genauso; und schließlich wurde ich zur Zielscheibe ihres Spotts, als ich mich dabei ertappte, daß ich – all meinen strengen Ermahnungen zum Trotz – selber den Mund voll Erdbeeren hatte.

An einem schönen, warmen Julitag war ich zeitig mit der Arbeit fertig. Im Büro herrschte tiefe, fast verschlafene Stille. Ich beschloß, oben eine unverhoffte Stippvisite zu machen. Jeder Besuch ließ den Untergetauchten ja die Zeit schneller vergehen.

Ich stieg die steile Treppe hinauf. Als ich am Schlafzimmer der Franks vorbeikam, sah ich Anne allein am Fenster sitzen.

Ich trat ein. Hier war es viel dunkler als unten im Büro, und so brauchte ich einen Moment, bis sich meine Augen daran gewöhnt hatten. Anne saß an dem alten Küchentisch neben dem Fenster. Von ihrem Stuhl aus konnte sie auf den großen Kastanienbaum und die Grünanlagen blicken, ohne selber gesehen zu werden.

Sie schrieb so eifrig, daß sie mich gar nicht bemerkt hatte, obwohl ich schon dicht bei ihr war. Ich wollte gerade kehrtmachen und den Raum wieder verlassen, als sie überrascht aufblickte und mich entdeckte. Bei unseren vielen Begegnungen im Laufe der Jahre hatte ich Annes abrupte Stimmungswechsel oft miterlebt; sie blieb dabei aber immer freundlich. Mir gegenüber hatte sie sich nie anders als überschwenglich, bewundernd, geradezu schwärmerisch verhalten. Doch in diesem Moment nahm ich einen Gesichtsausdruck wahr, den ich bei ihr nie zuvor gesehen hatte. Einen Ausdruck verbissener Konzentration, als habe sie heftige Kopfschmerzen. Dieser Blick durchbohrte mich, verschlug mir die Sprache. Plötzlich war es ein ganz anderer Mensch, der da schreibend am Tisch saß. Ich konnte kein Wort herausbringen, konnte mich von Annes unergründlichen Augen nicht abwenden.

Frau Frank mußte mich hereinkommen gehört haben, ich erkannte ihren leisen Schritt hinter mir. Als sie schließlich zu reden anfing, merkte ich an ihrem Tonfall, daß sie die Situation erfaßt hatte. Sie sprach deutsch, was sie nur tat, wenn es schwierig wurde. Ihre Stimme klang ironisch und doch liebevoll. «Unsere Tochter schreibt, Miep, das wissen Sie ja.»

Anne sprang auf, klappte das Heft zu. Mit einer dunklen Stimme, die ich noch nie bei ihr gehört hatte, und unverändertem Gesichtsausdruck sagte sie: «Allerdings, und ich schreibe auch über dich.»

Sie sah mich unentwegt an. Ich meinte, irgend etwas sagen

zu müssen; doch dann brachte ich – so nüchtern und sachlich ich konnte – nichts weiter heraus als: «Das wäre sehr nett.»

Ich machte kehrt und ging. Annes düstere Stimmung verfolgte mich. Ihr Tagebuch war ihr zum Lebensinhalt geworden, das wußte ich. Es war, als hätte ich mich in eine sehr enge persönliche Beziehung hineingedrängt und eine vertrauliche Zwiesprache gestört. Den ganzen Tag mußte ich daran denken. Die dort oben so außer sich geraten war, weil sie sich durch mich gestört fühlte, das war nicht Anne. Das war ein ganz anderer Mensch, eine Unbekannte.

Hitlers Stimme im Radio klang noch hysterischer als früher, seine Worte ergaben oft keinen rechten Sinn. Für uns alle lag es auf der Hand, daß er seinen zurückweichenden Truppen neuen Kampfgeist einzuflößen, sie anzufeuern versuchte. Brüllend drohte er mit neuen Wunderwaffen, die bald die deutschen Rüstungsfabriken verlassen und den vorrückenden Armeen der Alliierten vernichtende Schläge versetzen würden. Diese geifernde Stimme gehörte einem fanatischen Desperado, nicht aber einem «Führer», der als oberster Kriegsherr die Geschicke eines ganzen Volkes lenkte.

Doch trotz des Vorstoßes der Alliierten wurde das Leben in Amsterdam nur noch schwerer. Manchmal saß ich reglos an meinem Schreibtisch, klopfte mit dem Bleistiftende auf die Fensterbank neben mir und starrte hinunter in die Gracht, unfähig, mich auf die vor mir liegende Arbeit zu konzentrieren. Ich dachte an meine Freunde oben, so nah und doch so unhörbar. Ich fühlte mich zu kraftlos, weiterzumachen. Mein Gott, was könnte ich denn noch tun? Diese Frage stellte ich mir dauernd. Gibt es vielleicht irgendwo noch ein Geschäft, in dem ich es bisher nicht versucht habe? Wie soll es bloß weitergehen?

Am schlimmsten war, daß es niemanden gab, zu dem ich von meinen Sorgen und Selbstzweifeln sprechen konnte, wenn ich mich besonders schwach und hilflos fühlte. Natürlich durfte ich darüber kein Wort verlieren vor denen, die mir am nächsten standen: Edith und Otto Frank. Auch nicht vor

Jo Koophuis, meinem häufigsten Gesprächspartner im Büro. Nicht einmal Henk gegenüber durfte ich etwas davon verlauten lassen. Er war vollauf mit seiner eigenen Untergrundtätigkeit ausgelastet, ich durfte ihm nicht obendrein noch meine Sorgen aufbürden.

Nach einem besonders schlimmen Tag kam ich immer völlig ausgepumpt nach Hause. Auch Henk war des öfteren ziemlich am Ende seiner Kräfte. Beide verloren wir nie ein Wort der Klage. Ich zauberte vielmehr die beste Mahlzeit auf den Tisch, die ich zustande bringen konnte. Wenn wir dann zu dritt aßen, bestritt Karel, nach einem Tag erzwungener Isolation entsprechend mitteilungsfreudig, die ganze Unterhaltung. Henk und ich hörten stumm zu.

Manchmal gingen wir trotz der Sperrstunde hinüber zu unseren Freunden. Gemeinsam lauschten wir den holländischen Nachrichten aus London.

Die vertraute Stimme erklang: «Guten Abend. Hier spricht Radio Oranje aus London. Zuerst bringen wir einige Durchsagen.» Dann folgten Mitteilungen wie: «Die Drossel läuft über das Dach.» Oder: «Das Fahrrad hat eine Reifenpanne.» Oder: «Der Wagen fährt auf der falschen Straßenseite.»

Wir wußten, daß es sich bei diesen scheinbar sinnlosen Sätzen um verschlüsselte Botschaften an unsere Untergrundkämpfer handelte.

Radio Oranje berichtete über unsere Brigade «Prinzessin Irene», die seit dem D-Day Seite an Seite mit den Kanadiern kämpfte; über die zweihundertfünfzig holländischen Flieger bei der Royal Air Force.

Am 20. Juli erfuhren wir von dem Attentat auf Hitler, wobei mehrere Stunden lang Unklarheit herrschte, ob er es überlebt hatte. Dann sprach er selber über den deutschen Sender, und damit waren sämtliche Gerüchte widerlegt.

Wenige Tage danach berichtete Radio Oranje, US-General Bradleys 12. Armeekorps habe die deutschen Linien durchbrochen. Und kurz darauf hieß es, General Pattons 3. Armee habe Avranches genommen. Es hatte den Anschein, als sei die gesamte Westfront ins Wanken geraten und der deutsche Widerstand kurz vor dem Zusammenbrechen.

Solche Nachrichten waren die beste Medizin für mich.

Nachts im Bett hörte ich die britischen Bomber im Anflug auf Deutschland und das Donnern der Flakgeschütze; und tags von fern die amerikanischen Geschwader auf dem gleichen Kurs. Sobald ich ihr Brummen vernahm, spürte ich meine Kräfte zurückkehren. Abends erfuhren wir dann von Radio Oranje, welchen Zielorten diese Luftangriffe gegolten hatten – Hamburg, Berlin, Stuttgart, Essen – und welche Schäden entstanden waren.

Ich konnte nur hoffen, daß dieser grauenvolle Krieg sich bald dem Ende näherte. Es würde bald soweit sein, das wußten wir.

Dritter Teil

Die dunkelsten Tage

Das Ehepaar van Daan
und Victor Kraler.

Peter van Daan und
Dr. Albert Dussel.

Otto Frank mit seinen treuen Mitarbeitern und Helfern in der Not: Jo Koophuis, Victor Kraler, Miep Gies und Elli Vossen, Oktober 1945.

Otto Frank mit dem Ehepaar Gies und dessen Sohn Paul, 1951.

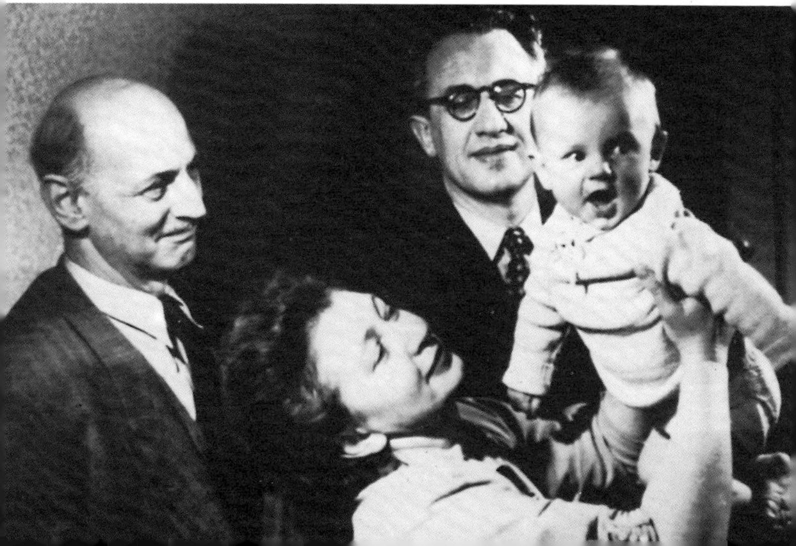

15

4. August 1944 – ein ganz gewöhnlicher Freitagvormittag. Morgens war ich als erstes nach oben gegangen, um die Einkaufsliste zu holen. Wie immer nach einer dieser endlosen Nächte, die sie zusammengesperrt in ihrem Versteck verbringen mußten, waren meine Freunde erpicht auf einen ausgiebigen Besuch. Anne hatte wie üblich unzählige Fragen auf Lager und drängte mich, ein bißchen mit ihr zu reden. Wenn ich am Nachmittag die Lebensmittel heraufbrächte, bliebe ich zu einem ausführlichen, gemütlichen Schwatz, versprach ich. Bis dahin müsse sie sich gedulden. Ich ging zurück ins Büro und fing an zu arbeiten.

Elli Vossen und Jo Koophuis hatten ihre Schreibtische mir gegenüber. Irgendwann zwischen elf und zwölf Uhr blickte ich hoch. In der Tür stand ein Mann in Zivilkleidung. Ich hatte ihn nicht gehört. Er hielt einen Revolver auf uns gerichtet. «Sitzenbleiben!» befahl er auf holländisch. «Verhalten Sie sich ruhig!»

Dann ging er zum hinteren Büro, wo Victor Kraler arbeitete, und ließ uns allein. Wir waren wie gelähmt.

«Ich glaube, jetzt ist es soweit, Miep», sagte Jo Koophuis.

Elli begann am ganzen Leib zu zittern. Koophuis blickte rasch zur Eingangstür. Anscheinend war außer dem Mann mit der Waffe niemand im Haus.

Sobald der Bewaffnete den Raum verlassen hatte, nahm ich rasch die gefälschten Lebensmittelkarten, das Geld und Henks Mittagessen aus meiner Einkaufstasche. Dann wartete ich. Es war ungefähr die Zeit, um die Henk zur Mittagspause zu kommen pflegte. Gleich darauf hörte ich den vertrauten Schritt auf der Treppe. Ehe er eintreten konnte, sprang ich auf, lief zur Tür, öffnete sie, packte ihn beim Arm und sagte: «Hier ist dicke Luft, Henk!»

Ich schob ihm alles in die Hand und gab ihm einen leichten Stups. Er begriff sofort und verschwand.

Mit angehaltenem Atem ging ich zum Schreibtisch zurück, wo ich laut Befehl ja sitzenbleiben sollte.

Elli war völlig aufgelöst und weinte. Koophuis zog seine Geldbörse heraus und gab sie Elli. «Nehmen Sie das. Gehen Sie in die Drogerie in der Leliegracht. Der Besitzer ist ein Freund von mir. Er wird Ihnen erlauben, sein Telefon zu benutzen. Rufen Sie meine Frau an, berichten Sie ihr, was passiert ist, und dann verschwinden Sie.»

Elli warf mir einen furchtsamen Blick zu. Ich nickte zustimmend. Sie nahm die Geldbörse und sauste durch die Tür.

Koophuis sah mir fest in die Augen. «Sie können auch gehen, Miep.»

«Ich kann nicht», entgegnete ich. Das stimmte – ich konnte es nicht.

Jo Koophuis und ich blieben, wie befohlen, etwa eine Dreiviertelstunde sitzen. Dann kam ein anderer Mann herein und rief Koophuis zu, er solle ihm folgen. Gemeinsam gingen sie in Kralers Kontor. Ich blieb weiter an meinem Schreibtisch, ohne die geringste Ahnung, was in den anderen Teilen des Gebäudes vor sich ging, und zu verängstigt, um mir vorstellen zu können, was nun geschehen würde.

Eine Tür wurde aufgemacht, die zum Durchgangsraum stand ebenfalls offen. Koophuis kam aus dem rückwärtigen Kontor, ließ die Tür hinter sich geöffnet, so daß ich das Durchgangszimmer zwischen Kralers und unserem Büro überblicken konnte. Gleichzeitig hörte ich, wie der Deutsche, der hinter Koophuis ging, auf deutsch sagte: «Händigen Sie der jungen Frau die Schlüssel aus.» Dann kehrte er in Kralers Kontor zurück.

Koophuis reichte mir die Schlüssel: «Versuchen Sie sich da rauszuhalten, Miep.»

Ich schüttelte den Kopf.

Jo Koophuis sah mich beschwörend an. «Nein. Sie müssen versuchen, sich da rauszuhalten. Es hängt von Ihnen ab zu retten, was hier noch zu retten ist. Es liegt in Ihrer Hand.»

Ich konnte nichts darauf erwidern, ich mußte seine Worte erst verarbeiten. Er drückte mir die Hand, ging zurück in Kralers Büro, schloß die Tür hinter sich.

Zwei Gedanken beschäftigten mich. Zum einen klang der Akzent des Deutschen irgendwie vertraut; und zum anderen könnte er womöglich angenommen haben, ich wisse gar nichts von den Menschen im Versteck.

Ein paar Minuten später kam der Holländer, der als erster unser Büro betreten hatte, der Mann mit dem Revolver, zurück. Ohne mich eines Blickes zu würdigen, setzte er sich mir gegenüber an Ellis Schreibtisch und wählte eine Telefonnummer. Er bat jemanden, einen Wagen herzuschicken.

Die Tür zum Korridor hatte er offen gelassen. Ich hörte die schneidende Stimme des Deutschen, dann Kralers und wieder die des Deutschen. Plötzlich klickte es bei mir, was so vertraut geklungen hatte: Er sprach mit Wiener Akzent! Er sprach genau wie meine Angehörigen, von denen ich vor so vielen Jahren fortgegangen war.

Er kam wieder in mein Büro. Sein Ton hatte sich verändert; ich merkte, daß er mich nicht mehr für unschuldig hielt. Vermutlich hatte er sich inzwischen ausgerechnet, daß ich zu den Mitwissern gehören müsse. Er ließ mich nicht aus den Augen und sagte barsch: «Jetzt sind Sie dran!» Gleichzeitig ergriff er die Schlüssel, die Koophuis mir gegeben hatte.

Ich erhob mich, wir standen Angesicht zu Angesicht, so dicht, daß ich seinen heißen Atem spürte. Ich sah ihm gerade in die Augen und sagte auf deutsch: «Sie sind doch Wiener. Ich bin auch aus Wien.»

Er erstarrte. Kein Zweifel, ich hatte ihn überrumpelt. Er wirkte auf einmal völlig durcheinander und explodierte: «Ihre Papiere! Den Personalausweis!»

Ich holte meine Kennkarte heraus, auf der es hieß,: «Geburtsort Wien. Verehelicht mit einem Holländer.» Er prüfte sie genau. Dann bemerkte er den Mann, der gegenüber saß und telefonierte. «Scheren Sie sich raus!» brüllte er ihn an.

Der Mann legte den Hörer auf die Gabel und schlich sich hinaus wie ein geprügelter Hund. Der Österreicher machte die Tür zum Korridor hinter ihm zu, so daß wir beide jetzt allein waren.

Wütend warf er mir meine Kennkarte hin und kam geduckt auf mich zu. «Schämen Sie sich denn gar nicht, diesem Judenpack zu helfen?» fauchte er mich an. Dann beschimpfte er mich als Verräterin, drohte mir schärfste Bestrafung an. Ich reckte mich so hoch, wie ich nur konnte, stand unbeweglich da, ohne im mindesten auf seinen Wutausbruch zu reagieren. Je mehr er tobte und schrie, desto nervöser wurde er. Er tigerte von einer Ecke zur anderen, machte plötzlich auf dem Absatz kehrt und fragte: «Was soll ich denn nun mit Ihnen anfangen?»

In diesem Moment dämmerte es mir, daß ich die Situation doch einigermaßen unter Kontrolle hatte. Mir war, als sei ich ein paar Zentimeter gewachsen. Er betrachtete mich prüfend. Was er dachte, stand ihm im Gesicht geschrieben: Da stehen sich nun zwei Menschen gegenüber, die aus *einem* Land, aus *einer* Stadt stammen. Der eine macht Jagd auf Juden, und der andere beschützt sie. Er beruhigte sich etwas, sein Ausdruck wurde menschlicher. Er musterte mich weiterhin prüfend und sagte schließlich: «Aus persönlicher Sympathie ... von mir aus können Sie bleiben. Aber gnade Ihnen Gott, wenn Sie türmen. Dann holen wir Ihren Mann ab.»

Es war unklug, das wußte ich, aber ich konnte nicht anders, ich platzte heraus: «Sie werden schön die Hände von meinem Mann lassen. Das hier ist meine Angelegenheit. Er hat davon keine Ahnung.»

Er mokierte sich über mich, warf arrogant den Kopf in den Nacken. «Reden Sie doch keinen Schmarren. Natürlich hängt er mit drin.»

Er ging zur Tür, öffnete sie, drehte sich um: «Morgen

komme ich wieder und vergewissere mich, ob Sie noch da sind.»

Du kannst machen, was du willst, dachte ich bei mir, ich bleibe so und so hier.

Er wiederholte: «Ich komme wieder und kontrolliere Sie. Eine falsche Bewegung, und Sie landen auch im Gefängnis.» Er wandte sich um und schloß mich ein.

Ich hatte keine Ahnung, wohin er gegangen war. Ich hatte keine Ahnung, was im übrigen Haus geschah. Ich war in einer furchtbaren Verfassung, als stürze ich ins Bodenlose. Was konnte ich tun? Ich setzte mich wieder. Ich wagte nicht, mir vorzustellen, was jetzt im Hinterhaus vor sich ging, im Versteck, das keines mehr war.

Dann – über den Korridor an Kralers Büro vorbei, die paar Stufen hinunter und weiter über den Korridor – hörte ich tappende Schritte. Die Schritte unserer Freunde. Sie verrieten mir, daß sie sich mit letzter Kraft nach unten schleppten.

Ich wußte, daß alles verloren war, und begriff es doch nicht. War es nur einer von vielen bösen Träumen? Ich saß da, erstarrt, gelähmt. Ich weiß nicht, wie lange.

Irgendwann kamen die beiden Arbeiter aus dem Lager herauf. Sie hätten von nichts gewußt, beteuerten sie. Ich weiß nicht, gegenüber wem. War der Österreicher noch irgendwo? Dann sagten die Männer, es täte ihnen furchtbar leid – das mit den Franks.

Frits van Matto erschien und sagte irgendwas. Er hatte die Büroschlüssel in der Hand. Der Österreicher mußte sie ihm übergeben haben.

Wo war die Zeit geblieben? Zwischen elf und zwölf war der holländische Nazi gekommen. Gegen halb zwei hatte ich die Schritte auf der Innentreppe gehört. Dann war plötzlich Elli zurück, Henk erschien, und ich realisierte: Es war fünf Uhr. Der Tag war vorbei.

Henk sagte als erstes zu Frits van Matto: «Sobald Ihre Leute gegangen sind, schließen Sie ab und kommen wieder her.» Als van Matto zurückkehrte, wandte sich Henk an ihn,

Elli und mich: «Wir gehen jetzt nach oben und sehen uns das Ganze einmal an.»

Van Matto nahm die Schlüssel mit, die ihm der Österreicher gegeben hatte. Gemeinsam gingen wir zum Regal, drehten es zur Seite. Die Tür zum Versteck war zugesperrt, aber sonst unversehrt. Zum Glück besaß ich einen Zweitschlüssel. Ich holte ihn. Wir öffneten und gingen hinauf.

Ich sah auf den ersten Blick: Es war alles durchsucht worden. Herausgerissene Schubladen, über den Fußboden verstreute Sachen. Überall umgeworfene Gegenstände. Ein Bild der Verwüstung. Sie hatten wie die Wandalen gehaust.

Ich ging ins Schlafzimmer der Franks. Auf dem Fußboden, inmitten von Papierbergen und Büchern, entdeckte ich einen rot-orange-grau-karierten Leineneinband – Annes Tagebuch, das sie zum dreizehnten Geburtstag von ihrem Vater geschenkt bekommen hatte. Ich zeigte es Elli. Sie bückte sich, hob es auf, drückte es mir in die Hand. Ich erinnerte mich an Annes Freude über das kleine Buch, dem sie ihre geheimen Gedanken anvertrauen konnte. Ich wußte, wie sehr sie an ihrem Tagebuch hing. Ich ließ den Blick über das Chaos gleiten, ob sich noch weitere Aufzeichnungen Annes darunter befanden, und entdeckte die alten Kontobücher sowie eine Menge weiteres Schreibmaterial, das Elli und ich ihr gegeben hatten, nachdem das Tagebuch vollgeschrieben war. Elli, immer noch ganz verängstigt, sah mich ratlos an. Ich sagte zu ihr: «Hilf mir, Annes Papiere aufzulesen.»

Rasch sammelten wir bündelweise Seiten auf, die mit Annes Handschrift bedeckt waren. Mit Herzklopfen dachte ich daran, daß der Österreicher zurückkommen und uns inmitten des beschlagnahmten «jüdischen Eigentums» erwischen könnte. Henk hatte die Arme voller Bücher, darunter die aus der Leihbibliothek und Dr. Dussels Spanisch-Lehrbücher. Er bedeutete mir, ich solle mich beeilen. Van Matto stand verlegen in der Tür. Elli und ich waren mit Papieren beladen. Henk machte sich auf den Weg nach unten, hinter ihm van Matto und Elli, die sehr jung, sehr verängstigt aussah. Ich kam, den Schlüssel in der Hand, als letzte.

Beim Hinausgehen fiel mein Auge im Waschraum auf Annes weichen beigefarbenen Frisierumhang mit dem bunten Rosenmuster, der am Kleiderständer hing. Obwohl ich beide Arme voller Papiere hatte, angelte ich mit den Fingern danach. Warum – das weiß ich bis heute nicht.

Ich duckte mich, bemüht, nichts fallen zu lassen, verschloß die Tür zum Versteck und ging zurück ins Büro.

Da standen wir nun, Elli und ich, beide mit Papieren beladen, und sahen uns an. «Du bist die Ältere», sagte Elli, «du mußt entscheiden, was damit geschehen soll.»

Ich öffnete die untere Schreibtischschublade und begann, das Tagebuch, die alten Kontobücher und die losen Blätter hineinzuschichten. «Ja, ich werde alles aufbewahren», sagte ich zu Elli. Ich nahm ihr die Papiere ab und legte sie ebenfalls in die Schublade. «Ich werde alles sicher aufbewahren für Anne, bis sie zurückkommt.»

Ich machte die Schublade zu, schloß sie jedoch nicht ab.

Zu Hause kam die Reaktion. Henk und ich fühlten uns wie gelähmt. Wir saßen uns am Abendbrottisch stumm gegenüber. Karel schwatzte wie üblich drauflos. Wir sprachen kein Wort über das, was passiert war. Erst als wir allein waren, berichtete mir Henk, was er gemacht hatte, nachdem ich ihn an der Tür gewarnt und mit dem Geld und den gefälschten Lebensmittelkarten weggeschickt hatte.

«Ich ging damit schnurstracks in mein Büro. Normalerweise sind das sieben Minuten zu Fuß, aber diesmal brauchte ich nur vier, obwohl ich nicht gerannt bin. Ich wollte alles vermeiden, womit ich mich verdächtig gemacht hätte, falls mir jemand folgte.

Im Büro versteckte ich die gefährlichen Sachen zwischen anderen Papieren in meinem Aktenschrank. Mir schwirrte der Kopf. Ich wußte natürlich, daß ich nichts unternehmen, sondern abwarten sollte, aber ich brannte darauf, etwas zu tun. Ich konnte unmöglich bloß dasitzen, und so beschloß ich, den Bruder von Koophuis aufzusuchen. Er ist Aufseher in einer Uhrenfabrik, gleich um die Ecke von meiner Dienststelle.

Ich fand ihn und schilderte ihm die Lage. Auch er war ratlos. Wir starrten uns an und wußten beide nicht, was wir sagen oder tun sollten. Schließlich schlug ich vor, zur Prinsengracht zurückzugehen, uns auf der gegenüberliegenden Seite der Gracht an der Ecke zu postieren und von dort aus die Lage zu peilen. Die Idee erschien uns beiden vernünftig.

Also eilten wir zur Prinsengracht, aber auf der anderen Kanalseite. Wir waren kaum dort, als ein dunkelgrüner Polizeitransporter vor Nummer 263 hielt. Weit und breit kein Mensch, und die ‹grüne Minna› war ohne Sirene vorgefahren.

Der Wagen hatte auf dem Gehsteig, fast an der Hauswand, geparkt. Von unserem Platz aus konnten wir die Eingänge gerade noch sehen. Plötzlich öffnete sich die eine Tür – unsere Freunde kamen in einer Gruppe heraus, jeder mit einem kleinen Bündel, und stiegen direkt in das Auto ein. Ihre Gesichter konnte ich aus der Entfernung kaum erkennen. Daß Koophuis und Kraler dabei waren, sah ich genau. Sie wurden von zwei Männern in Zivil eskortiert, die ihre Gefangenen hinten im Wagen verfrachteten und selber dann vorn einstiegen. Ich war mir nicht sicher, ob auch du darunter warst.

Sobald alle drin waren, knallte ein Grüner die Tür zu, und der Wagen fuhr die Prinsengracht hinunter. Er überquerte die Brücke, wendete und kam die Prinsengracht auf unserer Seite wieder zurück. Bevor wir uns auf einen weniger auffälligen Standort zurückziehen konnten, brauste der Wagen auch schon direkt auf uns zu und knapp einen halben Meter entfernt vorbei. Hineinschauen konnte ich nicht, die Tür war ja geschlossen. Ich wandte das Gesicht ab.

Wir hatten keine Ahnung, wer sich noch im Büro befand, was dort überhaupt vor sich ging und wie brisant die Lage war. Deshalb kehrten wir beide in unsere Büros zurück, und ich blieb dort bis zum Spätnachmittag, weil es dann durchaus normal wirken würde, in der Prinsengracht zu erscheinen und dich abzuholen.»

Wir schauten uns an. Wir wußten beide, was als nächstes bevorstand, und brachten es nicht übers Herz, davon zu sprechen. Schließlich atmete Henk langsam tief aus. «Ich gehe morgen früh hin.» Und so suchte er am nächsten Tag Frau Dussel auf, um ihr von der Verhaftung zu berichten.

«Sie nahm es sehr gefaßt auf», erzählte er mir später. «Sie war höchst überrascht, daß er sich die ganze Zeit über mitten in Amsterdam aufgehalten hatte. Sie vermutete ihn irgendwo auf dem Land, für das er nicht viel übrig hatte.»

Der Schock hielt auch am folgenden Tag an, als ich wie gewöhnlich zur Arbeit ging. Als nunmehr Dienstälteste übernahm ich die Geschäftsführung. Da ich seit 1933 bei Otto Frank angestellt war, kannte ich den Betrieb in- und auswendig.

An jenem Tag kamen mehrere Firmenvertreter von der Reise zurück und mußten über das Vorgefallene informiert werden. Als sie es erfuhren, reagierten sie zutiefst bestürzt. Otto Frank war überaus beliebt gewesen.

Einer der Vertreter fragte mich: «Kann ich Sie unter vier Augen sprechen, Frau Gies?» Ich nickte und ging mit ihm in eines der leerstehenden Büros.

«Ich habe eine Idee, Frau Gies. Wir wissen doch alle, daß der Krieg sich dem Ende nähert. Die Deutschen wollen nach Hause. Sie haben es satt. Wenn sie abziehen, möchten sie auch was mitnehmen, zum Beispiel möglichst viel holländisches Geld. Wollen Sie nicht den österreichischen Nazi, diesen Wiener, aufsuchen? Immerhin hat er Sie nicht verhaftet, vielleicht würde er Sie anhören. Was halten Sie davon, wenn Sie zu ihm gingen und ihn fragten, wieviel Geld er verlangt für den Rückkauf der Menschen, die hier gestern verhaftet wurden? Sie sind die einzige, die das wenigstens versuchen könnte.»

Ich hörte ihm schweigend zu. Als ich ihm ins Gesicht sah, fiel mir ein, daß er NSB-Mitglied war. Trotzdem erwies er sich als hilfsbereit. Ich erinnerte mich, daß Otto Frank bereits vor dem Untertauchen von dieser Mitgliedschaft in der holländischen Nazi-Partei gewußt hatte, da der Mann ein Parteiabzeichen am Revers trug. Und ich erinnerte mich an Franks

Kommentar dazu: «Im Grunde seines Herzens ist er kein Nazi, das weiß ich. Dem können Sie vertrauen. Vermutlich ist er in die Partei eingetreten, weil es die jungen Leute, mit denen er herumzog, auch taten. Als Junggeselle brauchte er einen Freundeskreis, Geselligkeit. Deshalb ist er ihrem Beispiel gefolgt.»

Beim Gedanken an Franks Worte über die Vertrauenswürdigkeit dieses Mannes hörte auch ich auf meine innere Stimme und erklärte: «Ja, ich werde hingehen.»

Nun erläuterte er mir seinen Plan näher. «Herr Frank war so beliebt. Ich kann bei allen, die ihn mochten, eine Sammlung veranstalten, so daß wir ein stattliches Sümmchen zusammenkriegen und dem Österreicher anbieten könnten.»

Ich eilte sofort zum Telefon und rief im Gestapo-Hauptquartier in der Euterpestraat an. Als sich der Wiener meldete, erklärte ich ihm, wer ich sei, und fragte auf deutsch, ob ich ihn aufsuchen könne. «Es ist sehr dringend», schloß ich.

Er bestellte mich für Montagmorgen um neun.

Und so ging ich zum Gestapo-Hauptquartier. Am Mast wehte die Hakenkreuzfahne. Überall wimmelte es von Deutschen in Uniform. Daß die Menschen, die dieses Gebäude betraten, es nicht immer auch wieder verließen, war allgemein bekannt. Ich betrat es und erkundigte mich bei den Wachposten nach dem Büro des Österreichers.

Sie wiesen mir den Weg. Ein mittelgroßer Raum voller Schreibtische, an denen eifrig getippt wurde. Der Österreicher – er hieß Karl Silberbauer – saß hinter einem Eckschreibtisch und blickte mir entgegen.

Ich ging auf ihn zu und stand nun mit dem Rücken zu den Maschinenschreibern.

Die Tatsache, daß er nicht allein war, hatte mich aus dem Konzept gebracht, so daß ich stumm verharrte, ihm nur kurz in die Augen sah. Jedes Wort wäre im ganzen Zimmer zu hören gewesen, und so sagte ich keinen Ton. Ich rührte mich nicht, rieb nur mit dem Daumen an Zeige- und Mittelfinger – das Zeichen für Geld.

Angesichts dieser Geste meinte er: «Heute kann ich nichts

tun. Kommen Sie morgen früh Punkt neun wieder.» Damit senkte er den Blick. Ich war abgefertigt.

Am nächsten Morgen war ich pünktlich zur Stelle. Bis auf Silberbauer war niemand im Zimmer. Ich kam direkt zur Sache. «Wieviel Geld verlangen Sie für die Freilassung der Menschen, die Sie neulich verhaftet haben?»

«Bedauere sehr», entgegnete er. «Ich kann nichts für Sie tun. Neuer Befehl von oben. Mir sind die Hände gebunden. Ich kann nicht so freizügig verfahren, wie ich gern möchte.»

Ich weiß nicht, was mich geritten hat, aber ich erklärte: «Ich glaube Ihnen nicht.»

Er wurde nicht wütend, zuckte nur die Achseln und schüttelte den Kopf. «Gehen Sie rauf zu meinem Chef.» Er nannte mir die Zimmernummer, immer noch kopfschüttelnd.

Gewaltsam unterdrückte ich das Zittern in den Knien, schleppte mich die Treppe hinauf zu dem Raum, den er mir genannt hatte. Ich klopfte an. Keine Antwort. Also öffnete ich die Tür.

Drinnen sah ich zahlreiche hohe SS-Führer um einen Tisch versammelt, auf dem ihre Mützen lagen. In der Mitte stand ein Radio, in dem eine englische Sendung lief. Ich merkte es sofort: BBC.

Ihre Blicke versengten mich. Klar, ich hatte sie als zufällige Augen- und Ohrenzeugin auf frischer Tat ertappt, bei einem Delikt, das als Landesverrat mit der Todesstrafe geahndet wurde. Ich wußte, sie konnten mit mir tun, was sie wollten, somit hatte ich nichts mehr zu verlieren. «Wer ist hier der Vorgesetzte?» fragte ich.

Einer erhob sich. Er fixierte mich drohend und kam auf mich zu. Verächtlich verzog er den Mund, als er mich mit der flachen Hand an der Schulter zurückschubste. «Schweinehund!» schnauzte er und stieß mich zur Tür hinaus. Er musterte mich mit einem Blick, als sei ich ein Haufen Unrat, machte kehrt und schlug mir die Tür vor der Nase zu.

Mein Herz hämmerte. Voller Angst, gleich mit eisernem Griff gepackt und festgenommen zu werden, ging ich wieder nach unten in Silberbauers Büro. Er erwartete mich bereits, zog fragend eine Augenbraue hoch. Ich schüttelte verneinend den Kopf. «Hab ich's Ihnen nicht gleich gesagt?» Er starrte mich unverwandt an. «Und jetzt machen Sie, daß Sie wegkommen», befahl er.

Gemessenen Schrittes ging ich in Richtung Haustor. In den Korridoren wimmelte es von Gestapo-Leuten – schwarzuniformierte Schmeißfliegen, dachte ich. Abermals schoß es mir durch den Kopf, daß nicht jeder, der das Gebäude betrat, auch wieder herauskam. Ich setzte einen Fuß vor den anderen, stets darauf gefaßt, daß mich jemand anhielt.

Draußen auf der Straße stellte ich ungläubig fest, wie leicht es gewesen war, durch dieses Tor wieder hinauszugelangen.

Die Kollegen im Büro baten, ob sie sich Annes Tagebuch ansehen dürften. Meine Antwort lautete jedesmal: «Nein. Das wäre nicht recht. Auch wenn es ein Kind geschrieben hat – es gehört Anne, es ist ihr Geheimnis. Ich gebe das nur in ihre Hände zurück, in Annes und keine sonst.»

Es quälte mich, daß gewiß noch einige weitere Tagebuchblätter auf dem Fußboden im Versteck liegengeblieben waren. Ich hatte Angst, abermals hinaufzugehen, da Silberbauer bereits mehrfach zwecks Kontrolle erschienen war. Er steckte lediglich den Kopf herein: «Ich will mich bloß vergewissern, daß Sie nicht abgehauen sind.» Ich gab ihm keine Antwort. Was er wollte, hatte er ja gesehen: Ich war nirgendwohin entschwunden. Er machte kehrt und ging.

Ich fürchtete mich, die Treppe hinter dem Regal hinaufzusteigen. Ich konnte es nicht ertragen, die Räume so verwaist wiederzusehen.

Andererseits wußte ich, daß nach drei bis vier Tagen die Spediteure von Puls auftauchen würden, um das «jüdische Eigentum» abzuholen und nach Deutschland zu transportieren. Also zeigte ich van Matto eine von Annes Tagebuchseiten: «Wenn die Leute von Puls kommen, begleiten Sie sie nach oben und tun Sie so, als ob Sie beim Aufräumen helfen. Was Sie an solchen Blättern finden, heben Sie auf und bringen es mir.»

Am folgenden Tag erschien Puls. Ein großer Lastwagen hielt vor unserer Tür. Ich konnte nicht hinschauen, als sie die vertrauten Dinge, eines nach dem anderen, einluden. Ich blieb dem Fenster fern, wollte immer noch nicht glauben, daß es geschehen war, versuchte mir einzureden, daß unsere Freunde dort oben, ganz in meiner Nähe, ihr gewohntes verborgenes Leben führten.

Van Matto tat, worum ich ihn gebeten hatte, und übergab mir, nachdem Puls weggefahren war, einen weiteren Stapel von Annes Aufzeichnungen. Wiederum las ich nichts, legte nur die Seiten ordentlich aufeinander und tat sie zu den übrigen in meiner Schreibtischschublade.

Nach der Abfahrt des Möbelwagens war es sehr still im Büro. Ich blickte durchs Zimmer – Mouschi, Peters Kater, lief mit Riesenschritten auf mich zu. Er kam ganz dicht heran und streifte meinen Knöchel. Er mußte bei der Verhaftung fortgelaufen sein und sich bis jetzt irgendwo versteckt haben.

«Komm her, Mouschi», sagte ich entschlossen. «Komm mit in die Küche, da finde ich bestimmt etwas Milch für dich. Du bleibst jetzt hier im Büro bei Moffie und mir.»

16

Da wir jetzt akut gefährdet waren, teilten wir Karel mit, daß er bei uns nicht mehr sicher sei und ausziehen müsse. Er packte geschwind seine Sachen zusammen und fragte beim Abschied, ob er zurückkommen könne, wenn die Gefahr vorüber wäre; er sei wieder in Hilversum zu erreichen. Wir versprachen, ihn zu verständigen, sobald die Luft rein sei.

Seitdem Jo Koophuis, Victor Kraler und Otto Frank nicht mehr da waren, blieb nur noch ich für die Weiterführung und Leitung des Geschäfts. Da ich nicht verhaftet worden und jetzt als Christin in leitender Funktion tätig war, hatten die Leute von Puls im Büro nichts angerührt und auch die teuren Gewürzmühlen unangetastet gelassen. Plötzlich begriff ich, weshalb Koophuis mich bei der Verhaftung heraushalten wollte. Wenn ich mir auch noch so sehnlich wünschte, man hätte mich zusammen mit meinen Freunden mitgenommen, sah ich doch ein, daß ich gebraucht wurde, um das Geschäft zu retten. Es in Gang zu halten, machte keinerlei Schwierigkeiten – bis auf die Unterschriften, die ich für die Schecks benötigte, um die Mitarbeiter weiterhin bezahlen zu können.

Ich ging zu unserer Bank und ließ mich beim Direktor anmelden, der mich in seinem Büro empfing. Ein gutaussehender junger Mann, verheiratet, wie er mir erzählte. Ich informierte ihn über alles: das Versteck, die Verhaftungen, und erklärte, daß ich versuchen wolle, die Firma für Otto Frank zu erhalten, aber für fällige Zahlungen keine Schecks ausstellen könne, da niemand mehr zeichnungsberechtigt sei.

Er hörte sich das Ganze an. «Ihre Unterschrift genügt», erklärte er. «Sie unterschreiben einfach die erforderlichen Schecks, und ich veranlasse die Auszahlung. Was Sie brauchen, geben wir Ihnen.»

Das Schlimmste war eingetreten – und trotzdem ging das Leben in der Prinsengracht weiter. Wie bisher kamen die Aufträge für Gewürze zur Wurstbereitung und für Opekta zur Marmeladenherstellung herein, und wir führten sie aus – wie immer.

Hans Vossen, Ellis Vater, starb. Er hatte große Schmerzen gelitten, so daß ich die Todesnachricht fast erleichtert aufnahm.

Henk setzte trotz der erhöhten Gefährdung seine Untergrundaktivitäten fort. So viele Holländer hielten sich in ihren eigenen Wohnungen oder anderswo versteckt, denn die Deutschen rekrutierten fortlaufend neue Zwangsarbeiter. So viele Menschen brauchten Hilfe.

Kurz nach der Verhaftung unserer Freunde erzählte Henk mir eines Abends, er sei tagsüber bei einem seiner illegalen «Kunden» in eine prekäre Lage geraten, die ihn überaus nervös gemacht habe.

«Die Leute, zu denen ich ging, hatten wie viele andere in der Gegend die Haustür offen gelassen. Also klingelte ich nicht unten, sondern stieg gleich die eine Treppe hoch in den ersten Stock. Bevor ich wie immer anklopfte und das Kennwort sagte, horchte ich kurz und hörte eine Männerstimme deutsch sprechen. Ich wußte, daß die Bewohner mich erwarteten. Aber ich wußte auch, daß sich kein Mann in der Wohnung aufhalten sollte; der Ehemann war nämlich auf dem Land untergetaucht, wo er bei einem Bauern arbeitete. Ich lauschte weiter und hörte nach wie vor einen Mann und eine Frau sich auf deutsch unterhalten. Mir fiel ein, daß es ja auch das Radio sein könnte oder sonst irgend etwas Harmloses. Aber ich durfte das Risiko nicht eingehen und machte mich auf den Rückweg ins Büro. Dort berichtete ich meinem Kontaktmann für diese Spezialaufgaben von dem Vorfall.»

Kurz darauf gelangte sein Vorgesetzter zu dem Schluß, daß Henk sich in Gefahr befand und nicht mehr von Nutzen sein konnte. Wir pflichteten dem bei. Die Nazis waren uns zu dicht auf den Fersen. Henk war für die Menschen, die er betreute, jetzt eher eine Belastung als eine Stütze.

Sein Vorgesetzter nahm ihm die illegalen Fälle weg.

Am 25. August wurde Frankreich nach vier langen Besatzungsjahren befreit. Die Alliierten rückten jetzt im Eiltempo vor. Brüssel wurde am 2. September befreit, einen Tag später Antwerpen.

Wir wußten – als nächste waren wir an der Reihe.

Am 3. September meldete BBC, die Briten seien nach Südholland vorgestoßen, bis Breda. In Amsterdam herrschte Hochstimmung, ein unbändiger Optimismus, fast eine Art Hysterie. Am 5. September, der als *Dolle Dinsdag* – Toller Dienstag – in die Geschichte einging, traten Teile der deutschen Wehrmacht den Rückzug an.

Das waren nicht mehr die selbstherrlichen, kräftigen jungen Soldaten in den tadellosen Uniformen, die im Mai 1940 in Amsterdam einmarschiert waren, sondern schmuddlige, schäbige Gestalten wie wir. Sie trugen bei sich, was sie an Geld und Wertsachen zusammengerafft hatten.

Begleitet wurden sie von den holländischen Verrätern, den Kollaborateuren, die sich in diesen langen Jahren bei den Nazis angebiedert hatten und nun mit dem Zug, auf dem Fahrrad, mit jedem erdenklichen Transportmittel den Weg nach Deutschland oder in den Osten der Niederlande antraten.

Keiner wußte genau, was eigentlich vor sich ging, und die deutschen Soldaten erst recht nicht.

Die rot-weiß-blaue holländische Fahne wurde aus dem Versteck geholt, ausgerollt und flatterte wieder mit dem orangefarbenen Band im Wind. Die Menschen rotteten sich verbotswidrig auf den Straßen zusammen. Manche hatten kleine britische Fahnen provisorisch aus Papier angefertigt, mit denen Kinder bereitstanden, um sie beim ersten Anblick unserer Befreier zu schwenken.

Doch der Tag verstrich, dann der nächste und so einer nach dem anderen, ohne daß sich etwas ereignete. Langsam machte sich die Anwesenheit der Deutschen wieder bemerkbar, als seien die bereits abgezogenen Verbände wieder zurückgekehrt. Der britische Vorstoß nach Südholland stellte sich als Falschmeldung heraus. Der Freudentaumel des 5. September flaute zwar etwas ab, doch die Leute zweifelten nicht, daß es nur noch Tage dauern könne bis zu unserer Befreiung.

Wir alle gingen in diesem Stadium quälender Ungewißheit weiter unserer Arbeit nach. Endlich, am 17. September, wandte sich Königin Wilhelmina in einer Rede an die mehr als dreißigtausend niederländischen Eisenbahner und forderte sie zum Streik auf, um die deutschen Militärtransporte lahmzulegen. Ihre Ansprache war sehr bewegend; einer Eingebung folgend, beschwor sie die Arbeiter, bei ihren Aktionen vorsichtig zu sein im Hinblick auf zu erwartende Repressalien – eine wohlbegründete Warnung. Auf Streik stand damals die Todesstrafe.

Es kam ein weiterer Toller Dienstag, der überall noch mehr Verwirrung stiftete. Über BBC hörten wir, die Briten und Amerikaner hätten eine erhebliche Anzahl Luftlandetruppen und Material in Arnheim abgesetzt; Eisenhower selbst stehe westlich des Rheins unmittelbar an der deutschen Grenze. Die Eisenbahner traten in Streik. Am nächsten Tag ruhte das gesamte Transportwesen.

Die streikenden Arbeiter tauchten schleunigst unter. Die Deutschen waren außer sich vor Wut über diese Aufsässigkeit. Das ganze Land erwartete in atemloser Spannung die Ankunft unserer Befreier.

Während sich all dies abspielte, rief ich eines Morgens den Bruder von Jo Koophuis an und bat ihn wieder einmal um seinen schon oft bewährten Rat in einer geschäftlichen Angelegenheit. Ich stellte ihm meine ziemlich belanglose Frage und erhielt zur Antwort: «Das fragen Sie besser meinen Bruder.»

Sein Ton verblüffte mich. «Wie soll ich denn das? Etwa im Konzentrationslager Amersfoort?»

«Nein. Er ist unterwegs zu Ihnen. Gehen Sie mal nach draußen.»

Schrecklich, dachte ich, wie kann er darüber nur so grausame Witze machen. Doch er wiederholte: »Nein, Miep, es stimmt. Gehen Sie nach draußen.»

Ich ließ den Hörer fallen und stürzte auf die Straße. Elli befürchtete, ich sei übergeschnappt, und lief hinter mir her.

Mit Herzklopfen hielt ich links und rechts Ausschau, und da kam er tatsächlich – Jo Koophuis. Er war auf der Brücke zwischen Bloemgracht und Prinsengracht und winkte mit beiden Armen.

Elli und ich liefen ihm entgegen. Es war gar nicht meine Art, aber ich schrie seinen Namen, Elli genauso. Und dann lagen wir uns in den Armen, hielten uns fest umschlungen. Wir drei lachten und weinten in einem Atem.

Gemeinsam gingen wir zu Nummer 263 zurück und redeten alle gleichzeitig.

Ich mußte ihn unentwegt anschauen. Für einen Mann, der gerade aus einem deutschen Lager kam, sah er noch ganz gut aus. Mager, ja, aber mit gesunder Gesichtsfarbe und glänzenden Augen, wie ich ihn nie gekannt hatte.

Ich machte eine Bemerkung darüber. Lachend entgegnete er: «Das Essen im Lager war schauderhaft. Nichts als rohe Mohrrüben, manchmal rohe Kohlrüben, Wassersuppe. Aber ... Sie werden's nicht glauben ... zum ersten Mal seit Jahren keine Magengeschwüre. Sie sind weg, das viele rohe Zeug hat mich kuriert.»

Freude über seine Rückkehr durchströmte mich, sanft und tröstlich.

Rasch fragte ich: «Und die anderen ...?»

Er schüttelte den Kopf. «Zuerst waren wir alle zusammen, alle zehn, aber Kraler und ich wurden ziemlich bald ausgesondert. Ich weiß nicht, wohin sie gebracht wurden.»

Seine unbeschadete, gesunde Rückkehr gab mir große Hoffnung für all die anderen. Das Rote Kreuz hatte Jo Koophuis zu dieser aus gesundheitlichen Gründen erfolgten baldigen Freilassung verholfen.

Wir warteten weiterhin auf die Ankunft unserer Befreier. Die Tage schlichen dahin. Ende September schlug das Wetter um. Für uns hatte sich nichts geändert, die Deutschen wichen und wankten nicht, wurden noch niederträchtiger und rachsüchtiger als je zuvor. Langsam, ganz allmählich, begann unsere Hoffnung zu schwinden, das Ende des Krieges sei nahe.

Um uns für den Streik zu bestrafen, ließen die Deutschen den zivilen Bahntransport ruhen. Die Züge, von deutschem Personal betrieben, beförderten für sie bestimmtes Frachtgut. Was den Transport von Lebensmitteln und Kohle für die holländische Bevölkerung betraf, so verfuhren die Deutschen nach der Devise: «Sollen sie doch hungern und frieren!» Die Zufuhr von Lebensmitteln und Heizmaterial kam völlig zum Erliegen. Nur geringe Mengen, die von Schiffen über die Flüsse angeliefert wurden, gelangten vom Land nach Amsterdam und Rotterdam. Nahrungsmittel waren für uns kaum noch zu bekommen. Ich mußte stundenlang von Geschäft zu Geschäft laufen, um ein spärliches Abendessen zusammenzukratzen.

Zu unserem Entsetzen kapitulierten die Briten kurz vor Ende September in Arnheim. All unser Jubilieren, all unsere Hoffnungen waren zerronnen. Unsere Verbündeten machten anscheinend keine Fortschritte mehr. Die Deutschen hatten sich eingeigelt. Wir waren zutiefst verzweifelt. Zu allem Übel nahte ein weiterer Winter. Das Wetter war bereits trübe und unwirtlich, ungewöhnlich kalt, oft peitschender Regen. Niemand besaß mehr die Kraft, sich gegen den Winter zu wappnen.

Über den offiziellen Sender dröhnten immer noch Hitlers wahnwitzige Haßtiraden, in denen er den baldigen Einsatz unschlagbarer neuer Waffen verhieß. Dann fiel Aachen: die erste deutsche Stadt, die von den Alliierten erobert wurde; die Stadt, in der Edith Frank mit ihren Töchtern gewartet hatte, bis ihr Mann in Amsterdam Fuß fassen und die Familien nachkommen lassen konnte. Eine Stadt, so nahe bei Holland und doch so weit entfernt.

Zu Tausenden waren christliche Holländer ebenso wie holländische Juden in Güterwagen nach Deutschland deportiert worden, zu Tausenden waren erwachsene Männer untergetaucht, so daß man auf den Straßen vorwiegend Frauen, Kinder und Männer über vierzig sah. Es war reines Glück, daß man Henk noch nicht geholt hatte. Und irgendwie hielt sein Glück an. Gerüchte besagten, daß Hitler jetzt sogar fünfzehnjährige Jungen und alte Männer mit Sechzig zur Wehrmacht einziehen ließ.

Die Lage verschlechterte sich zusehends, als Flüsse und Grachten im November zufroren und die Schiffe keine Lebensmittel mehr in die Stadt befördern konnten. Die Schwarzmarktpreise stiegen ums Zweifache, Dreifache und schnellten ständig weiter in die Höhe. Seit einigen Wochen fuhr ich nicht mehr mit dem Rad ins Büro, sondern ließ es zu Hause. Es war jetzt zu gefährlich. Wenn ein Deutscher ein gebrauchsfähiges Fahrrad sah, konnte es passieren, daß er es einfach wegnahm und sich aus dem Staube machte. Ich durfte es nicht riskieren, mein Rad auf diese Weise zu verlieren. Wir brauchten es für andere Zwecke.

Nach seiner Rückkehr ging ich täglich mit Jo Koophuis zusammen ins Büro und abends wieder nach Hause. Zu Fuß brauchten wir für eine Strecke über eine Stunde. Die Tage waren grau und trist, es nieselte fast ununterbrochen. Henk, der als städtischer Angestellter eine von den Grünen anerkannte Genehmigung besaß, fuhr unbekümmert noch eine Weile mit dem Rad zur Arbeit, ließ es dann aber auch bald daheim, weil keine Fahrradschläuche mehr aufzutreiben waren. Deshalb wollte er das Rad für Notfälle schonen und ging ebenfalls zu Fuß ins Büro.

Es gab keine Kohle, um die Häuser zu heizen, kein Gas, um zu kochen, keine Straßenbahn und ab und zu auch keinen Strom. Die Deutschen versorgten nur sich selbst und Krankenhäuser mit Strom und anderen erforderlichen Dienstleistungen.

Da das Transportwesen ruhte, mußten die Leute selber irgendwie aufs Land gelangen, um dort zu hamstern. Sie benutzten dafür jedes Vehikel, das sie finden konnten – Handkarren, Kinderwagen, Fahrräder mit Holzrädern, Schubkarren ... Hatten wir uns zuvor mit sehr wenig begnügt, so lebte die gesamte Bevölkerung jetzt von der Hand in den Mund; ausgelaugt, entkräftet, war sie nahe am Verhungern.

Auch ich begann, Hamsterfahrten aufs Land zu unternehmen, jedesmal etwas weiter. Einmal machte ich mich mit der Frau eines unserer Vertreter auf den Weg. Wir brachen vor Morgengrauen auf und wählten die nördliche Route – so weit wir kommen konnten, wenn wir bis zur Sperrstunde um zwanzig Uhr in Amsterdam zurück sein wollten. Da wir beide noch fahrtüchtige Räder mit echten Gummireifen hatten, beschlossen wir, sie auf gut Glück auch zu benutzen.

Wir gelangten unbehelligt ein gutes Stück nach Norden und begannen, einen Bauernhof nach dem anderen abzuklappern. Wir bettelten buchstäblich, boten Geld und alle möglichen Sachwerte, zum Beispiel Bettlaken, zum Tausch an. Und es glückte uns auch, ein paar Dinge einzuhandeln – Kartoffeln, Zuckerrüben, Mohrrüben.

Da wir ja wußten, wie viele Kilometer wir in Richtung Norden zurückgelegt hatten, beeilten wir uns bei der Rückfahrt, so sehr wir konnten. Unterwegs überholten wir zwei Männer, die einen Karren schoben. Sie taten uns leid, weil wir soviel schneller waren und sie im Nu weit hinter uns ließen. Das Wetter war ausnahmsweise mild, es regnete nicht, und wir legten ein gutes Tempo vor. Die beiden Männer dagegen würden es nie bis zur Sperrstunde nach Amsterdam schaffen. Meinten wir.

Es wurde spät, wir radelten, was das Zeug hielt. Auf einmal hatte meine Freundin eine Reifenpanne. Es blieb uns nichts anderes übrig, als abzusteigen und unsere Fahrräder zu schieben. Wir konnten uns ausrechnen, daß wir niemals bis zwanzig Uhr in Amsterdam sein würden, und so beschlossen wir, im nächsten Dorf ein Nachtquartier zu suchen und am folgenden Morgen dann die restliche Strecke zurückzulegen.

Immer wieder erklärten wir den Dorfbewohnern unsere Lage und baten sie, in der Scheune schlafen zu dürfen. Doch niemand wollte Fremde auf seinem Grund und Boden haben. Wir wurden überall abschlägig beschieden und wußten nicht mehr aus noch ein.

Plötzlich tauchten die beiden Männer mit dem Karren auf und holten uns ein. Wir erzählten ihnen, was passiert war. Sie hörten es sich ruhig an, dann sagte der eine: «Ich gebe Ihnen einen guten Rat. Nehmen Sie Ihre Räder und legen Sie sie in unseren Karren. Sie kommen mit uns, wir geben Sie als unsere Frauen aus.»

Wir musterten sie argwöhnisch. Der Mann fuhr fort: «Wir sind nämlich bei der Post beschäftigt und haben eine Sondergenehmigung, uns auch nach acht Uhr abends auf der Straße aufzuhalten.»

Meine Freundin und ich tauschten einen Blick, immer noch unschlüssig. «Ich möchte Sie ja nicht beunruhigen», sagte der Mann, «aber wir kommen in Kürze zu einer deutschen Kontrollstelle.»

Ohne weiter zu überlegen, luden wir unsere Fahrräder in den Karren und stemmten uns dagegen, um schieben zu helfen.

Wie erwartet, waren wir bald an der deutschen Kontrollstelle. Auf Geheiß der beiden Männer blieben wir draußen beim Karren. «Wir gehen allein rein.» Und das taten sie. Wir machten uns große Sorgen. Die Deutschen konnten ja tun, was ihnen beliebte, auch sämtliche gehamsterten Lebensmittel einkassieren. Die Männer waren eine ganze Weile drinnen, was uns noch mehr auf die Folter spannte. Endlich kamen sie lächelnd wieder. «Alles in Ordnung. Wir können weiter.»

Natürlich schoben wir nun noch kräftiger. Nicht einmal die Ausweise hatte man uns abverlangt. In dem Karren lagen Zuckerrüben, die beide Männer gehamstert hatten. Endlich gelangten wir zum Amsterdamer Hafen, Het Ij. Inzwischen war es nach Mitternacht. Die Fähre um null Uhr hatten wir verpaßt, die nächste ging erst um eins. Zum Glück war die Nacht mild. Wir warteten und konnten uns vor Müdigkeit kaum auf den Beinen halten.

Schließlich kam die Fähre, wir kreuzten durch den Hafen

und liefen dann durch die ausgestorbenen Straßen bis zur Berlagebrücke. Dort verabschiedeten wir uns von unseren «Ehemännern».

Wir schoben die Fahrräder und trugen die Lebensmittel. Meine Freundin wohnte ganz in der Nähe. Wir wagten nicht zu atmen, bis wir ihre Haustür hinter uns zugemacht und Lebensmittel, Fahrräder und uns selbst, todmüde, wie wir waren, in Sicherheit gebracht hatten. Ich übernachtete bei ihr, stand zeitig auf und radelte den Rest des Weges in der fahlen Morgendämmerung bei Nieselregen nach Hause.

Henk und ich hatten genügend Vorräte, um uns mehrere Wochen weiter am Leben zu erhalten.

Als der Winter anfing, magerten die Menschen zu Skeletten ab. Alle, auch wir, waren in jeder Beziehung verwahrlost und verbraucht. Die Kinder trugen Schuhe mit abgeschnittenen Kappen, aus denen die Zehen herausguckten, oder aus Holzsohlen und Lederresten zusammengeschusterte, die mit Schnüren an den Füßen festgebunden wurden.

Die Leute fällten die herrlichen, hohen Bäume beiderseits der Boulevards. Das Holz dieser Bäume, an denen wir alle so hingen, wurde verfeuert. Autos wurden mit Holzgasmotoren betrieben und waren mit ballonförmigen Behältern auf dem Verdeck oder mit dickbauchigen Gebilden, die altmodischen Badeöfen glichen, und am Heck herunterhängenden Rohren ausgerüstet. Die noch funktionstüchtigen Fahrräder hatten meistens Räder aus Holz.

Unser Lichtspender, der die dunklen Winterabende etwas erhellte, bestand aus einem Stück Baumwollfaser, das in ein paar Tropfen Öl in einem Wasserglas schwamm. Es brannte mit einem winzigen, flackernden gelben Flämmchen. Beim geringsten Luftzug wurde das Flämmchen im Glas umhergewirbelt.

Da weder Seife noch sonstige Waschmittel mehr vorhanden waren, mußte die Wäsche eben so gekocht werden, wodurch alles einen muffig-süßlichen Geruch annahm. In den ärmsten Vierteln begann, durch Seifenmangel bedingt, die

Krätze zu grassieren. Auch warmes Wasser wurde rar, wie sollte man es ohne Heizmaterial bereiten? Die eingestellte Personenbeförderung machte es Karel unmöglich, nach Amsterdam zurückzukehren und wieder bei uns unterzutauchen. Wir wußten zwar nicht, ob wir jetzt ungefährdet waren, hatten ihm aber eine Nachricht übermittelt, daß er zurückkommen könne, wenn er wolle. Aber es verkehrten ja keine Züge.

Ohne Strom und inzwischen auch ohne Kohlen lief unser Betrieb dennoch irgendwie weiter. Das Geschäft war zwar stark zurückgegangen, es reichte immerhin noch für uns alle. Bis jetzt bekamen wir jedenfalls die benötigten synthetischen Gewürze zur Wurstherstellung. Viele Geschäfte hatten zugemacht. Über der Eingangstür hing dann ein Schild: WEGEN KOHLENMANGEL GESCHLOSSEN.

Ich fragte mich oft, ob da tatsächlich eine Firma geschlossen hatte, oder ob sich drinnen Menschen versteckten und hofften, das Schild würde die deutschen Streifen von einer Kontrolle abhalten.

Unsere Kundschaft bestand jetzt offenbar vorwiegend aus Metzgern. Zur Herstellung unserer Ersatzfüllmasse für Würste verwandten wir als Streckmittel zermahlene Nußschalen, die wir en gros kauften, und synthetisches Aroma in Flaschen, von einer chemischen Fabrik in Maarden. Wenn man beides vermengte, wirkte es in Aussehen und Geruch fast echt. Natürlich war es geschmacklos, aber Geruch und Konsistenz erweckten den Eindruck einer Wurstfüllmasse, aus der sich zusammen mit Hackfleisch Wurst machen ließ.

Die Metzger taten wer weiß was hinein, Fleisch gab es ja kaum. Wir fragten auch nie danach, besser, man wußte es nicht.

Zu unseren Stammkunden gehörte ein Küchenchef, ein gebürtiger Deutscher, aber ein anständiger Kerl. Während der Besatzungszeit mußte er für deutsche Soldaten kochen. Zu Anfang hatte Victor Kraler mit ihm verhandelt. Wenn er jetzt auftauchte, führte Koophuis jedesmal ausführliche Gespräche mit ihm. Er zahlte immer bar. Wenn einmal Not am Mann sei, könne sich jeder von uns an ihn wenden, er werde dann schon für Abhilfe sorgen; das legte er Koophuis eindringlich nahe. Der einzige Haken dabei war, daß er weit entfernt arbeitete, in Kampen, einer Stadt im Osten der Niederlande.

Es kam die Zeit, da wir gar nichts mehr zu beißen hatten. Koophuis drängte mich, es bei dem Küchenchef in Kampen zu versuchen. Wie bei der ersten Hamstertour machte ich mich wiederum mit der Frau von einem unserer Vertreter auf den Weg. Ihr Fahrrad tat es nicht mehr, und so liehen wir uns für sie eines bei unserer Freundin aus der Rijnstraat.

Auch diesmal starteten wir im Morgengrauen. Es war eine ziemliche Strecke bis Kampen, und wir fuhren den ganzen Tag. Unterwegs sahen wir viele Landsleute von Hof zu Hof ziehen, um wenigstens ein paar Lebensmittel zu ergattern. Ein trüber, kalter Tag, die verschneiten Straßen waren in einem erbärmlichen Zustand: teilweise vereist und voller Schlaglöcher. Die Menschen, an denen wir vorbeikamen, waren dick eingemummt in alles, was sie besaßen, um sich gegen die Kälte zu schützen. Manche schoben kaputte Fahrräder oder Kinderwagen.

Wir gelangten nach Kampen und zu den Militärbaracken, wo der Küchenchef arbeitete. Er schmuggelte uns heimlich hinein, geradewegs in die Küche. Ich hatte an jenem 15. Februar 1945 Geburtstag. «Setzen Sie sich, Sie können soviel essen, wie Sie wollen.» Das ließ ich mir nicht zweimal sagen.

Seit langem schon war ich ausgehungert, vor allem auf Fett und Eiweiß hatte ich fast ganz verzichten müssen. Als «Geburtstagsgeschenk» begann er uns ein üppiges Mahl aufzutischen: Steaks, goldgelbe sahnige Butter. Wir stopften diese Köstlichkeiten in uns hinein, konnten gar nicht genug davon kriegen.

Geplant war, daß er uns weitere Lebensmittel nach Amsterdam mitgeben würde und wir bei einem befreundeten Pfarrerehepaar in der nächsten Stadt übernachten sollten.

Wir konnten einfach nicht aufhören, so daß wir uns buchstäblich überfraßen. Da wir ja nicht mehr an eine richtige

Mahlzeit gewöhnt waren, drehte sich uns bald alles vor den Augen. Mir wurde sterbensübel, ich konnte mich nicht vom Fleck rühren.

Dem Koch wurde nun angst und bange; er wußte nicht, was er mit uns anfangen sollte. Ihm fiel nichts anderes ein, als uns in einer Arrestzelle zu verstecken. Er trug mich halb dorthin, ständig in Gefahr, gesehen zu werden, sagte, er werde uns um fünf Uhr früh abholen und schloß die Zellentür.

In der Zelle gab es nichts außer einem leeren Kübel; keine Decken, nichts. Der Kübel blieb nicht lange leer. Ich erbrach mich die ganze Nacht hindurch – hohes Fieber, Schüttelfrost, qualvolle Krämpfe. Ich glaubte, jetzt wäre es zu Ende mit mir.

Die Nacht verging. Um fünf Uhr früh kam der Koch und schaffte uns verstohlen hinaus, trug mich fast zu meinem Fahrrad. In all meinem Jammer hatte ich aber die für Amsterdam bestimmten Lebensmittel keine Sekunde aus den Augen gelassen. Irgendwie fand ich die Kraft, aufs Rad zu steigen, einen Großteil der Ausbeute unter meinen Kleidern versteckt, und fuhr los mit meiner Freundin, die in weitaus besserer Verfassung war als ich.

Kurz darauf kamen wir zu einer Brücke, auf der deutsche Wachposten standen. Normalerweise wurde in solchen Fällen jeder angehalten, bevor er die Brücke passieren durfte. Männer mußten häufig eine Leibesvisitation über sich ergehen lassen, Frauen meist nur die Ausweiskontrolle.

Das Fleisch und die übrigen Lebensmittel zeichneten sich deutlich unter meinen Kleidern ab, quollen aus unseren Taschen. Wir hatten eine Todesangst, alles den Deutschen überlassen zu müssen. Doch was blieb uns anderes übrig, als tapfer auf die Brücke und die Wachposten zuzuradeln.

Als wir abstiegen und näher hinschauten, bemerkten wir die völlig verschlafenen Gesichter der Soldaten. Anstatt uns die Ausweise abzuverlangen, winkten sie uns einfach durch. Wir konnten unser Glück gar nicht fassen.

Wir radelten weiter und trafen die Pfarrersfrau an. Sie sah, wie elend ich war, und steckte mich sofort ins Bett. Ich hätte keinen Schritt weitergehen können. Sie pflegte mich, und am nächsten Tag war ich wieder so weit hergestellt, um die Rückfahrt anzutreten. Um fünf Uhr früh brachen wir auf.

Auch diesmal erreichten wir die Stadt nicht vor Beginn der Sperrstunde, sondern kamen erst spät abends zur Amstelbrücke. Zu unserem Schreck gab es dort eine neue Kontrollstelle der Grünen. Beim Anblick der grünen Uniformen packte uns wieder die Angst – nicht nur um die Lebensmittel, die wir bei uns trugen, sondern auch um unsere eigene Sicherheit.

Abermals hatten wir Glück: Sie untersuchten uns nach Waffen. Und das taten sie mit deutscher Gründlichkeit: Wenn sie nach Waffen zu suchen hatten, scherten sie sich nicht um andere verbotene Dinge wie etwa Lebensmittel. Und als sie keine Waffen fanden, ließen sie uns passieren.

Ich war mehrere Tage unterwegs gewesen und war mir bewußt, daß Henk sich meinetwegen furchtbare Sorgen gemacht hatte. Ich wußte freilich auch, daß weder er noch ich je ein Wort über unsere Ängste verlieren würden. Risiken und Gefahr begleiteten uns ständig. Ohne Risiko keine Überlebenschance. Und danach verhielt man sich eben.

Mitte des Winters setzten die Deutschen unsere Lebensmittelzuteilung auf 500 Kalorien je Tag herab. Und wenn wir auch in BBC erfuhren, daß Eisenhower mit fünfundachtzig Divisionen zum Rhein vorstieß, so bedeutete uns das gar nichts. Jeder eisige Tag war eine Hürde, die überwunden werden mußte: genügend Wärme, um nicht zu erfrieren, das Minimum an Kalorien zu ergattern, um nicht umzufallen. Das war alles, woran wir dachten.

Im Dezember starb Henks Mutter. Sie hatte das Glück, ihre letzten Tage im Krankenhaus verbringen zu können, was nicht allen Holländern vergönnt war. In Amsterdam verhungerten täglich Menschen. Manche setzten sich einfach an den Straßenrand und starben. Manche waren so entkräftet, daß Diphtherie, Typhus oder auch nur eine einfache Erkältung sie dahinrafften. Es gab jetzt fahrbare Suppenküchen, und jeden Tag standen die Menschen in der Kälte Schlange, um etwas Warmes in den Magen zu bekommen.

Von früh bis spät suchten sie die alten Kohlenhalden nach Überresten ab. Eisenbahnschwellen wurden herausgerissen und verfeuert. Wer eine hölzerne Trittleiter im Garten stehen oder an der Hauswand lehnen hatte, mußte beim Aufwachen feststellen, daß sie über Nacht verschwunden war. Leerstehende Häuser wurden ausgeschlachtet – Fensterrahmen, Treppen, Möbel, alles, was aus Holz war und sich verheizen ließ.

Wir zerbrachen uns tagtäglich den Kopf, wie wir etwas zu essen organisieren könnten. Henk entwickelte für uns beide einen Plan. Vor der Besetzung hatte sein Vater jahrelang in den Wassergräben bei dem Dörfchen Waverveen, elf bis zwölf Kilometer außerhalb von Amsterdam, geangelt. Wie jeder Angler hatte auch mein Schwiegervater seinen Lieblingsplatz; all die Jahre hindurch war er auf dem Grund und Boden desselben Bauern zum Fischen gegangen und hatte sich mit ihm angefreundet.

Zu diesem Bauern wollte Henk nun eine Beziehung anknüpfen, was nicht ohne Lüge abging. Wir logen beide ungern, schon gar nicht in einem solchen Fall, denn dieser Bauer war ein frommer Christ. Doch es war unerläßlich. Also suchte Henk den Bauern auf und erzählte ihm, sein Vater sei sehr krank und brauche dringend Milch, um wieder zu Kräften zu kommen. Könnte er oder ich, seine Frau, wohl ein bißchen Milch bei ihm holen?

Als erstes wurde Henk eine richtige ländliche Mahlzeit aufgetischt, eine lang entbehrte, dringend benötigte Stärkung. Der Bauer zeigte sich von Henks Sorge um den Vater beeindruckt – wodurch der sich wiederum sehr schuldbewußt fühlte, denn sein Vater war völlig gesund – und forderte ihn auf, sich täglich zwei Flaschen Milch zum Normalpreis zu holen.

Also standen wir jeden Morgen abwechselnd um halb fünf auf und radelten bei Wind und Wetter eine Stunde hinaus zu dem Bauernhof. Bei meiner ersten Tour machte ich mich mit dem Bauern bekannt; jedesmal fand ich bei meiner Ankunft schon eine lange Schlange von Städtern vor, die nach Milch anstanden. Ich stellte mich ans Ende, doch sowie mich der Bauer sah, rief er mich vor: «Kommen Sie her!»

Das Murren der anderen wehrte er ab: «Sie war zuerst hier; sie hat einen kranken Schwiegervater.» Bei dem Gedanken, wie viele der Wartenden tatsächlich kranke Angehörige zu Hause haben mochten, schämte ich mich zutiefst.

Und mit diesem Schuldgefühl ging ich nach vorn, bekam die zwei kostbaren Flaschen Milch und radelte in der Dunkelheit abermals eine Stunde zurück. Immer in der Angstvorstellung, eine Streife könnte mich anhalten und mir mein Rad wegnehmen, fuhr ich mit aller Kraft drauflos, und dabei ständig bemüht, bei den Passanten keinen Verdacht zu erregen. Der eisige Wind schlug mir ins Gesicht. Der hochgeschlagene Mantelkragen sollte mir die Ohren wärmen, verrutschte aber ständig. Die Milchflaschen jedoch hingen sicher verwahrt in einem Beutel an der Lenkstange.

Der Müll wurde nicht mehr abgeholt und türmte sich zu Bergen – gefroren, so daß er wenigstens keinen Gestank verbreitete. Hungrige Menschen stocherten in den Abfällen herum nach eßbaren Überresten, schon vor Morgengrauen.

Endlich kam der März heran, dann der April, doch der Winter wütete immer noch. An manchen Tagen war es ein wenig wärmer, und gelegentlich brach kurz die Sonne durch die geschlossene Wolkendecke. Als der Boden taute, stank es überall penetrant: nach endlos kochenden Tulpenzwiebeln oder nach matschigen Zuckerrüben, nach schlecht gewaschenen, zum Trocknen aufgehängten Sachen, nach Leibern, die viel zu lange in den zerlumpten Kleidern gesteckt hatten.

Alle Gespräche drehten sich ums Essen. Das wurde zur fixen Idee, trübte unseren Verstand. Unsere Freunde in der Rijnstraat hatten uns versprochen, uns sofort zu benachrichtigen, wenn der Krieg vorbei wäre. Darauf verließen wir uns, so daß wir, anstatt zu ihnen hinüberzugehen und dort Radio zu hören, häufig die Abende daheim verbrachten und aus unseren Kochbüchern Rezepte für Gerichte herausschrieben, die wir nach dem Krieg kochen wollten. Mitunter las auch einer der Anwesenden aus *Gargantua und Pantagruel* von Rabelais vor, lauter Szenen, die von Essen und Trinken handelten.

Meine Phantasien kreisten immer wieder um Schokolade. Heiße Schokolade, schaumig, samtweich. Das Verlangen danach zog mir den Mund zusammen, bis es schmerzte.

Am 12. April starb Präsident Roosevelt; am 13. April fiel Wien, meine Geburtsstadt, von sowjetischen Truppen eingenommen. Montgomery hatte den Rhein überquert und rückte auf Bremen und Hamburg vor. Europa lag ringsum in Trümmern. Die Deutschen waren an allen Fronten geschlagen. In dem Gebiet, das Holland wie ein großer Halbkreis umschloß, hatte die Freiheit Einzug gehalten.

Und immer noch warteten wir von Tag zu Tag, und während wir warteten, wurden gute Holländer zu Hunderten vom Hungertod dahingerafft, schwanden bei jedem die Kräfte, auch die geistigen, so daß wir an nichts anderes mehr zu denken vermochten als an die nächste Mahlzeit. Stumpfes Einerlei in der Prinsengracht, Schwäche und Übelkeit auf dem langen Rückweg in unser Flußviertel. Zu Hause erwarteten mich dann Henk, unser Kater Berry und die Frage: Wie aus zwei Kartoffeln eine Mahlzeit für zwei Erwachsene und eine Katze zaubern?

Mussolini wurde in Como, nahe der Schweizer Grenze, gefangengenommen und erschossen. Man hängte die Leiche und die seiner Geliebten in einer Mailänder Tankstelle an den Füßen auf. Und dann – am 1. Mai – unterbrach der Deutschlandsender die Übertragung der Siebenten Sinfonie von Bruckner. Dumpfer Trommelwirbel. Eine tragisch umflorte Stimme verkündete, Hitler sei im Kampf gefallen und habe einen Mann namens Dönitz zu seinem Nachfolger bestimmt. Meine heimlichen Stoßgebete waren erhört worden.

Irgendwie aber war es damit noch nicht abgetan.

Die steigenden Temperaturen und die länger werdenden Tage milderten zwei unserer drückendsten Probleme: Mangel an Wärme und Licht, doch die Hungersnot blieb. Die tägliche Jagd nach Nahrungsmitteln erforderte meine ganze Kraft und Konzentration. Das *und* die Weiterführung des Büros war bereits zuviel, jeder Tag ein Kampf gegen das restlose Versinken im Elend, wie ich es bei anderen beobachtete, wohin ich auch blickte.

Der Mai brachte herrliches Wetter: strahlend blauer Himmel; sprießendes Grün, trotz der überall herrschenden Verwüstung. Am Freitag, dem 4. Mai, kam ich nach einem üblichen eintönigen Bürotag nach Hause. Berry hockte neben seinem Napf, wartete auf sein bißchen Milch. Ich begann, aus ein paar Mohrrüben und ein paar kleinen Kartoffeln eine Mahlzeit zusammenzubrauen. Den Herd hatte ich mit Holzspänen geheizt; es schien eine Ewigkeit zu dauern, bis das Wasser kochte. Ich war mit meinen Gedanken ganz woanders, als plötzlich ein Luftschwall hereinkam und mit ihm Henk. Er ergriff meine beiden Hände, sah mir in die Augen und sagte: «Miep, ich habe eine gute Nachricht für dich. Die Deutschen haben kapituliert. Der Krieg ist vorbei!»

Die Worte gingen mir durch und durch. Mir wurden die Knie weich. Kann das wirklich wahr sein? dachte ich. Ich blickte wieder in Henks klare Augen. Es mußte wahr sein. Auf Henk konnte man sich immer verlassen.

Wir setzten uns zu Tisch und spürten vor lauter Freude nicht mehr, wie der Hunger in uns nagte. Der dünne Eintopf schmeckte wie das erlesenste Festessen, das ich je zu mir genommen hatte.

Wie würde es nun weitergehen? fragten wir uns gegenseitig. Die Deutschen befanden sich noch mitten unter uns, sie hatten den Krieg verloren und mußten außer sich sein vor Wut. Wir dürften jetzt nicht unvorsichtig werden, ermahnte mich Henk: Leichtsinn konnte das Leben kosten, und das wäre doch nun, da der Krieg gewonnen sei, ein sinnloses Opfer. Und unsere Freunde in den Konzentrationslagern, wohin man sie deportiert hatte – ob sie in diesem Augenblick auch schon frei und auf dem Weg nach Hause waren?

Es war acht Uhr, Sperrstunde. Plötzlich klopfte es laut

vorn an die Fensterscheibe. Wir gingen hin – draußen stand unser Freund aus der Rijnstraat, der versprochen hatte, herüberzukommen und uns zu benachrichtigen, wenn der Krieg vorbei sei. Er schwenkte die Arme: «Es ist aus! Aus und vorbei!» Wir ließen ihn herein und sagten ihm, daß wir es bereits wüßten.

«Los, kommt mit», drängte er. «Die Straßen sind voller Menschen, niemand kümmert sich um die Sperrstunde. Wir sind frei!»

Die Straßen waren schwarz vor Menschen. Wir gingen zur Rijnstraat. Die Leute holten Papier, alte Kleider, alles, was sich verbrennen ließ. Überall wurden riesige Freudenfeuer entzündet, um die herum junge Leute tanzten. Die Alten wanderten die Straßen auf und ab, lachten, fielen sich in die Arme. Eine unbeschreiblich heitere, gelöste Stimmung. Deutsche waren nirgends zu erblicken.

Wir machten uns auf den Heimweg. Ich wußte, daß wir in dieser Nacht kaum ein Auge zutun würden. Die Dunkelheit begann eben erst anzubrechen. Wie schön der Himmel im Zwielicht war! Dann entdeckte ich den Taubenschwarm, der über den Dächern flatterte und kreiste. Plötzlich wurde mir klar: Seit undenklichen Zeiten hatte ich in Amsterdam keine Vögel mehr gesehen. Wie lange waren die Spatzen schon verschwunden? Wie lange hatte es in den Grachten keine Schwäne mehr gegeben, keine Enten? Vögel können sich ja so leicht davonmachen, dachte ich; vielleicht war es aber auch nur der Futtermangel, der sie vertrieben hatte.

Unter der deutschen Besatzung war es gesetzlich verboten gewesen, Tauben zu halten. Die dort oben mußten während der ganzen Besatzungszeit in Taubenschlägen versteckt worden sein. Jetzt, nach der Freudenbotschaft, hatte man sie herausgelassen. Sie glichen Konfettiwolken, die man in die Luft geworfen hatte.

Es gab wieder Tauben über den Dächern von Amsterdam. Sie waren frei. Und wir auch.

Das Haus an der Prinsengracht 263 vor der Restaurierung.

Luftbild von der Prinsen- und Keizersgracht mit Anne-Frank-Haus und Westerkerk in unseren Tagen.

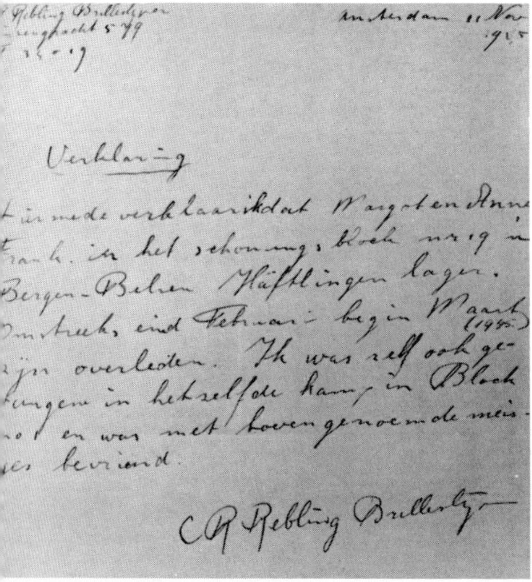
Rebling Brilleslijper
...engracht 579
... 3-5-19

Amsterdam 11 Nov
1945

Verklaring

...iermede verklaar ik dat Margot en Anne
...rank in het schonungs block nr 19 in
Bergen-Belsen Häftlingen lager.
...mstreeks eind Februari begin Maart (1945)
...ijn overleden. Ik was zelf ook ge-
...angen in hetzelfde kamp in Block
...o 1 en was met bovengenoemde meis-
...es bevriend.

C R Rebling Brilleslijper

Miep und Jan (Henk) Gies heute.

Erklärung eines Überlebenden aus dem KZ Bergen-Belsen über den Tod von Margot und Anne Frank im »Schonungsblock Nr. 19« dieses Lagers, Ende Februar/Anfang März 1945.

17

Außerhalb von Amsterdam, am Flughafen Schiphol, regnete es Lebensmittelpakete: kleine Büchsen Margarine, echte Butter, Kekse, Würste, Schinken, Schokolade, Käse und Eipulver. Die Flugzeuge brausten ziemlich tief über uns hinweg, und zum ersten Mal schnürte sich bei dem Dröhnen nicht die Kehle zusammen. Die Leute liefen auf die Dächer und winkten mit allem, was dazu geeignet schien – Fahnen, Bettlaken.

Als ich am Samstagmorgen ins Büro ging, war anscheinend die ganze Bevölkerung auf den Beinen. Trotz der Nachrichten vom Kriegsende und der Feststimmung war das Leben noch keineswegs ungefährlich. Die Deutschen rasten vor Wut. Ich hörte, daß am Dam, gegenüber vom alten Hotel Krasnapolsky, deutsche Soldaten rabiat in die Menge geschossen und etliche Menschen getötet hätten. Doch nichts konnte das Feiern aufhalten. Die Leute entzündeten weiterhin Freudenfeuer und tanzten.

Abends zu Hause sagte ich zu Henk: «Komm, Henk, laß uns mitfeiern.» Ich wollte ihn am Arm mitziehen.

Er schüttelte den Kopf. «Nein. Ich bleibe hier. Mir ist nicht danach, den Jubel auf den Straßen mitzumachen. In diesen fünf Jahren ist zu viel in meinem Land passiert. Zu viele Menschen sind deportiert worden. Wer weiß, wie viele niemals zurückkommen? Ja, ich bin froh und glücklich, daß es vorbei ist, aber ich möchte in Ruhe zu Hause bleiben.»

Ich nahm die Verdunkelung ab. Zum ersten Mal seit fünf Jahren konnten wir hinausschauen und den Mond sehen.

Wir hörten, daß die deutschen Soldaten sich in vielen Landesteilen sammelten und dann abzogen. Auf einmal waren sie weg. Weitere alliierte Flugzeuge kamen und warfen noch mehr Lebensmittelpakete ab. Ein Wunder war geschehen, so empfand man es damals überall. Wir warteten auf die Ankündigung, wann die abgeworfenen Lebensmittelpakete verteilt würden.

Am 7. Mai hatten wir einen freien Tag. Durch die Straßen hallte der Ruf, daß die Kanadier kämen. Ich warf meine Schürze auf einen Stuhl und lief wieder mit sämtlichen Nachbarn nach draußen, um in der Rijnstraat unsere Befreier zu erwarten. Sie müßten «jeden Augenblick» da sein, hieß es, aber wir warteten und warteten, und sie erschienen nicht.

Endlich, nach drei Stunden vergeblichen Ausharrens, sahen wir vier kleine kanadische Panzer auf der Berlagebrücke die Amstel überqueren. Nach einem kurzen Halt rollten sie weiter in die Stadt hinein. Die Soldaten trugen Baretts, hellbraune kurze Uniformjacken und Überfallhosen.

Der Hauptteil der kanadischen Armee zog am 8. Mai ein. Das dauerte den ganzen Tag. Sie kamen in vielen Kolonnen, aber Henk und ich waren ins Büro gegangen, so daß wir dem Einmarsch nicht zusehen konnten. Von unseren Freunden hörten wir, daß die Soldaten unbeschreiblich verdreckt waren. Trotzdem küßten die Frauen die schmutzigen Gesichter ab. Die Kanadier winkten und verschenkten die ersten richtigen Zigaretten, die wir seit Jahren sahen.

Sie marschierten in Süd-Amsterdam ein und dann weiter zum Dam und zum Schloß. Königin Wilhelmina war bereits in ihr geliebtes Holland zurückgekehrt. Vierundsechzig war unsere Königin inzwischen, die kleine, korpulente Frau, von Churchill «der tapferste Mann in England» genannt. Sie hatte durchgehalten, überdauert – wie unser Land.

Die Feiern gingen noch tagelang weiter. Immer wieder erklangen die beiden Nationalhymnen, die kanadische und die niederländische. Musik und Tanz auf den Straßen, nach den Klängen eines Leierkastens, den man irgendwo entdeckt hatte; alte Akkordeons wurden wieder hervorgeholt – alles, dem sich Töne entlocken ließen. Die Leute säten sofort Ringelblumen aus – Orange, die von den Deutschen verbotene Farbe unseres Herrscherhauses, sollte wieder überall leuchten.

Untergetauchte kamen wieder auf die Straßen. Juden wagten sich aus ihren Verstecken, rieben sich die Augen, die das Sonnenlicht nicht mehr gewöhnt waren – fahlgelbe Gesichter, abgehärmt, mißtrauisch.

Überall läuteten Kirchenglocken, flatterten Fahnen.

Die Befreiung hatte uns neue holländische Banknoten beschert, die in England gedruckt worden waren. Es war viel zuviel Geld im Umlauf, und in den Geschäften gab es nichts zu kaufen.

Aufzuwachen und einen ganzen Tag ohne das geringste Angstgefühl zu durchleben – eine unglaubliche Erfahrung. Und sogleich begannen Henk, ich und alle anderen zu warten, wer von den Verschleppten wohl zurückkehren werde.

Unvorstellbar grauenvolle Berichte über die deutschen Konzentrationslager machten die Runde. In der ersten freien Zeitung erschienen Bilder und Augenzeugenberichte. Während der Besetzung hatten wir Gerüchte von Gaskammern, Mord, Brutalität, von katastrophalen Lebensbedingungen in diesen Lagern gehört, aber solche Greueltaten hätte sich keiner von uns auch nur vorzustellen vermocht. Die Wirklichkeit hatte unsere schlimmsten Befürchtungen bei weitem übertroffen. Ich brachte es nicht über mich, die Artikel zu lesen, die Fotos anzusehen – ich wandte mich ab. Ich durfte nicht anfangen, über diese Berichte nachzudenken. Ich mußte vielmehr alle meine Kräfte aufbieten, um mir meinen Optimismus hinsichtlich unserer Freunde zu bewahren. Jeder andere Gedanke wäre unerträglich gewesen.

Schnell nahm man die notwendigsten Reparaturarbeiten in Angriff – leere Fenster wurden mit Brettern vernagelt, Brükken und Gleise ausgebessert, um den Zugverkehr wieder in Gang zu bringen. Benötigt wurde alles – doch niemand hatte etwas.

Henk wurde zur Centraal Station delegiert, um Heimkehrer zu empfangen und ihnen die erforderlichen Hinweise zu geben, wohin sie sich zwecks Hilfsleistungen wenden sollten – Geld, Lebensmittelkarten, Unterkunft. Jeden Tag saß er dort an seinem Schreibtisch. Die Menschen kamen auf Militärlastwagen zurück und, sobald einige Strecken wieder befahrbar waren, in Zügen.

Juden und andere hatten in Jahren der Sklaverei die Rückkehr in ein von der Nazi-Herrschaft befreites Holland ersehnt. Doch die Heimkehrenden hatten welke, verfallene Gesichter, aus denen sich unmöglich auf ihr tatsächliches Alter schließen ließ.

Die Juden aus den Konzentrationslagern hatten an den Oberarmen eintätowierte blaue Nummern. Kinder wußten ihre Geburtsdaten und Namen nicht mehr, weil sie zu früh von ihren Familien getrennt worden waren, und konnten sie nun nicht wiederfinden.

Manche von denen, die wieder in unserem Flußviertel auftauchten, sahen ihre ehemaligen Wohnungen besetzt. Anderen glückte es, wieder einzuziehen, da die NSB-Mitglieder sich aus dem Staube gemacht hatten. Täglich wurden Namenslisten von Überlebenden der Konzentrationslager angeschlagen.

Die Menschen hatten so viel Not und Elend durchgemacht, daß sie für das Leid anderer kaum noch Anteilnahme aufbringen konnten. Eine Äußerung, die ich öfter hörte: Früher, da sahen die Juden eben genauso aus wie alle anderen, aber jetzt sei bei den Zurückgekehrten nach all dem, was sie durchgemacht hatten, ein deutlicher Unterschied zu merken.

Jeden Tag saß Henk an seinem Schreibtisch in der Centraal Station und beriet Ankömmlinge. Jedem stellte er die Frage: «Wissen Sie etwas von Otto Frank?» Oder: «Haben Sie Otto Frank und seine Frau Edith irgendwo gesehen? Oder ihre Töchter, Margot und Anne Frank?»

Und jedesmal Kopfschütteln. «Nein.» Das gleiche beim nächsten. «Nein.» Keiner wußte etwas über unsere Freunde.

Ein paar Tage nach der Befreiung, ich war im Büro, funktionierte plötzlich der Strom wieder. Klick, einfach so, und wir hatten wieder elektrisches Licht.

Kurz darauf erfuhren wir, daß Victor Kraler lebte, daß er den Deutschen entkommen konnte und sich den Hungerwinter über in seiner eigenen Wohnung versteckt hatte, versorgt von seiner Frau. Als er wieder ins Büro kam, schilderte er uns seine Flucht:

«Im Lager Amersfoort, in das wir zuerst gebracht wurden, befanden sich überwiegend politische Gefangene der verschiedensten Sorte – Schwarzhändler, Christen, die Juden versteckt hatten. Ich wurde vom Konzentrationslager Amersfoort in mehrere Zwangsarbeitslager überführt, das letzte war ziemlich dicht an der deutschen Grenze. An einem Wintermorgen mußten alle Insassen zum Appell antreten. Dann wurde eine Gruppe Holländer nach draußen abgeführt.

Ich hielt es für besser, etwas hinter ihnen zurückzubleiben, und faßte Tritt mit ein paar deutschen Soldaten. Sie waren alt, müde und hatten die Nase voll vom Krieg. Ich wollte sie auf deutsch ansprechen und herausfinden, wohin wir eigentlich gingen. Auf meine Frage antworteten sie: ‹Fußmarsch nach Deutschland. Das ganze Lager wird nach Deutschland verlegt.›

Aus Hitler-Deutschland, dachte ich, da komme ich im Leben nicht mehr raus. Deshalb fiel ich abermals etwas zurück.

Plötzlich tauchten wie aus dem Nichts amerikanische Jäger am Himmel auf – ein Tieffliegerangriff. Die Wachmannschaft brüllte: ‹Hinlegen! Fliegerdeckung!› Wir befanden uns am Rande eines Maisfeldes. Mit einem Satz war ich mitten drin. Der Tieffliegerangriff ging weiter.

Endlich drehten sie ab. Die Wachen brüllten: ‹Aufstehen! Antreten!› Ich aber blieb, wo ich war, und hielt den Atem an. Und ob Sie's glauben oder nicht, sie marschierten ab und ließen mich allein im Maisfeld zurück.

Ich wartete eine Weile, kroch dann weiter ins Feld hinein, in entgegengesetzter Richtung. Schließlich fühlte ich mich sicher und machte mich wieder auf den Weg. Sehr bald gelangte ich zu einem kleinen Dorf. Ich trug ja immer noch Häftlingskleidung und mußte mich äußerst in acht nehmen.

Am Ortsrand war eine Fahrradhandlung. Ich riskier's, dachte ich und trat ein. Im Laden stand ein Holländer. Ich erklärte ihm, daß ich gerade aus einem Gefangenenlager geflohen sei, und fragte: ‹Kann ich ein Fahrrad bekommen? Ich möchte nach Hause.›

Der Mann musterte mich gründlich, ging dann nach hinten und holte ein altes, aber robustes schwarzes Fahrrad heraus, schob es mir zu. «Hier, fahren Sie nach Hause. Nach dem Krieg können Sie mir's ja wieder zurückbringen.›

Ich radelte heim, und meine Frau versteckte mich den Hungerwinter über – bis jetzt.»

Binnen weniger Wochen tauchten in den Schaufenstern wieder Waren auf – ein Wintermantel, ein hübsches Kleid, aber eben nur in den Auslagen. Zu kaufen gab es nichts. Ein Schild im Schaufenster besagte: AUSSTELLUNGSSTÜCKE. Andere Geschäfte stellten Milchflaschen, Käse, abgepackte gute holländische Butter ins Fenster – lauter Schaupackungen aus Pappe, alles Attrappen.

Ich hörte, daß die Alliierten holländische Kindergruppen organisierten, die nach England verschickt und dort aufgepäppelt werden sollten. Der Gesundheitszustand dieser Kinder war derart bedrohlich, daß man Sofortmaßnahmen ergreifen mußte.

Genau wie ich als unterernährtes Kind 1920 mit einem Schild um den Hals von Wien in die Niederlande verschickt worden war, brachte man nun, im Jahre 1945, diese holländischen Kinder in Schiffen über die Nordsee nach England, um sie wieder herauszufüttern.

Tag um Tag ging Henk zur Centraal Station und teilte Gutscheine an heimkehrende Holländer aus, die zumeist alles verloren hatten, deren Familien entweder umgekommen oder auseinandergerissen worden waren. Tag um Tag fragte er von neuem: «Kennen Sie Otto Frank? Sind Sie der Familie Frank irgendwo begegnet – Otto, Edith, Margot und Anne?»

Und Tag um Tag verneinendes Kopfschütteln. Oder: «Nein, von Leuten dieses Namens habe ich weder etwas gesehen noch gehört.»

Henk ließ sich dadurch nicht entmutigen, sondern stellte dem nächsten und übernächsten wiederum die Frage: «Kennen Sie die Franks?» Er machte sich zwar bei jeder dieser ausgemergelten, kahlgeschorenen Jammergestalten von vornherein auf ein weiteres Nein gefaßt, aber schließlich hörte er doch eine Stimme auf seine Frage antworten: «Ja, ich habe Otto Frank gesehen. Er kommt zurück!»

Es war der 3. Juni 1945. Henk hastete an jenem Tag nach Hause, stürzte ins Wohnzimmer und packte mich. «Miep, Otto Frank kommt zurück!»

Mir schlug das Herz bis zum Hals. Tief in meinem Inneren hatte ich es immer gewußt: Er würde zurückkommen. Und die anderen auch.

In der gleichen Sekunde fiel mein Blick auf eine vor unserem Fenster vorbeigehende Gestalt. Es schnürte mir die Kehle zu. Ich stürzte hinaus.

Da war er – Otto Frank. Er kam auf unsere Haustür zu.

Wir sahen uns an. Wortlos. Er war mager, aber das war er von jeher. Er trug ein kleines Bündel. Meine Augen waren blind vor Tränen. Mein Herz schmolz. Plötzlich hatte ich Angst, mehr zu erfahren. Ich wollte nicht wissen, was geschehen war. Ich würde nichts fragen.

Wir standen uns gegenüber. Stumm. Endlich sprach Frank.

«Miep», sagte er leise. «Edith kommt nicht zurück, Miep.»

Es traf mich wie ein Keulenschlag. Ich versuchte, mir nichts anmerken zu lassen. «Kommen Sie herein», bat ich.

«Aber für Margot und Anne, da habe ich große Hoffnung», fuhr er fort.

«Ja. Große Hoffnung», wiederholte ich tonlos, um ihn zu bestärken. «Kommen Sie bitte herein.»

Er stand immer noch reglos da. «Miep, von allen, die noch hier sind, stehen Sie und Henk mir am nächsten. Deshalb bin ich hergekommen.»

Ich nahm ihm das Bündel aus der Hand. «Sie bleiben bei uns. Hier ist ein Zimmer für Sie, solange Sie wollen. Und jetzt mache ich uns was zu essen.»

Er kam herein. Ich richtete ihm ein Schlafzimmer her und suchte alles zusammen, was wir im Hause hatten, um ihm eine gute Mahlzeit aufzutischen. Wir aßen. Frank erzählte uns, er sei von Odessa bis Marseille mit dem Schiff gefahren, von dort mit dem Zug und Lastwagen nach Amsterdam. Die Endstation der Deportation war Auschwitz gewesen. Dort hatte er Edith, Margot und Anne zum letzten Mal gesehen.

Diese wenigen Fakten berichtete er uns mit seiner leisen, sanften Stimme. Er sprach nicht viel, aber zwischen uns bedurfte es keiner Worte.

Otto Frank blieb bei uns wohnen. Er ging sofort wieder ins Büro und nahm seinen alten Platz ein. Ich wußte, daß es für ihn eine Erleichterung bedeutete, jeden Tag etwas zu tun zu haben. Gleichzeitig stellte er Nachforschungen bei den verschiedenen Stellen an, die Informationen über jüdische Lagerinsassen sammelten – Anfragen bei den Flüchtlingskomitees, Durchsicht der täglichen Namenslisten, die entscheidend wichtigen mündlichen Aussagen –, und versuchte alles, um etwas über Margot und Anne in Erfahrung zu bringen.

Sofort nach der Befreiung von Auschwitz war Otto Frank ins Frauenlager gegangen, um nach seiner Frau und den Kindern zu fahnden. Überall herrschten noch lähmendes Entsetzen und Verwirrung. Frank erfuhr, daß Edith kurz vor der Befreiung ums Leben gekommen war.

Ferner erkundete er, daß Margot und Anne höchstwahrscheinlich in ein anderes Lager gebracht worden waren, zusammen mit Frau van Daan. Es hieß Bergen-Belsen und war sehr weit von Auschwitz entfernt. Bis dahin hatte er die Spur verfolgen können. Jetzt versuchte er, Genaueres zu erfahren.

Was nach dem Durchgangslager Westerbork aus Albert Dussel geworden war, wußte Frank nicht. Herman van Daan hatte er mit eigenen Augen auf dem Weg in die Gaskammern gesehen. Und Peter van Daan hatte ihn in Auschwitz in der

Krankenbaracke besucht. Frank wußte, daß die Deutschen auf ihrem Rückzug, unmittelbar vor der Befreiung des Lagers, Häftlingsgruppen mitgenommen hatten; zu einer dieser Gruppen gehörte Peter.

Otto Frank hatte ihn beschworen, er solle doch versuchen, ebenfalls in die Krankenbaracke zu kommen, doch Peter konnte oder wollte nicht. Er war zuletzt gesehen worden, als die Deutschen den Rückmarsch antraten und er sich mit ihnen durch die tiefverschneite Landschaft schleppte. Weiter gab es kein Lebenszeichen von ihm.

Bergen-Belsen war kein Todeslager. Es gab dort keine Gaskammern. Ein Arbeitslager – heimgesucht von Hunger und Krankheit; aber keine Vernichtungsmaschinerie. Margot und Anne waren verhältnismäßig gut bei Kräften. Das alles zusammen gab Otto Frank berechtigte Hoffnung, die ich vollauf teilte. Irgendwo, tief in mir, wohnte der unerschütterliche Glaube, daß sie überlebt hatten und unversehrt nach Amsterdam zurückkehren würden.

Frank hatte mehrere Holländer ausfindig gemacht, die in Bergen-Belsen gewesen waren, und sich an sie um Auskunft gewandt. Tagtäglich wurden Menschen durch mündliche Aussagen wieder zusammengeführt. Und so wartete er von Tag zu Tag auf Antwort der ehemaligen Häftlinge, die er angeschrieben hatte, und auf das Erscheinen der neuen Listen von Überlebenden. Jedesmal, wenn es an die Tür klopfte, oder Schritte auf der Treppe zu hören waren, stand uns allen das Herz still. Vielleicht kamen da Margot und Anne. Gleich würden wir sie mit eigenen Augen sehen.

Am 12. Juni stand Annes sechzehnter Geburtstag bevor. Vielleicht... Doch der Geburtstag kam und verging, und immer noch keine Nachricht...

Frau Samson kehrte zurück in die Hunzestraat. Sie bezog wieder ihr altes Zimmer. Ihre Enkelin war im Versteck in Utrecht an Diphtherie gestorben, aber der kleine Enkel lebte. Bisher hatte sie noch nichts von ihrer Tochter und ihrem Schwiegersohn gehört, die an jenem bewußten Tag vor der Centraal Station von den Grünen festgenommen worden und danach spurlos verschwunden waren. Von ihrem Mann, der sich in England befinden sollte, gab es bislang ebenfalls noch kein Lebenszeichen. Auch sie wartete in qualvoller Spannung auf irgendeine Nachricht.

Unser Gemüsemann kam mit erfrorenen Füßen aus dem Lager zurück. Wir sahen uns in seinem Laden wieder und begrüßten uns wie verloren geglaubte Freunde.

Die Geschäfte waren immer noch fast leer, die Lebensmittel rationiert. Doch Wiederaufbau und Erneuerung waren in vollem Gange. Unsere Gewürzfirma verkaufte vorwiegend Ersatzprodukte; die hereintröpfelnden Aufträge reichten, den Betrieb aufrechtzuerhalten.

Eines Morgens waren Frank und ich allein im Büro und öffneten die Post. Ich saß an meinem Schreibtisch, er stand neben mir. Mit halbem Ohr hörte ich, wie ein Brief aufgeschlitzt wurde. Dann – Totenstille. Irgend etwas veranlaßte mich aufzublicken. Dann – Otto Franks Stimme, tonlos, gebrochen. «Miep...»

Ich schaute hoch, las in seinen Augen.

«Miep.» Mit beiden Händen hielt er ein Blatt Papier umklammert. «Ich habe einen Brief erhalten – von der Krankenschwester in Rotterdam. Miep..., Margot und Anne kommen nicht zurück.»

Wir verharrten reglos, bis ins Mark getroffen, sahen uns an, stumm, wie betäubt. Dann ging Frank mit schleppenden Schritten auf sein Büro zu und sagte mit erloschener Stimme: «Ich bin in meinem Kontor.»

Ich hörte ihn den Raum durchqueren, den Korridor. Die Tür schloß sich hinter ihm.

Ich sank an meinem Schreibtisch zusammen, fassungslos. Alles, was bisher auf uns eingestürmt war, hatte ich noch irgendwie hingenommen. Ob ich wollte oder nicht, ich mußte mich damit abfinden. Aber das jetzt – das konnte ich nicht verwinden. Es war das einzige, von dem ich sicher geglaubt hatte, daß es nicht geschehen würde.

Ich hörte, wie die anderen eintrafen. Das Öffnen der Tür. Eine muntere Stimme. Allseitige Begrüßung. Klappernde

Kaffeetassen. Ich beugte mich hinab und holte aus der unteren Schreibtischschublade die Blätter heraus, die jetzt nahezu ein Jahr auf Anne gewartet hatten. Keiner hatte sie angerührt, auch ich nicht. Und Anne würde nicht zurückkommen, um sich ihr Tagebuch zu holen ...

Ich nahm sämtliche Aufzeichnungen, legte das rot-orangegrau karierte Tagebuch obenauf und trug alles in Franks Kontor.

Er saß an seinem Schreibtisch, erstarrt, blicklos.

Ich streckte ihm den Papierstapel mit dem Tagebuch hin.

«Hier ist das Vermächtnis Ihrer Tochter Anne an Sie.»

Ich merkte, daß er das Tagebuch wiedererkannte. Vor genau drei Jahren hatte er es ihr geschenkt, zu ihrem dreizehnten Geburtstag, kurz ehe sie untertauchten. Er strich mit den Fingerspitzen darüber. Ich drückte ihm das Ganze in die Hand, ging hinaus, schloß leise die Tür.

Kurz darauf läutete das Telefon auf meinem Schreibtisch. Franks Stimme. «Sorgen Sie bitte dafür, Miep, daß ich nicht gestört werde.»

«Ist bereits geschehen.»

18

Als Otto Frank sich ganz bei uns eingelebt hatte, bot er mir das Du an: «Wir sind doch jetzt eine Familie, Miep.»

Ich war einverstanden, wollte aber vor den Kollegen im Büro keinen falschen Eindruck erwecken: «Gut, zu Hause sage ich gern Otto und du, aber im Geschäft bleibt es bei – Herr Frank und Sie.»

«Das ist doch wirklich nicht nötig», wandte er ein.

«Ich bestehe aber darauf.»

Bald danach ergaben sich kleine Reibereien zwischen Frau Samson und uns, die das Zusammenleben unerquicklich machten. Wir hielten es für das beste auszuziehen. Henks Schwester Fenna, die weiter unten in der Straße wohnte, bot uns und Frank Zimmer an, so daß wir gemeinsam umzogen.

Frank bekam ein kleines Hinterzimmer mit Waschtisch, Henk und ich Fennas Schlafzimmer. Sie schlief im Wohnzimmer. Für uns war das eine glückliche Lösung, denn der Wohnraum in Amsterdam war immer noch sehr, sehr knapp. Berry kam natürlich mit.

In den Geschäften herrschte nach wie vor gähnende Leere; außer den einfachsten, lebensnotwendigen Dingen war nichts aufzutreiben. Nach so vielen Jahren hatten wir uns beinahe an diesen Zustand gewöhnt. Während des ganzen letzten Kriegsjahres hatte Henk nicht viel geraucht. Jetzt gab es auf dem schwarzen Markt manchmal kanadische Sweet Caporals. Wenn sie zu haben waren, qualmte er.

Ich machte es uns zu Hause so gemütlich wie möglich und

bemühte mich, aus den vorhandenen, wenig abwechslungsreichen Grundzutaten für uns alle einigermaßen schmackhafte Mahlzeiten zuzubereiten. Doch ich hatte mir eine gewisse Fertigkeit angeeignet, mit geringen Mitteln auszukommen.

Wir alle waren geschwächt, erschöpft, schwerfällig. Ich hatte keine Kraftreserven mehr, aber zum Glück brauchte ich auch nicht länger große Energieleistungen zu erbringen. Keiner von uns war sonderlich gesprächig, unsere Bindung beruhte auf den gemeinsamen Erinnerungen.

Langsam wurden Schienenwege, Brücken und Deiche wiederhergestellt. Otto erzählte mir, vor dem Untertauchen sei es ihnen gelungen, einige von Ediths Möbeln vom Merwedeplein zu Freunden zu schaffen. Die Sachen hatten den Krieg unbeschädigt überdauert, und nun wollte er sie zu uns bringen lassen.

Ich sah die große Standuhr wieder, die 1933 den weiten Weg von Frankfurt gemacht hatte, die Uhr, die nur alle paar Wochen aufgezogen werden mußte und so zart und leise tickte. Ich sah, wie der zierliche Sekretär mit dem Mahagonifurnier durchs Zimmer getragen wurde.

«Edith wäre glücklich, wenn sie wüßte, daß du die Sachen benutzt», sagte Otto Frank.

Er zeigte mir die Kohlezeichnung, die mich vor Jahren so gerührt hatte – die entzückende große Katze, die ihre Jungen säugt. Er schenkte mir das alles.

Besonders die Kohlezeichnung rief die Zeit der samstäglichen Zusammenkünfte am Merwedeplein wieder deutlich ins Gedächtnis: die leidenschaftlichen politischen Diskussionen, die gehaltvollen Kuchen, den guten starken Kaffee; die aparte, scheue Anne, wie sie mit der hübschen Margot hereinkam, um die Erwachsenen zu begrüßen und ein Stück Kuchen zu essen; Anne, mit ihrem Kater Moortje auf dem Arm, der viel zu schwer für sie war und fast auf dem Boden schleifte.

Rasch verdrängte ich diese Bilder. Ich wollte nicht an früher zurückdenken.

Eines Tages kamen zwei Fahrräder für Frank an, die ihm Freunde aus England geschickt hatten. «Eins für dich, Miep, und eins für mich.» Damit schob er mir ein blitzendes neues englisches Fahrrad hin. Ich nahm es. In meinem ganzen Leben hatte ich noch kein funkelnagelneues Fahrrad besessen. Kein Mensch in der Umgebung hatte irgend etwas Neues. Ich glaube, daß die Nachbarschaft unsere neuen Fahrräder mit neidischen Blicken betrachtete.

Ein weiteres Paket für Frank traf ein, von Freunden aus Amerika, die den Krieg dort wohlbehalten überstanden hatten. Otto öffnete es behutsam. Wir bestaunten den auf dem Tisch ausgebreiteten Inhalt: Konservendosen, amerikanische Zigaretten und mehrere kleine Packungen. Ich solle sie aufmachen, schlug Frank vor, und nachschauen, was drin war. Aus der ersten stieg mir Kakaoduft in die Nase. Es war überwältigend: das samtweiche Pulver, die köstliche dunkelbraune Farbe.

Als ich den Kakao sah und roch, brach ich in Tränen aus.

«Nimm ihn und koch uns eine Kanne», sagte Otto.

Ich konnte nicht aufhören zu weinen. Daß ich wieder echten Kakao sah, erschien mir unfaßbar.

Die letzten Listen von jüdischen Überlebenden wurden vom Roten Kreuz bekanntgegeben. Nur sehr wenige der von den Deutschen Deportierten waren nach Holland zurückgekehrt – nicht einmal einer von zwanzig. Von den Untergetauchten hatte zumindest ein Drittel überlebt. Die Überlebenden hatten durchweg so gut wie allen Besitz verloren.

Franks Untermieter, dem Henk und ich das Theater vorspielen mußten, war deportiert worden und zurückgekommen. Der alte Herr, der uns seine schöne Shakespeare-Ausgabe zur Aufbewahrung gegeben hatte, war nicht zurückgekehrt. Sie blieb bei uns im Regal stehen, falls er doch noch wiederkommen sollte. Auch die Nachbarin, die uns ihren Kater Berry anvertraut hatte, kam nicht zurück, und Berry blieb weiterhin bei uns.

Allmählich erfuhren wir eins nach dem anderen: Albert

Dussel war im Konzentrationslager Neuengamme umgekommen. Petronella van Daan war entweder in Buchenwald oder in Theresienstadt gestorben. Peter van Daan war nicht auf dem Todesmarsch von Auschwitz ums Leben gekommen, sondern nach Mauthausen gebracht worden – nur um dort an jenem Tag zu sterben, an dem die Amerikaner das Lager befreiten.

Durch Berichte von überlebenden Augenzeugen erfuhren wir, daß man Margot und Anne in Auschwitz von ihrer Mutter getrennt hatte, so daß Edith Frank die letzten Wochen ihres Lebens ganz allein dort war. Margot und Anne hatte man nach Bergen-Belsen gebracht, wo sie anfangs relativ gesund waren, doch dann, Anfang 1945, beide an Typhus erkrankten. Im Februar oder März starb Margot, und dann war Anne, jetzt völlig allein, ebenfalls dem Typhus erlegen – nur wenige Wochen vor der Befreiung des Lagers.

Auch nach Bekanntmachung der letzten Listen von Überlebenden blieben viele Schicksale ungeklärt, zumal es bei den veränderten Grenzziehungen keine Möglichkeit gab, sich endgültige Gewißheit zu verschaffen. So konnte man für manche, die nicht zurückgekehrt waren, immer noch hoffen.

Von Karel van der Hart hörten wir nach dem Krieg kein Wort, erfuhren aber irgendwoher, daß er nach Amerika ausgewandert sei.

Wenn Henk, Frank und ich abends heimkamen und ich das Essen gemacht hatte, setzte sich Otto danach hin und begann, Auszüge aus Annes Tagebuch ins Deutsche zu übersetzen – für seine Mutter, die in Basel lebte. Diese Übersetzungen legte er den Briefen an sie bei. Mitunter kam er dann aus seinem Zimmer, Annes Tagebuch in der Hand, und schüttelte den Kopf. «Hör dir bloß an, Miep, was Anne hier geschildert hat. Wer hätte vermutet, daß ihre Phantasie, ihre Beobachtungsgabe die ganze Zeit so intensiv gearbeitet haben?»

Doch ich lehnte es jedesmal ab, mir anzuhören, was sie geschrieben hatte. Ich konnte mich nicht dazu durchringen. Es wühlte mich zu sehr auf.

Frits van Mattos unsympathische Art veranlaßte Koophuis

und Frank, ihm behutsam die Kündigung nahezulegen. Sie warfen ihn nicht etwa hinaus, sondern überzeugten ihn schließlich davon, daß er woanders wohl bessere Chancen hätte. Es wurden neue Lagerverwalter eingestellt.

Das Jahr 1946 kam, und wir waren so arm wie zuvor; es gab immer noch nichts.

Am 15. Mai heiratete Elli Vossen und verließ die Prinsengracht. Als ihr Nachfolger wurde ein junger Mann engagiert. Da sie aus einer Großfamilie – sechs Schwestern und ein Bruder – stammte, hatte Elli stets von einer eigenen großen Familie geträumt. Sie wurde bald schwanger und war überglücklich, daß sich ihr langer Wunschtraum so rasch zu erfüllen begann.

Ich hatte nun die Mitte der Dreißig überschritten. Zum Kinderkriegen blieb für mich nicht mehr viel Zeit. Mein Traum von Mutterschaft hatte sich durch die Geschehnisse in Holland grundlegend gewandelt. Ich war froh, daß es uns erspart geblieben war, die eigenen Kinder den Schrecken der Kriegsjahre ausgeliefert zu wissen. Nach dem Krieg kam das Thema zwischen uns nicht mehr zur Sprache.

Eine andere große Schwierigkeit bedeutete es für mich, weiterhin an die Existenz Gottes zu glauben. Meine Eltern in Wien waren praktizierende Katholiken. Sie nahmen mich ein paarmal mit in die Kirche, was ich allerdings gar nicht schätzte. Mit meinen drei, vier oder auch fünf Jahren war ich noch viel zu klein, um dem Ablauf der Messe richtig folgen zu können, aber die Dunkelheit, die monumentalen Ausmaße, die Kälte, die mich erschauern ließ, machten mich beklommen. Mein inneres Unbehagen äußerte sich in der Bitte, nicht mehr in die Messe gehen zu müssen. Meine Eltern bestanden nicht darauf, und so war ich nie wieder in der Kirche gewesen.

Auch meine Adoptiveltern in Leiden ließen mir in dieser Beziehung freie Hand, so daß ich mich als Erwachsene keiner Religion zugehörig fühlte. An der Existenz Gottes hatte ich freilich niemals Zweifel. Erst nach Kriegsende war mein Verhältnis zu Gott völlig gestört und in mir nur noch Leere.

Henk war nicht gläubig, weder vorher noch während des Krieges. Ich dagegen empfand das Bedürfnis, mich mit der ganzen Thematik gründlich zu befassen, und begann mit der Lektüre des Alten Testaments. Danach las ich das Neue Testament. Dann vertiefte ich mich mit größtem Interesse in religionswissenschaftliche Literatur, Bücher über Judaismus, Katholizismus, Protestantismus – ich las alles, was ich kriegen konnte.

Ich sprach zu keinem Menschen je ein Wort darüber, sondern las und las. Alles interessierte und bereicherte mich, dennoch verlangte ich ständig nach mehr. Die dunklen Jahre hatten mir den inneren Halt genommen, und ich suchte nach einem Ersatz.

Obwohl Wiederaufbau und Erneuerung schrittweise vonstatten gingen, empfanden wir Holländer weiterhin einen tiefsitzenden Haß wegen des Leids, das wir unter dem brutalen deutschen Joch erdulden mußten. Fünf volle Jahre lang waren wir von der Außenwelt abgeschnitten. Man hatte uns aufs äußerste gedemütigt, in die Knie gezwungen; das Leben anständiger, unschuldiger Menschen war zerstört, vernichtet worden. Wir verspürten keinerlei versöhnliche Regung.

Im Jahre 1946 rief Königin Wilhelmina zur ersten nationalen Wahl auf. Anton Mussert, Führer der niederländischen nationalsozialistischen Partei NSB, wurde in Den Haag von einem Exekutionskommando hingerichtet. Arthur Seyß-Inquart, «Reichskommissar für die Niederlande», wurde im Nürnberger Prozeß zum Tod durch den Strang verurteilt. Die Leute diskutierten hin und her über die Frage, was in Kriegszeiten «recht» und was «unrecht» sei. Viele Verräter wurden bestraft. Doch irgendwie brachte es wenig Befriedigung, daß Unrecht gerächt und Recht gesprochen wurde.

Im Dezember 1946 entschlossen wir uns, in eine andere Wohnung in unserem Viertel umzuziehen. Wir waren schon viel zu lange bei Henks Schwester in der Hunzestraat geblieben. Van Caspel, ein gemeinsamer Freund von Henk und mir, hatte vor kurzem seine Frau verloren und lebte jetzt allein in einer großen Wohnung, seine neunjährige Tochter war im Internat. Er forderte uns auf, bei ihm zu wohnen.

Wir erörterten die Situation mit Otto, der erklärte, er würde gern mit uns in die andere Wohnung übersiedeln. Natürlich sei er uns sehr willkommen, sagten wir, aber wir wüßten doch, daß er durch seine zahlreichen Freunde und Bekannten höchstwahrscheinlich eine bessere Unterkunft finden könnte als die uns angebotene.

«Ich bleibe lieber bei euch, Miep», erklärte er. «Da kann ich mit euch über meine Familie sprechen, wenn ich will.»

Tatsächlich sprach Frank selten von ihnen, aber ich verstand, was er meinte. Er konnte über seine Familie reden, wenn er wollte. Und wenn er es nicht wollte, so teilten wir doch stumm den gleichen Schmerz, die gleichen Erinnerungen.

So übersiedelten Otto, Henk und ich Anfang 1947 zusammen in die Jekerstraat 65. Henk litt neuerdings ständig unter Kopfschmerzen, die Sehstörungen verursachten. Es war nicht seine Art zu jammern, er sprach auch kaum darüber, sondern erledigte sein Tagespensum nach Möglichkeit genauso wie bisher.

Jeden Samstagabend trafen wir uns in einer Runde – Henk und ich, Frau Dussel und mehrere andere Freunde – und spielten Canasta. Otto Frank beteiligte sich nie daran. Aber er verabredete sich jetzt regelmäßig am Sonntag mit ein paar Freunden zum Kaffee – alles Juden, die unsägliche Leiden überlebt hatten. Die ersten Fragen bei solchen Zusammenkünften waren überall die gleichen: «Wer in Ihrer Familie hat überlebt?» Oder: «Ist Ihre Frau zurückgekommen?» Oder: «Was ist mit Ihren Kindern? Ihren Eltern?» Sie tauschten Informationen aus über die Lager, in denen sie gewesen waren – Auschwitz, Sobibor und die unzähligen anderen –, über Transporte, Daten; aber niemals über das, was ihnen persönlich widerfahren war. Ich begriff, daß sie über vieles einfach nicht sprechen konnten; es bedurfte darüber auch keiner Worte.

Bei einem dieser sonntäglichen Treffen erwähnte Frank, daß er ein von seiner Tochter Anne geführtes Tagebuch habe. Einer in der Runde fragte, ob er es lesen dürfe. Frank zögerte, überließ ihm dann jedoch einige der Auszüge, die er für seine Mutter in Basel übersetzt hatte – eben jene Teile, die ich seit einem Jahr lesen sollte und doch nicht zu lesen vermochte.

Nach Lektüre der Auszüge bat Franks Bekannter, ob er das ganze Tagebuch lesen dürfe; er sei tief beeindruckt und brenne darauf, mehr kennenzulernen. Frank entsprach dieser Bitte wieder nur zögernd und ungern.

Danach wollte Franks Bekannter die Genehmigung haben, das Tagebuch einem befreundeten namhaften Historiker, Jan Romein, zu zeigen. Frank war dagegen, doch sein Bekannter bestürmte ihn so lange, bis er schließlich einwilligte.

Nachdem er Annes Tagebuch gelesen hatte, schrieb Jan Romein darüber einen Artikel für die holländische Zeitung *Het Parool,* ein inzwischen sehr erfolgreiches Blatt, das im Krieg als Untergrundorgan angefangen hatte. Romein eröffnete eine regelrechte Kampagne, um Franks Zustimmung zu einer Veröffentlichung von Annes Tagebuch zu erreichen. Frank war strikt dagegen und beharrte unerschütterlich auf seiner Ablehnung. Romein und sein Freund setzten alles daran, ihn durch Argumente umzustimmen: Er sei verpflichtet, Annes Geschichte auch anderen zugänglich zu machen; ihr Tagebuch sei ein Kriegsdokument von weittragender Bedeutung, denn darin verschaffe sich eine einzigartige Stimme Gehör, die Stimme eines Kindes, das aus dem Versteck zur Außenwelt spricht.

So viel Überredungskunst verfehlte nicht ihre Wirkung: Otto Frank hielt sich mehr und mehr für verpflichtet, seine eigene Auffassung hintanzustellen, daß es sich hier um einen Eingriff in die Privatsphäre handelte. Er willigte schließlich, wenn auch sehr widerstrebend, ein, die Veröffentlichung einer kleinen, bearbeiteten Auflage bei Contact Publishers, Amsterdam, zu genehmigen. Sie erschien unter dem Titel

Het Achterhuis. Danach bat mich Otto immer wieder, Annes Geschichte zu lesen, doch ich weigerte mich beharrlich. Ich konnte mich einfach nicht dazu durchringen.

Die Veröffentlichung von *Het Achterhuis,* wie Anne das Versteck im Hinterhaus genannt hatte, erntete in manchen Kreisen großes Lob, stieß aber bei vielen, die Vergleichbares durchgemacht hatten, auf Gleichgültigkeit. Über solche Erfahrungen zu lesen, war das letzte, wonach ihnen der Sinn stand. Niemand in Holland hatte es während des Krieges leicht gehabt. Die meisten hatten unermeßlich gelitten. Die Mehrzahl wollte den Krieg vergessen und in die Zukunft blicken.

Dennoch wurde Annes Tagebuch nachgedruckt und fand einen größeren Leserkreis. Ständig wiederholte Otto: «Du mußt es lesen, Miep.» Und ständig wiederholte ich meine Weigerung. Ich konnte den Schmerz nicht noch einmal durchleben. Ich wollte die alten Wunden nicht wieder aufreißen. Auch Henk brachte es nicht fertig, Annes Aufzeichnungen zu lesen.

Endlich war die Versorgung, wenn auch noch karg, wieder angelaufen. Gesunde, wohlgenährte Kühe grasten wieder auf dem Land. Der Zugverkehr funktionierte, ebenso die Amsterdamer Straßenbahn. Der Schutt war beseitigt.

Während der Besatzung hatte es lediglich zwei Kategorien von Holländern gegeben: Kollaborateure und Widerstandskämpfer. Vergessen waren politische, religiöse und gesellschaftliche Unterschiede. Die damalige Situation ließ sich auf den einfachen Nenner bringen – wir Holländer gegen unsere deutschen Unterdrücker.

Nach der Befreiung schwand die Einigkeit schnell dahin; alles teilte sich wieder in Gruppen und Parteien auf, die in Streit miteinander lagen. Jeder kehrte in seine altgewohnten Gleise zurück, in sein angestammtes Milieu, zu seiner ursprünglichen politischen Gruppierung. Die Menschen hatten sich weniger verändert, als ich erwartet hatte.

Viele, die in die jüdischen Wohnungen in Süd-Amsterdam

eingezogen waren, blieben. Die Gegend hatte nicht mehr ihre spezifisch jüdische Note. Im Grunde genommen gab es nicht mehr viele Gemeinsamkeiten zwischen den Leuten in der Nachbarschaft. Sie hatte ihre charakteristische Atmosphäre verloren, würde nie wieder so sein wie früher. Auch Amsterdam selbst hatte sich verändert: eher eine moderne Metropole als die freundliche Stadt von einst.

Mit drei erwachsenen Männern im Haus – Henk, Otto und van Caspel – gab es viel Arbeit, wollte ich sie richtig versorgen. Manchmal kam Caspels Tochter übers Wochenende. Mir lag daran, unser Heim sauber und ordentlich zu halten und die Mahlzeiten immer pünktlich auf den Tisch zu bringen. Es gab ständig etwas zu waschen und zu flicken. Und jeder brauchte einen bereitwilligen Zuhörer.

Im Geschäft, das zu keiner Zeit ins Stocken geraten war, wurden jetzt wieder echte Produkte verkauft. Nach und nach hatte sich Otto Frank wieder in den etwas nervösen, leise sprechenden Mann zurückverwandelt, der er vor dem Untertauchen gewesen war. Von der Ruhe und Autorität, die er im Versteck ausgestrahlt hatte, war nichts geblieben.

Aber sein Interesse am Geschäft schien abzuflauen. Seit der Veröffentlichung von Annes Tagebuch erhielt er Briefe von Kindern und Erwachsenen, die er gewissenhaft beantwortete. Von seinem Privatkontor in der Prinsengracht aus nahm er jetzt vor allem die Belange wahr, die Annes Tagebuch betrafen.

An einem wunderschönen, warmen Tag im Mai 1947 radelte ich zum letzten Mal in die Prinsengracht. Ruhig verabschiedete ich mich von jedem einzelnen. Ich hatte meine Stellung in der Firma gekündigt. Künftig war ich vollverantwortlich für die Versorgung von drei Männern. Ich war zu dem Schluß gelangt, dies und den übrigen Haushalt als meine neue Ganztagsstellung zu betrachten. Ich war nicht mehr die junge Frau, die sich nach jener Freiheit und Unabhängigkeit sehnte, die eine Berufstätigkeit gewährt. Nichts in Amsterdam war noch so wie früher. Auch ich nicht.

Die zweite Auflage des Tagebuchs war vergriffen, eine

dritte in Vorbereitung. Man wandte sich an Frank mit dem Vorschlag, die Übersetzung und Veröffentlichung im Ausland zu genehmigen. Anfangs sperrte er sich dagegen, gab aber dann dem Drängen nach, das Tagebuch einem breiteren Leserkreis zugänglich zu machen.

Immer wieder sagte er zu mir: «Miep, du mußt Annes Aufzeichnungen lesen. Wer hätte je gedacht, was alles in ihrem hellen Köpfchen vor sich ging?» Nie ließ er sich von meiner hartnäckigen Weigerung entmutigen. Er wartete jedesmal eine Zeitlang und bat mich dann neuerlich.

Schließlich gab ich seinem beharrlichen Drängen nach: «Also gut, ich werde es lesen, aber dabei muß ich ganz allein in der Wohnung sein.»

Als dies an einem warmen Tag der Fall war, nahm ich die zweite Auflage des Tagebuchs, ging in mein Zimmer, schloß mich ein.

Mit schrecklicher Angst im Herzen schlug ich das Buch auf und blätterte die erste Seite um.

Und nun begann ich zu lesen.

Ich las das ganze Tagebuch, ohne Unterbrechung. Vom ersten Wort an hörte ich Annes Stimme, die aus unbekannten Fernen zurückkehrte und zu mir sprach. Ich verlor jedes Zeitgefühl. Es war Annes Stimme, die da aus dem Buch auferstand, so voller Leben, Stimmungen, Neugier, Empfindungen. Anne war nicht mehr, doch diese Stimme blieb unzerstörbar. Sie lebte wieder in meinem Innern.

Ich las bis zur letzten Zeile. Es erstaunte mich, wie vieles im Versteck geschehen war, wovon ich keine Ahnung gehabt hatte. Meine spontane Reaktion war Dankbarkeit, daß ich das Tagebuch nicht nach der Verhaftung gelesen hatte, in den letzten neun Monaten der Besatzung, als es direkt neben mir in der Schreibtischschublade gelegen hatte. Hätte ich es gelesen, so hätte ich es verbrennen müssen; es wäre für die Menschen, über die Anne geschrieben hatte, zu gefährlich gewesen.

Nach dem letzten Wort spürte ich nicht den Schmerz, den ich erwartet hatte. Ich war vielmehr froh, es endlich gelesen zu haben. Meine innere Leere schien mir jetzt überwindbar. So vieles war verloren, Annes Stimme aber würde nie mehr verlorengehen. Mein junge Freundin hatte der Welt ein eindrucksvolles Vermächtnis hinterlassen.

Doch immer, an jedem Tag meines Lebens, habe ich mir gewünscht, daß es anders gekommen wäre. Daß Anne und die übrigen durch ein Wunder gerettet worden wären, auch wenn dann Annes Tagebuch der Welt verlorengegangen wäre.

Es vergeht kein Tag, an dem ich nicht um sie trauere.

Was später geschah

Im Jahre 1948 dankte Königin Wilhelmina zugunsten ihrer Tochter Juliana ab. Ihre Regentschaft, die ein halbes Jahrhundert gedauert hatte, war zu Ende. Henk gewann in jenem Jahr in der holländischen Lotterie, und wir konnten uns einen kurzen Ferienaufenthalt in Grindelwald leisten. Otto Frank fuhr mit uns. Zum ersten Mal seit dem Krieg sah er seine alte Mutter in Basel wieder. In der ersten Jahreshälfte ließen Henks furchtbare Kopfschmerzen, unter denen er ein volles Jahr gelitten hatte, allmählich nach. Während unseres Schweizer Urlaubs hörten sie ganz auf und kamen nie mehr wieder.

Die englische Übersetzung von Annes Tagebuch wurde bald nach dem Erscheinen in Amerika und anderswo ein großer Erfolg. Es folgten weitere Übersetzungen; überall in der Welt lasen die Menschen Annes Geschichte. Das Theaterstück, das nach dem Tagebuch entstand, wurde ein spektakulärer Erfolg. Am 27. November 1956 fand die Erstaufführung in Amsterdam statt. Elli und ihr Mann, Jo Koophuis mit Frau sowie Henk und ich waren dazu eingeladen. Victor Kraler war ein Jahr zuvor nach Kanada ausgewandert. Das Stück zu sehen, bedeutete für mich ein sehr seltsames Erlebnis. Ich wartete darauf, daß meine Freunde leibhaftig auf die Bühne kämen, nicht Schauspieler und Schauspielerinnen.

Dann wurde ein Film gedreht, der am 16. April 1959 im City Theater in Amsterdam Premiere hatte. Auch dazu wurden wir alle eingeladen. Königin Juliana und ihre Tochter, Kronprinzessin Beatrix, waren anwesend. Frau Koophuis,

Elli und ich wurden ihnen vorgestellt. Soviel ich weiß, hat sich Otto Frank weder das Theaterstück noch den Film angesehen. Er wollte es nicht.

Das Tagebuch fand weltweite Beachtung. Otto Frank war nach dem Krieg nicht wieder Direktor der Firma geworden. Er widmete seine Zeit immer mehr den das Tagebuch betreffenden Angelegenheiten. Schließlich zog die Firma um, und Frank schied ganz aus. Jo Koophuis blieb bis zu seinem Tod im Jahre 1959 ihr Direktor. Victor Kraler lebte in Kanada, wo er 1981 starb. Elli ließ mit ihrer Heirat ihr früheres Bürodasein rasch hinter sich. Die Erinnerung an jene Jugendjahre verblaßte, sie ging völlig in ihrer Familie auf, bis zu ihrem Tod im Jahre 1983.

Sobald Otto Frank nichts mehr mit dem Betrieb zu tun hatte, widmete er sich ganz dem Tagebuch. Anne Frank war in aller Welt berühmt geworden. Als Otto Frank und alles und jeder, der mit Anne in Zusammenhang stand, mehr und mehr Publizität erlangten, zogen wir uns zurück. Henk und ich schätzten es nicht, im Scheinwerferlicht der Öffentlichkeit zu stehen. Wir bevorzugten Anonymität, ein ungestörtes Privatleben.

1949 trat ein großes Ereignis ein: Im Alter von vierzig Jahren wurde ich schwanger. Am 13. Juli 1950 wurde unser Sohn Paul geboren. Jetzt umfaßte unser kleiner Haushalt Otto, van Caspel, Henk, mich und unseren kleinen Paul.

Als ich zur Entbindung im Krankenhaus lag, besuchte mich Frau Samson, unsere ehemalige Vermieterin. Ihr Mann war aus England zurückgekommen.

Im Jahre 1950 begann in Amsterdam überall wieder normales Leben einzukehren. Die Ernährung stellte kein Problem mehr dar, aber ich brachte es nie über mich, Essensreste wegzuwerfen. Selbst für schlechte Kartoffeln oder einen verschimmelten Brotkanten fand ich noch Verwendung, etwa als Vogelfutter. Mitunter sah man jetzt an den Grachten einen deutschen Touristen, der seiner Frau oder Freundin die Stadt zeigte: «Hier war ich im Krieg stationiert.»

Nachdem er sieben Jahre bei uns gewohnt hatte, ging Otto

Frank im Herbst 1952 in die Schweiz, um in der Nähe seiner Mutter zu sein. Im November 1953 ging er in Amsterdam eine neue Ehe ein und nahm seine zweite Frau, die ein ähnliches Schicksal durchgemacht hatte, mit nach Basel. Sie war ebenfalls in Auschwitz gewesen und hatte, bis auf eine Tochter, ihre gesamte Familie verloren. In ihr hatte Frank eine außergewöhnliche Frau gefunden. Die beiden hatten vieles gemeinsam und lebten harmonisch miteinander bis zu seinem Tod im Jahre 1980. In all den Jahren vergaß Frank es nie, uns am 16. Juli, unserem Hochzeitstag, anzurufen.

Zwar vergeht kein Tag, an dem ich nicht zurückdenke an das, was damals geschah, doch zwei Daten sind besonders hart für mich. Am 4. Mai, dem offiziellen holländischen Volkstrauertag, verlassen wir niemals das Haus. Viele gehen in die Kirchen, auch die Königin. Manche legen Blumen nieder an den Plätzen, wo holländische Widerstandskämpfer hingerichtet wurden. Auf dem Dam findet eine Gedächtnisfeier statt, bei der die Königin und ihr Mann am Nationalen Monument einen Kranz niederlegen. Punkt acht Uhr abends flammt die Straßenbeleuchtung auf, Trauermusik erklingt, dann die Nationalhymne. Den ganzen Tag wird halbmast geflaggt. Überall herrscht gedämpftes Schweigen.

Das zweite Schreckensdatum ist der 4. August, der Tag der Verhaftung. Auch an diesem Tag bleiben Henk und ich zu Hause. Wir tun, als gebe es ihn gar nicht. Während ich unentwegt am Fenster stehe, kehrt Henk ihm beharrlich den Rükken. Wenn es unserer Schätzung nach gegen fünf und der Tag fast vorüber ist, empfinden wir Erleichterung, ihn wieder einmal überstanden zu haben.

Großzügig hatte Holland schon bald nach dem Krieg seine Grenzen den Deutschen von neuem geöffnet, aber mich hatte ein Gesetz der holländischen Staatsangehörigkeit wieder beraubt und zur Staatenlosen gemacht. So erging es allen Ausländern, die während der Besetzung Holländer geheiratet hatten. Man konnte erneut die holländische Staatsbürgerschaft beantragen, doch die Fremdenpolizei prüfte sehr genau, ob man in der kritischen Zeit ein «guter Niederländer» gewesen sei, bevor sie einem den begehrten Paß ausstellte. So erging es auch mir. Nun, es war nicht die schwerste «Prüfung», die ich über mich ergehen lassen mußte.

Im Jahre 1948 hatte die holländische Polizei eine Untersuchung durchgeführt, um die Denunziation unserer Freunde aufzuklären. Nach ihren Unterlagen mußte sie damals jemand verraten haben. Das Protokoll enthielt keinen Namen, nur den Vermerk, daß eine Person 7½ Gulden pro Jude bekommen habe – das hieß, insgesamt 60 Gulden. Daß unsere Freunde denunziert worden waren, stand für uns fest. Manche hatten eine bestimmte Person in Verdacht. Doch Henk und ich konnten nichts dazu sagen. Otto Frank war der einzige, der etwas hätte unternehmen können. Er entschied sich dagegen.

Eine weitere Untersuchung fand 1963 statt, nicht zuletzt deshalb, weil das Tagebuch weltweit Aufsehen erregt hatte. Die empörte Öffentlichkeit forderte, denjenigen, der unsere Freunde verraten hatte, zu bestrafen.

Ich bekam einen Anruf der Polizei, man würde mich gern aufsuchen, um mich wegen der Verhaftung an jenem lang zurückliegenden 4. August 1944 zu befragen. Es war ein schrecklicher Augenblick für mich, als der Beamte am Telefon erklärte: «Sie zählen zu den Verdächtigen, Frau Gies, weil Sie in Wien geboren sind.»

«Kommen Sie, wann es Ihnen paßt», entgegnete ich. «Sie können jederzeit mit mir sprechen.»

Der Beamte erschien in unserer Wohnung. Henk und ich redeten gemeinsam mit ihm. Es war ein kalter Tag. Wir hatten geheizt. Das Feuer war heruntergebrannt, Henk ging Kohlen holen.

Kaum war er draußen, als der Beamte sich nahe zu mir herüberbeugte. «Wir möchten Sie nicht in Eheschwierigkeiten bringen, Frau Gies. Kommen Sie bitte morgen um neun bei uns vorbei. Allein.»

Offenbar erschien ihm mein Gesichtsausdruck seltsam, denn er erläuterte: «Herr van Matto hat uns bei seiner Befragung mitgeteilt, Sie hätten... wie soll ich sagen?... ‹intime›... hm, ‹freundschaftliche› Beziehungen zu einem hohen Tier bei der Gestapo unterhalten. Und daß Sie auch zu Herrn Koophuis in ‹freundschaftlicher› Beziehung standen...»

Mir wurde siedend heiß. Ich spürte, wie mein Blutdruck hochschnellte. «Auf diese Anschuldigungen gedenke ich nicht zu antworten», erklärte ich. «Wenn mein Mann zurückkommt, wiederholen Sie das bitte genau so, wie Sie es mir eben gesagt haben.»

Ich merkte, daß ihm das gar nicht behagte. Wir saßen uns steif und stumm gegenüber, bis Henk mit den Kohlen zurückkam, nachlegte und sich wieder setzte. Dann wandte sich der Polizeibeamte an ihn: «Herr van Matto berichtete uns bei seiner Vernehmung, Ihre Frau hätte eine ‹freundschaftliche Beziehung› zu einem hohen Gestapo-Offizier gehabt und auch zu Herrn Koophuis in ‹freundschaftlichen Beziehungen› gestanden. Was haben Sie dazu zu sagen?»

Henk wandte sich zu mir: «Hut ab, Miep. Ich weiß nicht, wann du all diese ‹freundschaftlichen Beziehungen› gepflegt haben könntest. Morgens haben wir beide gemeinsam das Haus verlassen, um zur Arbeit zu gehen. Die Mittagspause haben wir täglich bei dir im Büro verbracht. An den Abenden warst du ständig mit mir zusammen...»

Der Beamte fiel ihm ins Wort. «Schon gut, hören Sie auf.»

Er erkundigte sich dann, ob ich Frits van Matto für den Denunzianten hielt.

«Ich bin fest davon überzeugt, daß er es nicht war», erwiderte ich.

Ob ich wisse, daß andere ihn verdächtigten und daß Anne selbst im Tagebuch das Mißtrauen erwähnt habe, das alle gegen ihn hegten.

Ich sei nicht der Meinung, van Matto habe es getan, wiederholte ich.

Einige Wochen später teilte mir derselbe Polizeibeamte mit: «Ich fahre nach Wien zu Silberbauer, damals Offizier bei der Grünen Polizei, um ihn zu fragen, ob er sich erinnert, wer der Denunziant war. Bei der Gelegenheit werde ich ihn auch fragen, weshalb er Sie laufen ließ, während die anderen ins Lager kamen.»

«Gut. Ich würde es begrüßen, wenn Sie mir dann berichten könnten, was er gesagt hat.»

Nach der Rückkehr aus Wien suchte er mich wieder auf. Auf die Frage, warum er mich damals laufen ließ, habe Silberbauer geantwortet: «Sie war so ein nettes Ding.» In bezug auf den Denunzianten hatte er erklärt: «Ich erinnere mich nicht. Es gab so viele Denunzianten in all den Jahren.»

Silberbauer war jetzt Polizeibeamter in Wien. Wegen seiner Nazi-Vergangenheit hatte man ihn ein Jahr vom Dienst suspendiert und dann wieder eingestellt.

Der Beamte berichtete mir ferner von einem neuerlichen Gespräch mit Frits van Matto, nach wie vor der Hauptverdächtige, obwohl es keinerlei Beweis gab. Dabei hatte er van Matto auch erzählt, Miep habe sich durch seine üblen Verleumdungen nicht beirren lassen, sondern weiterhin darauf beharrt, er sei gewiß nicht der Denunziant gewesen.

Der Beamte wollte wissen, weshalb ich so unerschütterlich daran festhielt. Ich teilte ihm den Grund mit: Im Krieg hatte einer unserer Vertreter mir anvertraut, daß van Matto seinen eigenen Sohn zu Hause versteckt habe. Ich hatte dieses Geheimnis im Krieg und danach gehütet. Henk, Frank und ich hatten daraus den Schluß gezogen, daß van Matto zwar ein unangenehmer Mensch war, aber kein Denunziant sein konnte.

Frank wünschte kein Gerichtsverfahren in der Sache. Er sagte einfach: «Ich möchte gar nicht wissen, wer es getan hat.» Van Matto blieb für einige der Hauptverdächtige, andere hatten ein paar NSB-Mitglieder in Verdacht, die gegenüber dem Hinterhaus gewohnt hatten und hinter den schmutzigen weißen Gardinen irgendwelche Schatten beobachtet haben könnten. Vielleicht war auch einer der Einbrecher der Denunziant, wie Anne es befürchtet hatte. Trotz all dieser Theorien, die im Laufe der Jahre aufgestellt wurden, darunter auch einige völlig abwegige, gab es nie irgendeinen

Beweis. Hätte die Polizei einen gehabt, dann hätte sie auch eine Verhaftung vorgenommen. Dessen bin ich sicher.

Derselbe holländische Polizeibeamte erzählte mir später, als er Otto Frank in der Schweiz zur Sache befragt und dabei erwähnt habe, daß ich verhört würde, habe Franks Antwort gelautet: «Wenn Sie Miep in Verdacht haben, dann können Sie auch gleich mich verdächtigen.»

Dank

Unser Dank gilt:
Zuerst Jan Gies, dem starken Rückgrat einst und jetzt; Pieter van der Zwan für seine Hilfe; Jacob de Vries für die ausgezeichnete fotografische Arbeit; Jacob Presser für das erstklassige dokumentarische Material; Jan Wiegel für die Überlassung der Fotos; Marian T. Brayton für die Beratung; der Anne Frank Stiftung, Amsterdam, dem Fotografen Wubbo de Jong, Amsterdam, und dem Anne-Frank-Fonds/Cosmopress, Genf, für Fotos und Reproduktionsgenehmigung. Die Zeichnung auf Seite 100/101 stammt von Martijn Luns und Lex van de Oudeweetering, Amsterdam. Besonderer Dank gilt Lily Mack – ihre Jugend haben die Nazis zerstört, doch ihre Fähigkeit, Schönheit überall zu sehen, blieb ungeschmälert.